재무관리

FINANCIAL MANAGEMENT

정재엽 저

탑북스

책.을.내.며

오랜 망설임 끝에 책을 쓰게 되었다. 책 쓰기를 주저하였던 이유는, 이미 많은 재무관리 책들이 출간되어 있으며 책을 쓰는 작업이 여간 힘이 드는 일이 아닐 것이라고 짐작했었기 때문이다. 그러나 경영학을 공부하는 많은 학생들이 재무관리의 중요성을 충분히 인식하면서도 재무관리 공부를 부담스러워 하거나 심지어 기피하는 모습을 보면서 마음을 고쳐먹었다. 재무관리의 근본적인 이치가 바뀔 수는 없겠지만, 재무관리를 어떤 내용으로 어떻게 설명하느냐에 따라 그 이해가 달라질 수 있다고 생각한 것이다.

이 책은 재무관리의 기초, 위험과 가치평가, 자본의 운용과 조달, 기업분석과 전략 모두 4부 12장으로 짜여 있다. 대학의 한 학기 재무관리 강좌에 꼭 필요한 내용을 어떻게 하면 보다 간결하게 그리고 체계적으로 전달할 수 있을 것인지를 고심하며 책을 구성하였다. 아주 오래전 저자가 대학원생이었을 때 지금은 은퇴하신 한 교수님께서 강의는 그 내용을 수강생들의 손에 꼭 쥐여 주듯이 하여야 한다고 하신 말씀을 기억하고 있다. 책을 쓰는 내내 이 책을 읽는 독자가 쓰여 있는 글을 어떻게 받아들일 것인가를 생각하면서 글의 뜻이 명료하게 전해질 수 있도록 정성을 다했다. 이 책의 독자가 이 책을 통해 재무관리와 친숙해지고 재무관리에 대한 지식을 늘릴 수 있다면 저자에게 그 보다 더 큰 기쁨은 없을 것이다.

언제나 한결같은 마음으로 곁을 지켰으며, 경영학을 공부한 적 없지만 이 책의 첫 번째 독자가 되어준 아내 정혜에게 더할 수 없는 고마움을 전한다. 흔쾌하게 책을 발행하여 주신 탑북스의 김광식 대표님, 편집을 맡아 애쓰신 이신정 주간님과 아람기획의 정찬미 실장님께도 깊은 감사를 드린다.

2015년 12월
저 자 올림

차.례

제 I 부 재무관리의 기초

제1장 재무관리란 무엇인가

제2장 화폐의 시간가치

제Ⅱ부 위험과 가치평가

제3장 위 험

제4장 금융자산의 가치평가

제Ⅲ부 자본의 운용과 조달

제5장 자본예산의 기초

제9장 배당정책

제10장 운전자본관리

제Ⅳ부 기업분석과 전략

제11장 재무분석

제12장 구조조정과 M&A

제 I 부
재무관리의 기초

제 1 장
재무관리란 무엇인가

제1장 재무관리란 무엇인가

제1절 재무와 재무관리

1.1 재무

우리는 살아가면서 끊임없이 경제적 선택을 한다. 증권회사의 펀드에 투자도 하고, 은행으로부터 주택자금을 차입할 수도 있다. 또한 기업의 경영자는 비용을 치르고 새로운 사업에 필요한 기술을 도입하기도 하고, 운영자금을 마련하기 위해 채권을 발행하기도 한다.

이러한 경제적 선택은 모두 현재의 경제적 자원과 미래의 경제적 자원을 교환한다는 동일한 성격을 갖는다. 한정된 경제적 자원을 교환을 통해 여러 시점에 걸쳐서 배분하는 의사결정을 재무의사결정(financial decisions)이라고 한다. 재무의사결정에 따라 부담하게 되는 비용과 얻게 되는 편익은 한 시점이 아니라 여러 시점에 걸쳐 발생할 수 있으며, 미래에 발생하게 될 비용과 편익은 정확하게 알 수 없다. 그러므로 재무의사결정은 시간의 흐름 속에서, 그리고 불확실성하에서 내려진다는 특징이 있다. 재무의사결정의 특성과 법칙을 연구하는 학문을 재무학(finance) 또는 재무경제학(financial economics)이라 한다.

만일 언제든지 마음껏 사용할 수 있을 만큼 충분한 경제적 자원을 갖고 있다면, 자원의 보다 나은 활용방법을 찾기 위한 노력이 전혀 필요하지 않을 것이다. 그러나 대부분은 그렇지가 못하다. 따라서 우리는 살아가는 동안 맞닥뜨리게 될 경제적 선택에 있어서 한정된 자원을 효율적으로 활용할 수 있는 최선의 방법을 찾아야만 하며, 여기에 재무학의 목적이 있다.

재무학은 기업재무론, 투자론, 금융기관론 등으로 크게 나눌 수 있다. 기업재무론(corporate finance)은 기업의 재무의사결정, 즉 기업의 자본조달과 자본운용에 관한 문제를 연구하는 분야이다. 흔히 재무관리라고 부르며, 앞으로 이 책에서 다룰 내용이다. 투자론(investments)은 개별투자자들의 투자의사결정과 금융자산의 가격결정이 어떻게 이루어지는가를 규명하려는 분야이며, 금융기관론(financial institutions)에서는 금융기관의 기능, 금융기관의 경영 문제, 그리고 금융제도 등이 다루어진다.

1.2 재무관리

1.2.1 재무관리의 내용

기업경영과 관련된 문제를 연구하는 경영학은 기능에 따라 인적자원관리, 생산운영관리, 마케팅관리, 그리고 재무관리 등으로 나누어진다. 재무관리(financial management)는 기업의 재무의사결정과 그 결정을 실행하고 통제하는 일련의 과정을 말한다.

기업의 목표를 달성하기 위해서 기업은 필요한 자본을 합리적으로 조달하고, 조달된 자본을 합리적으로 운용해야 한다. 이러한 기능을 재무관리가 담당하며, 그 주된 내용은 다음과 같다.

(1) 투자결정

투자결정(investment decisions)은 어떤 사업을 운영할 것인가에 대한 의사결정이다. 사업의 성격에 따라 필요한 자산의 유형과 비중은 달라진다. 따라서 투자결정은 얼마만큼의 자금으로 어떤 자산을 취득할 것인가에 대한 의사결정이라고도 할 수 있다. 합리적인 투자결정을 위해서는 선택할 수 있는 각 사업의 경제성, 즉 투자가치를 평가할 수 있어야 하며, 그 결정은 투자로부터 얻는 가치가 극대화될 수 있도록 내려져야만 할 것이다.

기업의 투자결정 중 특히 자본투하에 따른 효과가 1년 이상 장기에 걸쳐 나타나는 자산의 취득에 대한 의사결정 – 예컨대, 신제품의 개발, 공장의 건축, 생산설비의 확충, 연구소의 설립, 마케팅 캠페인의 실시, 종업원 대상 교육 등 – 을 자본예산(capital budgeting)이라고 한다. 이러한 자본예산은 기업의 존속과 성장에 직결되며, 따라서 투자결정에서 매우 중요한 의미를 갖는다.

(2) 자본조달결정

자본조달결정(financing decisions)은 사업을 위한 자산의 취득에 필요한 자본을 어떻게 조달할 것인가에 대한 의사결정이다. 자본을 조달하면 자본제공자에게 대가를 지불해야 하며 이를 자본비용(cost of capital)이라고 한다. 합리적인 자본조달결정이 되려면 부담하는 기업의 자본비용이 극소화되어야 할 것이다.

자본조달원천은 타인자본인 부채와 자기자본으로 크게 나눌 수 있으며, 부채와 자기자본의 구성을 자본구조(capital structure)라고 한다. 자본조달결정에 있어서 해결하여야 할 가장 중요한 문제는 최적의 자본구조를 찾는 것이다.

한편 기업의 순이익 중 일부는 배당으로 주주에게 분배되고, 나머지는 재투자를 위해 유보이익의 형태로 사내에 유보된다. 순이익을 배당과 사내유보로 나누는 의사결정을 배당정책(dividend policy)이라고 한다. 배당정책은 곧 사내유보에 의한 내부자본의 크기를 결정하는 것이기 때문에 배당정책 역시 자본조달결정에 포함된다.

(3) 운전자본관리

운전자본관리(working capital management)는 기업의 영업활동과 관련된 단기간의 자본운용과 자본조달에 관한 의사결정이다. 여기서 운전자본(working capital)이란 일상적인 영업활동을 수행하기 위해 필요한 운영자금을 말한다.

운전자본관리가 필요한 이유는 영업활동에 따른 현금유입과 현금유출의 발생시점이 다르기 때문이다. 원활한 영업활동을 위해서는 현금유입과 현금유출의 시간적 차이에 따른 유동성 문제를 잘 관리하여야 한다. 생산을 통해 수익을 창출하는 자산은 토지, 기계장치 등과 같은 비유동자산이다. 수익성을 높이기 위해 비유동자산을 늘리고 유동자산을 줄이면 유동성이 낮아져서 지급불능의 상태에 처할 위험이 커지게 된다. 반대로, 유동성을 높이기 위해 유동자산을 늘리면 수익성이 낮아지게 된다. 따라서 상반관계에 있는 수익성과 위험을 알맞게 조절하는 것이 운전자본관리의 핵심이다.

1.2.2 기업의 형태

재무관리의 기본적인 내용이 기업의 형태와 크기에 따라 달라질 수는 없다. 그러나 기업운영에 영향을 미치는 법적 구조에 대해서는 알 필요가 있다. 기업의 형태는 개인회사, 공동회사, 주식회사, 유한책임회사로 나누어진다.

(1) 개인회사

개인회사(sole proprietorship)는 한 개인 또는 한 가족에 의해 소유되므로 회사의 자산과 부채가 바로 소유자 개인의 자산과 부채가 되는 회사를 말한다. 개인회사의 소유자는 발생하는 모든 이익을 자신이 갖게 되며 채무에 대해서도 무한책임(unlimited liability)을 진다. 또한 모든 회사소득이 개인소득으로 간주되어 세금이 부과된다.

개인회사는 만들기가 쉽고 정부의 규제를 적게 받는다. 그러나 개인회사의 수명은 소유자 개인의 생물적 수명으로 제한되고, 개인회사의 소유권 이전은 사업 전체를 매각하여야 하므로 쉽지 않을 수 있다. 개인회사의 자기자본은 소유자 개인이 갖고 있는 부로 한정되며 대규모의 자금조달이 어렵기 때문에 개인회사는 소규모의 사업에서 사용되는 기업형태이다. 상당수의 개인회사는 회사가 확장됨에 따라 그 형태를 바꾸게 된다.

(2) 공동회사

공동회사(partnership)는 둘 이상의 동업자가 있다는 것 이외에는 개인회사와 유사하다. 공동회사는 합명회사와 합자회사로 구분된다. 합명회사(general partnership)는 모든 동업자가 이익과 손실을 나누어 가지며 무한책임을 진다. 개인회사와 마찬가지로 회사의 소득은 모두 동업자들의 개인소득으로 간주되며 회사에 대해서는 세금이 부과되지 않는다. 동업자들은 회사의 의사결정방법, 이익과 손실의 배분방법 등에 대한 계약을 체결하게 된다.

합자회사(limited partnership)의 경우 한 사람 이상의 동업자가 회사를 운영하면서 무한책임을 지고, 다른 동업자들은 회사운영에 관여하지 않는 대신 자신이 출자한 금액에 국한하여 한정된 책임을 지게 된다. 공동회사 역시 개인회사처럼 만들기가 쉽지만 소유자가 무한책임을 져야 하며 대규모의 자금조달이 어렵기 때문에 성장에 제약을 받을 수밖에 없다.

(3) 주식회사

주식회사(corporation)는 회사의 소유자와 분리된 법적 인격체(legal person)로서 사람처럼 이름을 가질 수 있으며 법적 권리를 행사할 수 있다. 즉, 주식회사는 자체적으로 재산을 취득하고 교환할 수 있으며 계약할 수 있고 소송의 당사자가 될 수도 있다. 주식회사의 운영규정은 정관(charter)에 기술된다.

주식회사의 소유자인 주주들은 이사회의 구성원인 이사들을 선임하고 이사회에서 최고경영진을 선출한다. 소유(ownership)와 경영(management)이 분리되어 있으므로 소유권은 언제든지 이전될 수 있고 따라서 주식회사의 수명은 제한되지 않는다. 주식회사의 특별한 장점은 소유자인 주주들이 유한책임(limited liability)을 진다는 것이다. 즉, 주주들이 잃을 수 있는 최대한의 손실은 해당 주식회사의 주식에 투자한 금액을 넘어설 수는 없다.

한편, 주식회사는 과세의무를 지게 된다. 주식회사는 벌어들인 이익에 대해 법인세(corporate tax)를 납부하여야 하며, 법인세 차감 후 순이익의 일부를 배당으로 지급받은 주주들은 배당에 대해 다시 개인소득세(personal tax)를 납부하여야 한다. 이는 주주들의 소득에 대해 이중으로 과세하는 셈이다. 또한 주식회사는 소유자인 주주들과 경영자 사이의 이해상충으로 인해 비용이 발생하는 문제를 가진다. 이에 대해서는 2.2의 대리인 문제에서 설명할 것이다.

기업의 가치를 결정하는 중요한 요인은 성장기회이다. 주식회사는 비록 이중과세와 대리인 문제 등을 갖고 있지만 새로운 주식을 발행하여 성장에 필요한 대규모의 자금을 조달할 수 있다는 점에서 매우 우월한 기업형태이다. 우리가 아는 거의 모든 기업은 주식회사가 아닌가? 따라서 앞으로 주식회사에 초점을 맞추어 재무관리에 대해 살펴보기로 한다.

(4) 유한책임회사

유한책임회사(limited liability company : LLC)는 비교적 새로운 기업형태이다. 유한책임회사는 공동회사처럼 운영되고 과세되지만, 소유자는 유한책임을 진다. 즉, 유한책임회사는 공동회사와 주식회사가 혼성된 형태이다.

1.2.3 재무관리 조직

일반적으로 기업은 재무관리를 위해 [그림 1-1]과 유사한 조직을 가지고 있다. 이사회(board of directors)는 업무집행에 관한 의사결정을 위해 이사 전원으로 구성되는 상설회의기구로 기업 내의 최상위기관이다. 그 다음은 대표이사 또는 사장으로 일컬어지는 경영 전반을 통괄하는 최고경영자(chief executive officer : CEO)로 이사회 의장이 겸직하는 경우가 많다. 기업은 마케팅, 생산, 인적자원 등을 관장하는 최고운영책임자(chief operating officer : COO)와 재무, 회계분야를 통솔하는 최고재무책임자(chief financial officer : CFO)를 둔다.

최고재무책임자는 트레저러와 콘트롤러 두 개의 부서를 두고 지휘한다. 트레저러(treasurer)는 투자결정, 자금조달, 운전자본관리, 재무계획 수립, 위험관리 등의 업무를 맡는다. 콘트롤러(controller)는 회계 및 감사 업무를 수행하며 세금 관련 업무와 주주, 채권자, 감독기관을 위한 재무보고서 작성도 담당한다.

그림 1-1
기업의 재무관리 조직

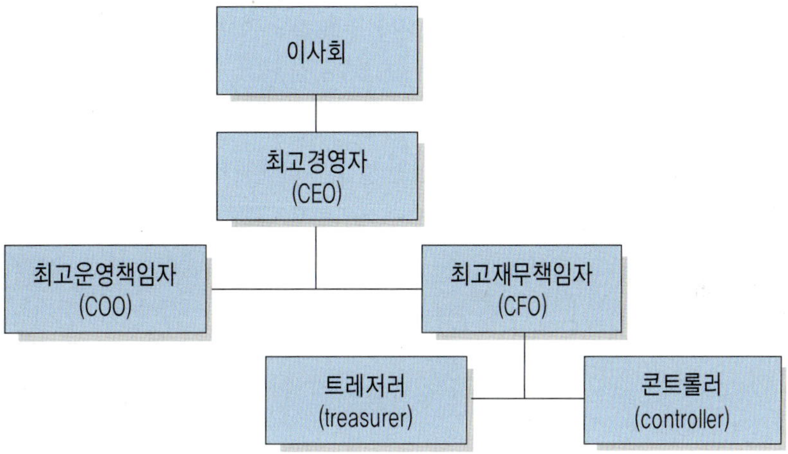

제2절 재무관리의 목표

2.1 기업가치의 극대화

2.1.1 이윤극대화의 문제점

재무관리가 기업의 목표를 달성하기 위한 경영의 한 기능인만큼 재무관리의 목표는 기업의 목표와 일치할 수밖에 없다. 기업의 목표가 유일할 수는 없지만, 기업은 본질적으로 영리를 추구한다는 점에서 흔히 기업의 목표는 이윤극대화(profit maximization)로 규정된다.[1)]

1) 이윤극대화 외에 기업의 목표로 상정할 수 있는 것으로는 만족할 만한 이윤획득, 매출의 극대

그러나 시간 흐름 속의 의사결정을 다루어야 하는 현실에서는 이윤극대화가 기업의 목표로서 적확하다고 말하기는 어렵다. 왜냐하면 이윤극대화 목표는 다음과 같은 문제점을 갖고 있기 때문이다.

첫째, 이윤이 갖는 개념이 명확하지 않다. 극대화의 대상이 되는 이윤 – 회계학에 있어서의 이익 – 이 단기이익인지 장기이익인지, 또한 순이익인지 주당이익인지가 명확하지 않다. 극대화의 대상이 어떤 이익인가에 따라서 기업의 의사결정은 달라질 것이다.[2] 또한 이익은 회계처리방법에 따라 그 크기가 다르게 나타날 수 있으며, 따라서 이익의 크기가 기업의 성과를 정확하게 나타내지 못할 수도 있다.

둘째, 화폐의 시간가치를 고려하지 못한다. 현재시점으로부터 보다 가까운 시점의 금액일수록 가치가 높게 평가되는 현상을 화폐의 시간가치라고 한다. 이윤은 유량이므로[3] 본질적으로 시간의 개념이 내재되어 있다. 서로 다른 시점에서 발생한 화폐금액을 단순히 가감하여 산정하는 이윤은 화폐의 시간가치를 반영하지 못한다.

셋째, 위험을 고려하지 못한다. 기업의 의사결정의 결과인 이익은 미래에 나타나며 정확하게 예측할 수 없기 때문에 위험이 따른다. 일반적으로 선택대안으로부터 기대되는 이익이 클수록 수반되는 위험도 크다. 그러므로 이윤극대화 목표에 충실하게 따르면 위험 부담이 큰 대안을 선택하게 되어 기업가치를 떨어뜨리는 결과를 초래할 수 있다.

2.1.2 기업가치 극대화의 의의

재무학에 있어서는 기업의 목표를 기업가치의 극대화(maximization of firm value)로 규정한다. 기업가치는 기업자산으로부터 얻을 수 있는 미래 현금흐름의 기대치와 위험에 따라 결정된다. 미래 현금흐름의 기대치가 클수록, 그리고 미래

화, 시장점유율의 극대화, 성장 및 다각화 등을 들 수 있다. 또한 소유와 경영이 분리된 상황에서 경영자의 위신이나 특권, 기업의 규모, 기업의 사회적 이미지 등과 같은 경영자의 개인적 관심에 따라 경영자의 만족을 극대화하는 의사결정이 이루어질 수도 있다. 이는 경영자 만족의 극대화가 기업의 목표가 될 수도 있음을 말한다.

2) 예컨대, 기업이 새로운 기술을 개발하기 위한 연구소를 설립하고 유능한 연구원을 초빙한다면 단기이익은 감소하겠지만 장기이익은 증가할 것이다. 한편, 추가적인 주식발행으로 기업의 규모를 키우면 순이익을 증가시킬 수 있겠지만 주당이익은 오히려 감소할 수 있다.

3) 양을 나타내는 변수가 일정기간을 대상으로 정의된 것이면 유량(flow)이라고 하고, 일정시점을 대상으로 정의된 것이라면 저량(stock)이라고 한다.

현금흐름에 내재된 위험이 작을수록 기업가치는 커진다. 즉, 기업이 보다 유망한 사업안을 갖고 있을수록, 그리고 갖고 있는 사업안의 위험이 작을수록 기업가치는 높게 평가될 것이다.

한편 기업이 자기자본인 주식과 타인자본인 부채로써 자본을 조달한 경우, 기업가치는 주주의 몫인 주식가치와 채권자의 몫인 부채가치로 이루어진다.

$$V = S + B \tag{1-1}$$

여기서, V = 기업가치
S = 주식가치
B = 부채가치

기업가치가 증가하더라도 부채가치는 일정수준에서 제한되므로,[4] 기업가치를 극대화하는 것은 주식가치를 극대화하는 것과 같은 결과를 가져온다. 주식가치는 주주의 부(shareholder's wealth)를 나타내며, 따라서 기업의 목표를 주주 부의 극대화라고도 규정할 수 있다.

또한 주가(stock price)의 극대화 역시 주주 부의 극대화와 동일한 의미를 갖는다. 이는 주가가 주식가치를 말해주기 때문이다. 경쟁시장에서 형성되는 주가는 기업성과에 대한 시장에서의 평가를 나타낸다. 즉, 기업이 보다 큰 성과를 실현해서 미래 현금흐름에 대한 기대치를 높이거나 또는 위험을 낮추게 되면, 그 기업의 주가는 상승하게 된다.

우리는 기업의 목표를 기업가치의 극대화, 주주 부의 극대화, 또는 주가의 극대화로 규정한다. 그리고 이러한 목표를 달성하기 위한 재무의사결정에 대해 앞으로 논의해 갈 것이다.[5]

2.1.3 기업의 사회적 책임

기업은 기업가치의 극대화를 위해 최선을 다해야 하지만, 사회의 일원으로서 사회적 책임(social responsibility)도 충실히 이행해야만 한다. 기업의 사회적

---

4) 채권자의 몫, 즉 채권자의 기업에 대한 청구권은 원리금으로 제한된다.

5) 피셔의 분리정리(Fisher's separation theorem)는 완전금융시장에서 기업의 최적생산은 주주들의 소비에 대한 주관적인 선호와는 무관하게 객관적인 시장이자율에 의해 결정된다는 것이다. 따라서 선호가 다른 주주들이 기업에 생산을 위임할 수 있으며, 이는 소유와 경영의 분리가 정당화될 수 있는 논리적 근거가 된다. 기업이 최적생산에 의해 부를 극대화하면, 극대화된 부를 소비함으로써 주주들은 효용을 극대화할 수 있다.

책임으로는 기업윤리(business ethics)의 향상,[6] 투명하고 책임지는 경영이 가능한 모범적인 기업지배구조(corporate governance)의 구축, 일자리 제공, 종업원에 대한 정당한 대우, 공정한 가격과 좋은 질의 상품공급에 의한 소비자 보호, 지역사회 기여, 환경보호 등을 들 수 있다.

기업이 이행해야 하는 사회적 책임은 기업가치의 극대화를 추구하는 과정에 있어서 제약조건이라고 할 수 있으며, 단기적으로는 기업에 부담으로 작용할 수도 있다. 그러나 그 책임을 이행함으로써 기업의 명성과 이미지를 제고하고 큰 손실로 이어질 수 있는 위기를 예방하며[7] 종업원의 충성심과 소비자의 신뢰를 얻을 수 있기 때문에, 장기적으로는 기업가치를 극대화하는데 오히려 도움이 될 것이다.

2.2 대리인 문제

개인기업의 소유자가 직접 경영을 맡는다면, 그는 기업가치의 극대화를 추구할 것이다. 그렇게 하는 것이 자신의 부를 극대화하는 길이기 때문이다. 그러나 기업소유권이 다수의 주주에게 분산된 주식회사의 경우에는 기업의 주인인 주주를 대리해서 경영자가 경영활동을 수행한다. 주주를 대리하는 경영자가 과연 기업가치의 극대화, 즉 주주 부의 극대화를 위한 의사결정을 할 것인가에 대해서는 생각해 보아야 한다. 왜냐하면 경영자와 주주의 이해는 상충될 수 있으며, 이러한 경우 경영자는 주주의 이익이 아닌 경영자 자신의 이익을 위한 의사결정을 할 개연성이 크기 때문이다.

주인(principal)과 그로부터 의사결정권한을 위임받은 대리인(agent) 사이의 이해의 충돌로 인해 주인의 이익에 반하는 의사결정이 이루어지는 문제를 대리인 문제(agency problem)라고 한다. 그리고 대리인 문제로 인해 발생하거나 대리인 문제를 해결하기 위하여 주인이 부담하는 비용을 대리인비용(agency cost)이라고 한다. 기업의 주인인 주주와 대리인인 경영자 사이에 발생하는 대리인비용은 다음과 같다.

---

6) 기업윤리(business ethics)는 종업원, 소비자, 주주 등에 대한 기업의 행동규범을 말한다. 기업윤리는 기업 내부에서 벌어지는 윤리적 딜레마의 해결과 효율적 관리를 강조한다는 점에서 사회 전반에 대한 책임을 강조하는 기업의 사회적 책임과는 차이가 있다. 학자에 따라 기업윤리를 사회적 책임의 한 영역에 포함시키기도 하고, 사회적 책임을 기업윤리의 한 분야라고 주장하기도 한다.

7) 엔론(Enron)의 파산은 부정회계라는 비윤리적 행위가 어떻게 기업을 빠르게 몰락시키는가를 보여주는 단적인 예이다.

첫째, 경영자는 자신의 연봉을 과도하게 책정하거나, 개인적 만족을 위해 호화로운 사무실, 불필요한 전용기, 사치스러운 휴가 등 특권적 소비를 할 수 있다. 또한 경영자는 그들의 보수와 위신을 높이고 영향력을 증대시키기 위해 필요 이상의 비용을 들여 기업 외형을 확장하려고도 한다. 이는 주주의 부를 감소시키는 결과를 가져온다.

둘째, 경영자는 주식가치에 긍정적인 영향을 미칠 것으로 기대되지만 위험이 큰 투자안을 과민하게 회피할 수 있다. 투자안의 결과가 잘못될 경우 그들의 직위를 유지하지 못할 수도 있기 때문이다. 이러한 경우 주주들은 가치 있는 기회를 잃어버리게 된다.

셋째, 경영자의 행동, 즉 경영자가 성실하게 맡은 일을 다하는지를 감시하는 데 소요되는 비용이다. 감사와 사외이사를 두는 비용, 외부의 공인회계사로부터 회계감사를 받는 비용 등이 이에 해당된다. 또한 경영자로 하여금 주주들의 이익을 위한 행동을 하도록 이끄는 보상 역시 대리인비용이다.

물론 주주 부의 극대화를 추구하지 않는 경영자는 주주총회의 투표를 통해 해임할 수 있을 것이다. 그러나 주주들은 기업경영에 관한 내용을 완전하게 파악하기 어렵기 때문에 경영자가 주주에 대한 의무를 게을리한다는 것을 알아내는 것이 쉽지 않다. 뿐만 아니라 설령 그러한 정보를 갖더라도 기업의 소유권이 광범위하게 분산되어 있는 실정에서 다른 주주들에게 정보를 전달하는 것도 역시 쉽지 않다. 이러한 점에서 투표권으로 대리인 문제를 해결하는 것은 현실적으로 어려울 수밖에 없다.

주주와 경영자 사이의 대리인 문제는 기업의 목표를 다시 생각하여야 할 만큼 심각한 것이다. 그러나 경영자의 활동에 대한 감시 외에도 다음과 같은 제도적 장치나 시장규율을 통해 대리인 문제는 상당 부분 해결될 수 있다.

첫째, 주주와 경영자의 목표가 일치하도록 만든다. 이를 위해 경영자 성과와 경영자 보수를 연계시키거나, 또는 스톡옵션제도를 활용할 수 있다. 스톡옵션(stock option)이란 미리 약정된 가격으로 자사주를 매입할 수 있는 선택권으로, 주가가 오를수록 경영자의 스톡옵션 행사에 따른 이익은 커지게 된다. 따라서 성과와 보수의 연계나 스톡옵션제도는 경영자로 하여금 보다 큰 성과, 즉 보다 높은 주가를 실현하게 하는 적극적인 유인이 된다.

둘째, 경영자가 주주의 이익을 위해 노력하게 하는 또 하나의 유인은 자신에 대한 평판이다. 주주의 부를 성공적으로 높인 경영자의 능력과 성과에 대해서는 좋은 평판이 내려질 것이다. 좋은 평판을 얻은 경영자에 대한 경영자시장에서의 수요는 증가할 것이며, 따라서 그러한 경영자는 일자리와 함께 높은 보수를 요구할 수 있게 된다.

셋째, M&A시장의 활성화이다. M&A시장에서 빈약한 성과를 보이는 기업은 주가 하락으로 인해 매력적인 M&A의 대상이 되며, M&A된 기업의 경영자는 그 직위를 잃게 될 것이 거의 확실하다. 따라서 M&A시장은 경영자가 주주들을 위해 보다 큰 성과를 실현하도록 강제하게 한다.

제3절 재무관리의 속성

3.1 화폐의 시간가치

재무의사결정에는 시간(time)의 개념이 내재되어 있다. 의사결정은 현재시점에서 내리지만 결과는 미래시점에서 나타나기 때문이다. 재무의사결정에 있어서 시간에 따른 문제를 생각해 보자.

투자결정에 따라 투자안을 실행하면 현금흐름이 발생하게 된다. 즉, 현재시점에서 투자지출액만큼의 현금유출이 발생하고, 이후 미래 여러 시점에 걸쳐서 투자수익인 현금유입이 발생한다. 투자안의 투자가치를 평가하기 위해서는 얻는 편익과 부담하는 비용을 비교하면 된다. 이를 위한 손쉬운 방법은 미래 여러 시점의 현금유입을 합한 금액과 현재시점의 현금유출을 비교하면 될 것이다.

그러나 이러한 방법은 매우 중요한 문제를 간과하고 있다. 현재 100만원의 가치가 1년 후의 100만원의 가치보다 큰 것처럼, 같은 크기의 금액이라도 발생시점이 다르면 가치가 다르게 평가된다. 따라서 투자가치를 올바르게 평가하기 위해서는 현금유입과 현금유출을 비교하기 전에, 먼저 여러 시점의 현금흐름을 모두 동일한 시점의 가치로 바꿀 필요가 있다.

현재시점으로부터 가까운 시점의 금액일수록 가치가 높게 평가되는 현상을 화폐의 시간가치(time value of money)라고 말한다. 재무의사결정에 있어서 화폐의 시간가치를 고려하여야 하는 것은 기본적이며 필수적이다. 화폐의 시간가치에 대해서는 2장에서 자세히 살펴보기로 한다.

3.2 위험과 수익의 상반관계

재무의사결정에는 불확실성(uncertainty)이 내재되어 있다. 이는 의사결정에 따른 결과를 정확하게 예측할 수 없기 때문이다. 따라서 의사결정 전의 기대와 의사결정 후의 결과가 다를 수 있는 위험(risk)을 부담해야만 한다.

합리적인 의사결정자라면 보다 높은 기대수익률과 보다 작은 위험을 선호할 것이다. 이러한 유형의 의사결정자를 위험회피형(risk averter)이라고 한다. 위험회피형 의사결정자는 위험부담이 커지면 이에 대한 보상으로 높은 기대수익률을 요구하게 된다.

예컨대, 은행에 100만원을 정기예금하면 1년 후에 원리금으로 104만원을 확실하게 지급받는다고 하자.[8] 위험이 전혀 없는 정기예금으로부터 얻을 수 있는 수익률은 4%이며, 이를 무위험수익률(risk-free rate of return)이라고 한다. 정기예금수익률은 현재시점의 금액을 상대적으로 가치가 낮은 미래시점의 금액과 교환하는 데 대한 보상이라고 할 수 있다. 즉, 무위험수익률은 소비를 연기한 시간에 대한 대가로 주어지는 것이다.

한편 투자증권회사가 판매하는 펀드를 예로 들어 보자. 합리적인 투자자는 펀드의 기대수익률이 최소한 무위험수익률 4%보다 큰 경우에만 투자하려고 할 것이다. 만일 펀드의 기대수익률이 9%라면, 펀드의 기대수익률과 무위험수익률의 차이인 5%는 펀드투자에 따른 위험부담에 대한 보상이라고 할 수 있다. 즉, 위험에 대한 대가이며, 이를 위험프리미엄(risk premium)이라고 한다.

$$\text{기대수익률} = \underset{(\text{시간에 대한 대가})}{\text{무위험수익률}} + \underset{(\text{위험에 대한 대가})}{\text{위험프리미엄}} \tag{1-2}$$

앞에서도 말했지만, 합리적인 의사결정자는 보다 높은 기대수익률과 보다 작은 위험을 선호한다. 그러나 식 (1-2)에서 알 수 있듯이 기대수익률을 높이기 위해서는 위험을 크게 부담해야만 하며, 위험을 작게 부담하면 기대수익률은 낮아질 수밖에 없다. 이를 위험과 수익의 상반관계(risk-return trade-off)라고 한다.

---

8) 만일 은행이 파산하게 되면 예금주는 원리금을 받지 못할 수도 있다. 그러나 소액예금에 대한 예금자보호제도가 있어 은행이 지급불능의 상태에 처하더라도 예금보험공사가 대지급하므로 예금주가 받게 되는 원리금은 확정적이다.

물론 어떤 충격으로 인해 시장이 교란된 불균형상태에서는 위험이 작은데도 불구하고 기대수익률이 높은 선택대안이 나타날 수 있다. 그러나 이러한 현상은 일시적일 수밖에 없다. 왜냐하면, 곧 이런 선택대안에 대한 초과수요가 일어날 것이고, 이는 가격상승과 기대수익률의 하락으로 이어질 것이기 때문이다.

지속적인 공짜점심(free lunch)이 없다는 것을 말해주는 위험과 수익의 상반관계는 재무의사결정에 있어서 문제인 동시에 원칙이라고 할 수 있다. 위험에 대해서는 3장에서 자세히 살펴보게 될 것이다.

제4절 금융시스템

4.1 금융시스템의 의의

4.1.1 금융시스템의 기능

금융이란 자금의 융통을 말한다. 흔히 실물경제를 사람의 몸에, 그리고 금융을 사람 몸에 흐르는 혈액에 비유하듯이 경제활동에 있어서 금융은 더할 나위 없이 중요하다. 금융시스템(financial system)은 자금이전에 관한 경제시스템을 말한다. 따라서 금융시스템은 금융시장, 금융기관, 그리고 금융인프라를[9] 모두 포괄하는 개념이다. 금융시스템에 의해 수행되는 기능은 다음과 같다.[10]

(1) 자금의 시간적 · 공간적 이전

금융시스템은 자금을 시간적 그리고 공간적으로 이전하는 방법을 제공한다. 예컨대, 주택구입을 위한 차입, 은퇴 후를 위한 저축, 생산설비에의 투자 등은 모두 한 시점에서 다른 시점으로 자금을 이전하는 것이다. 금융시스템은 이처럼 자금의 시간적 이전을 가능하게 한다. 또한 금융시스템은 자금의 공간적 이전에도 중

9) 금융인프라는 금융시장과 금융기관이 원활하게 기능하도록 하는 금융규제와 감독제도, 금융안전망, 지급결제시스템 등을 총칭한다.

10) 다음 문헌 요약
Bodie, Z. and R. Merton, *Finance*, Prentice-Hall, 2000, pp. 24-32.
한국은행, 「한국의 금융시장」, 2012, 4-6쪽.

요한 역할을 한다. 독일의 자금을 러시아로 이전할 수 있게 하는 것을 예로 들 수 있다. 이는 독일국민이 러시아에 소재한 기업의 주식에 투자하거나, 또는 독일은행이 러시아기업에 대출함으로써 가능해진다. 이와 같이 금융시스템은 시간과 공간을 넘나들며 보다 효율적인 곳으로 자금을 이전할 수 있게 하여 경제 전체의 효율성을 향상시킨다.

(2) 위험관리

자금과 마찬가지로 위험 역시 금융시스템을 통해 이전된다. 예컨대, 우리는 보험계약을 통해 일정한 보험료를 부담하고 보험회사에 위험을 전가함으로써 예측하기 어려운 사고에 대비할 수 있다. 이처럼 위험을 감소시키려는 사람들과 기꺼이 위험을 떠안는 대신 일정한 보상을 얻으려는 사람들 사이에 위험의 이전이 이루어진다. 다양한 금융계약과 금융자산은 위험의 이전을 통해 위험관리를 가능하게 한다.

(3) 효율적 결제

금융시스템은 상품이나 서비스의 구매자가 판매자에게 대금을 지불하는 효율적인 수단을 제공한다. 지폐가 사용되지 않는 물물교환에 있어서 구매하는 데 소요되는 시간과 자원의 낭비를 생각해 보면 지불시스템의 중요성을 쉽게 알 수 있다. 지불수단으로 지폐가 금을 대신하게 된 것은 지불시스템의 효율성을 높인 좋은 예다. 오늘날에는 지폐의 대체지불수단으로 수표, 신용카드, 전자화폐 등이 차례로 개발되었으며, 이들은 대금결제의 효율성을 더욱 증가시켰다.

(4) 자금의 집중과 소유권의 분할

사업을 수행하기 위한 투자규모는 대개 한 사람이 투자할 수 있는 자금의 한계를 넘어선다. 금융시스템은 많은 사람들의 자금을 모아서 사업에 필요한 대규모 투자자금이 조성될 수 있도록 한다. 사업에 출자한 사람은 그 사업의 공동소유자가 됨으로서 사업에 참여할 수 있는 기회를 갖게 된다. 이처럼 공동출자가 쉽게 이루어질 수 있는 까닭은 사업의 소유권을 분할하고 분할된 소유권을 자유롭게 매매할 수 있기 때문이다. 기업의 소유권을 나타내는 증서인 주식은 수많은 사람들에게 분산되어 있으며, 이는 기업의 자금조달과 기업성과의 배분에 수많은 사람들이 참여하고 있다는 것을 말한다.

(5) 정보의 제공

우리는 매일 신문과 TV 등에서 주가, 이자율, 환율 등에 대한 뉴스를 보고 듣는다. 주가, 이자율, 환율 등은 금융거래를 통해 결정된 가격으로, 개별기업과 국내외의 경제, 정치, 사회에 관한 모든 정보를 반영하고 있다. 우리는 여러 가지 종류의 의사결정에 이러한 가격정보를 활용한다. 예컨대, 증권거래에 실제로 참여하는 사람뿐만 아니라 그렇지 않는 사람일지라도 부동산 매매의사결정을 함에 있어서 주가와 이자율에 관한 정보를 참고하게 된다. 이처럼 금융시스템은 다양한 경제적 의사결정에 도움이 되는 가격정보를 제공한다.

(6) 시장규율

시장규율(market discipline)이란 시장참가자가 기업경영에 대한 감시 및 견제 기능을 수행하는 것을 말한다. 예컨대, 어떤 기업의 M&A 계획에 대해 시장참가자들이 부정적인 시각을 가지면 그 기업의 주식이나 채권 가격은 즉각 하락할 것이다. 이렇게 되면 해당 기업의 자금조달비용이 높아져 M&A를 통한 무리한 사업확장에 제동이 걸릴 수 있게 된다.

4.1.2 기업과 금융

기업은 사람들이 필요로 하는 재화와 서비스를 생산하는 경제주체이다. 재화와 서비스의 생산에는 실물자산이 요구된다. 실물자산(real assets)이란 토지, 건물, 기계장치, 원재료 등의 유형자산(tangible assets)과 지식, 기술, 영업권, 산업재산권 등의 무형자산(intangible assets)을 말한다. 기업은 생산에 쓰이는 실물자산을 취득해야 하며, 이에 소요되는 자금을 조달하지 않으면 안 된다. 한편 개인은 소비를 통해 효용(utility)을 극대화하려고 한다. 따라서 자신의 부(wealth)가 가능한 한 늘어나도록 저축과 투자 등의 방법으로 여유자금을 활용할 필요가 있다.

금융시스템은 흑자경제주체인 가계의 자금이 적자경제주체인 기업으로 이전될 수 있게 함으로써, 기업의 자금조달과 가계의 자금활용이라는 필요를 충족시킨다. 즉, 기업에게는 소요자금을 원활하게 조달하여 부가가치(value added)를 창출하게 하며, 가계의 경우 자금제공의 대가로 기업의 성과를 배분 받아 부를 증식시킬 수 있게 한다. 이와 같이 금융시스템은 한정된 자금이 효율적으로 사용될 수 있도록 자금배분의 역할을 수행함으로써 사회 전체의 후생을 증진시킨다.

금융은 자금의 이전방식에 따라 직접금융과 간접금융으로 구분된다. 직접금융

(direct financing)은 자금의 수요자인 기업이 발행한 주식이나 채권 등의 금융자산을 자금의 공급자인 가계가 매입함으로써, 자금이 공급자로부터 수요자에게로 직접 이전되는 방식이다. 간접금융(indirect financing)은 자금의 공급자와 수요자 사이에 금융중개기관이 개재되는 자금의 이전방식을 말한다. 즉, 자금의 수요자가 발행한 대출채권 등의 금융자산을 금융중개기관(financial intermediaries)이 매입하고, 금융중개기관은 자금의 공급자를 대상으로 예금증서 등의 새로운 금융자산을 발행하게 된다.[11]

그림 1-2
직접금융과 간접금융

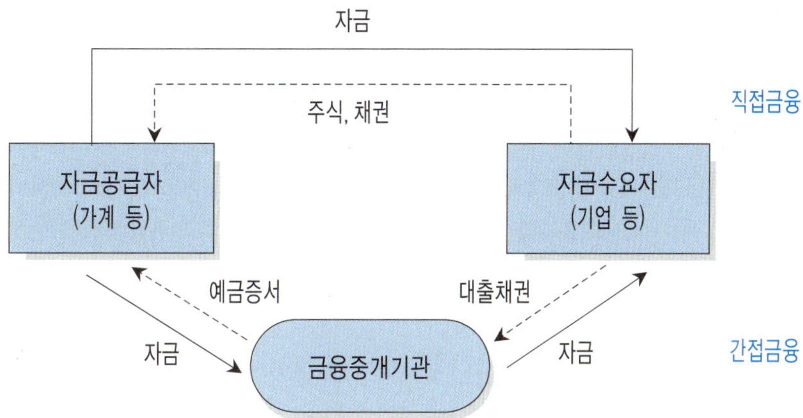

한편, 금융시스템의 유형을 직접금융 위주의 시장중심 금융시스템(market-based financial system)과 간접금융 위주의 은행중심 금융시스템(bank-based financial system)으로 나눌 수 있다. 자금이전에 있어서 주식과 채권이 거래되는 자본시장이 중요한 역할을 하는 경우 시장중심 금융시스템이라고 하고, 은행을 중심으로 하는 중개기관의 비중이 큰 경우를 은행중심 금융시스템이라고 한다. 시장중심 금융시스템에서는 시장규율에 의해 기업경영에 대한 감시가 이루어지며, 은행중심 금융시스템에서는 은행과 기업이 장기적 거래관계를 유지하는 과정에서 은행이 기업감시의 중요한 역할을 맡게 된다.

11) 금융중개기관은 새로운 금융자산을 발행함으로써 자금의 수요자가 발행한 금융자산의 금액과 만기를 변환한다. 이렇게 함으로써 금융중개기관은 다수 자금공급자의 소액의 단기자금을 모아 자금수요자가 필요로 하는 거액의 장기자금을 안정적으로 공급할 수 있다.

두 금융시스템 중 어느 쪽이 더 우월하다고 평가하기는 어렵다. 기업의 자금조달과 경제성장은 특정 금융시스템보다 금융시장의 전반적인 발전 정도에 영향을 받는 것으로 나타나고 있기 때문이다. 미국과 영국은 시장중심 금융시스템, 독일과 일본 및 우리나라는 은행중심 금융시스템으로 볼 수 있다.

4.2 금융시장과 금융기관

4.2.1 금융시장

금융시장(financial market)은 자금의 수요자와 공급자 사이에 금융자산이 거래되는 시장이다. 여기서 금융자산(financial assets)은 주식, 채권, 예금증서 등과 같이 미래 소득에 대한 청구권을 나타내는 자산을 말한다.[12] 이러한 금융자산은 금융거래를 매개하는 금융수단(financial instruments)이 된다.

금융시장은 거래되는 금융자산의 만기와 성격에 따라 화폐시장, 자본시장, 파생금융상품시장, 그리고 외환시장으로 나누어진다. 화폐시장(money market),[13] 즉 단기금융시장은 만기 1년 미만의 금융자산인 콜, 양도성예금증서, 기업어음, 환매조건부채권, 단기국공채 등이 거래되는 시장이다. 자본시장(capital market)은 만기 1년 이상의 금융자산이 거래되는 시장으로, 주식시장과 채권시장으로 나눌

그림 1-3
금융시장의 구조

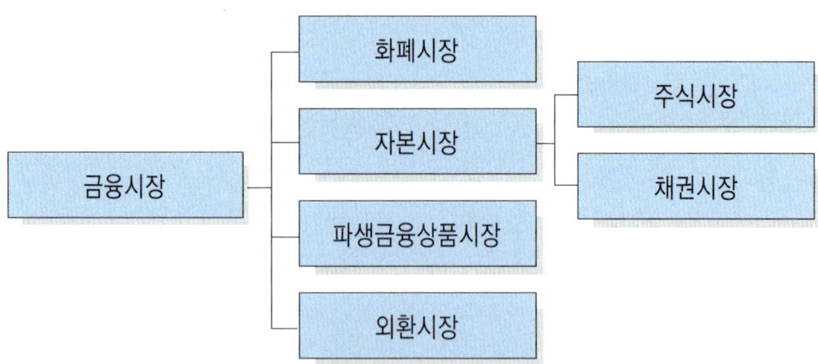

12) 주식은 배당, 채권과 예금증서는 원리금에 대한 청구권을 갖는다.
13) 자금시장이라고도 한다.

수 있다. 파생금융상품시장(derivatives market)에서는 금리, 환율, 주가 등의 변동에 대처하기 위한 위험관리수단으로 개발된 선물과 옵션 등의 파생금융상품이 거래된다. 외환시장(foreign exchange market)은 서로 다른 통화를 교환하는 시장으로 자금의 대차거래는 아니지만 자금이 운용되고 있다는 점에서 금융시장에 포함된다.

4.2.2 금융기관

금융기관(financial institutions)은 금융서비스를 제공한다. 즉, 거래비용의 절감, 만기 및 금액의 변환, 위험감소, 지급결제수단의 제공 등을 통해 금융시장에서 경제주체가 원활하게 금융거래를 할 수 있도록 하는 역할을 수행한다.

자금공급자와 수요자가 직접 거래할 경우 높은 탐색비용으로 인해 거래 자체가 불가능할 수 있지만 금융기관은 거래비용을 절감시켜 소규모 금융거래도 가능하게 함으로써 금융거래를 활성화한다. 금융기관은 다양한 만기와 크기의 자금을 모아 자금수요자가 원하는 만기와 크기의 자금을 공급함으로써 자금공급자와 수요자 사이의 자금이전에 있어서 핵심적인 기능을 맡는다. 또한 금융기관은 지속적이고 반복적인 거래를 통해 축적된 정보와 전문적인 신용평가능력을 바탕으로 자금공급자와 수요자 사이의 직접거래에 따른 채무불이행위험을 감소시키며, 다수로부터 모은 거액자금의 분산투자를 통해 투자자로 하여금 투자위험을 줄이는 혜택을 누릴 수 있게 해준다. 그리고 금융기관은 경제주체간의 각종 거래를 종결시켜 주는 지급결제수단을 제공함으로써 경제활동을 보다 활성화시킨다.

금융시장에는 경제주체들의 금융서비스 수요 변화에 부응하여 다양한 기능의 금융기관이 존재한다. 우리나라 금융기관은 은행, 비은행 예금취급기관, 증권관련기관, 보험회사, 기타 금융기관, 그리고 금융보조기관 등 6개 집단으로 나눌 수 있다.[14)]

은행은 일반은행과 특수은행이 있다. 예금 및 대출을 주된 업무로 하는 민간 상업은행인 일반은행은 시중은행, 지방은행, 그리고 외국은행 국내지점이 해당되며, 정부가 특정 정책목적을 위해 설립한 특수은행으로는 한국산업은행, 한국수출입은행, 중소기업은행, 농업협동조합중앙회, 수산업협동조합중앙회 등이 있다. 비은행 예금취급기관은 법적으로 은행은 아니지만 은행처럼 예금 및 대출업무를

---

14) 금융기관의 종류와 기능에 대해서는 다음 문헌 참고
한국은행, 「한국의 금융제도」, 2011.

주로 영위하며 업무의 범위가 은행에 비해 좁고 영업대상이 개별금융기관의 특성에 맞추어 제한되기도 하는 소규모 금융기관으로 상호저축은행, 신용협동조합, 새마을금고, 농 · 수협 단위조합, 그리고 종합금융회사가 있다.

증권관련기관은 「자본시장과 금융투자업에 관한 법률」에 따라 금융투자업자로 정의되며, 투자매매업자, 투자중개업자, 집합투자업자, 투자자문업자, 투자일임업자, 신탁업자로 나눈다. 투자매매와 중개업자로는 증권회사와 선물회사, 집합투자업자로는 자산운용회사, 투자자문과 일임업자로는 투자자문회사, 신탁업자로는 신탁겸업사와 부동산 신탁회사가 있다. 보험회사는 보험계약자로부터 일정한 보험료를 수취하였다가 질병, 사망, 노후, 사고 등에 대해 보험금을 지급하는 업무를 영위하는 회사로 생명보험회사, 손해보험회사, 우체국보험, 공제기관 등이 있다.

기타 금융기관으로는 여신전문회사, 벤처캐피탈회사, 증권금융회사 등이 있다. 여신전문회사는 리스회사, 신용카드회사, 할부금융회사, 신기술사업금융회사 등을 말하고, 벤처캐피탈회사에는 중소기업창업투자회사, 기업구조조정전문회사 등이 해당된다. 끝으로 금융보조기관은 금융거래에 직접 참여하기 보다 금융시스템의 원활한 작동에 필요한 여건을 제공하는 것을 주된 업무로 하는 기관들이다. 여기에는 금융감독원, 예금보험공사, 금융결제원, 한국예탁결제원 등과 같이 금융인프라와 관련된 업무를 영위하는 기관, 한국거래소, 신용보증기금과 기술보증기금 등의 신용보증기관, 신용정보회사, 자금중개회사 등이 포함된다.

4.3 금융시장의 효율성과 정보비대칭

4.3.1 시장효율성

금융자산이 거래되는 금융시장은 자금배분의 역할을 수행한다. 사회의 한정된 자금은 모든 사람에게 이득이 될 수 있도록 보다 높은 부가가치를 창출할 수 있는 투자기회에 이전, 즉 배분되어야 한다. 자금의 최적배분이 이루어질 때 금융시장이 배분효율성(allocational efficiency)을 갖는다고 말한다. 따라서 배분효율성은 금융시장의 궁극적인 목적이라고 할 수 있다. 이러한 배분효율성이 달성되기 위해서는 무엇이 필요하겠는가? 투자자들이 자금이전의 수단이 되는 금융자산의 가격이 공정하지 않다고 판단하면 그들은 투자를 기피할 것이며, 배분효율성은 기대하기 어려울 것이다.

시장성 있는 금융자산, 즉 증권(securities)의 가격행태에 대해서 수많은 연구가 진행되었으며, 그 핵심적인 주제는 가격이 새로운 정보를 신속하고 정확하게 반영하느냐 하는 것이다. 가격이 모든 이용가능한 정보를 충분히 반영하는 시장을 효율적 시장(efficient market)이라 하고, 정보효율성(informational efficiency)을 갖는다고도 한다. 일반적으로 시장효율성(market efficiency)이라 하면 정보효율성을 가리킨다.

다음의 예로 효율적 시장에서의 가격행태를 살펴보자. 가나(주)가 물을 연료로 사용하는 자동차를 만드는 기술을 개발하였다고 하자. 기술개발에 대한 정보가 시장에 유출되지 않았다면 가나(주)의 주가에는 이 정보의 가치가 아직 반영되어 있지 않다. 만일 효율적 시장이라면, 기술개발의 내용을 공시하는 즉시 가나(주)의 주가는 신속하게 오를 것이다. 공시시점을 월요일 오전이라고 하면, 화요일 주식을 매입하여 이익을 얻을 수 있을까? 월요일 오후의 주가는 이미 오전에 공시한 기술개발에 대한 정보의 가치를 반영하고 있을 것임에 틀림없다.

[그림 1-4]는 정보공시에 따른 가격행태를 나타내고 있다. [그림 1-4]에서 0은 공시일이다. 직선은 효율적 시장에서의 가격행태를 보여준다. 주가는 새로운 정보를 신속하고 정확하게 반영하고 이후 일정한 수준을 유지한다. 한편 점선은 새로운 정보에 대해 과민하게 반응하였다가 적정가격으로 조정되는 과민반응

그림 1-4
효율적 시장에서의 가격행태

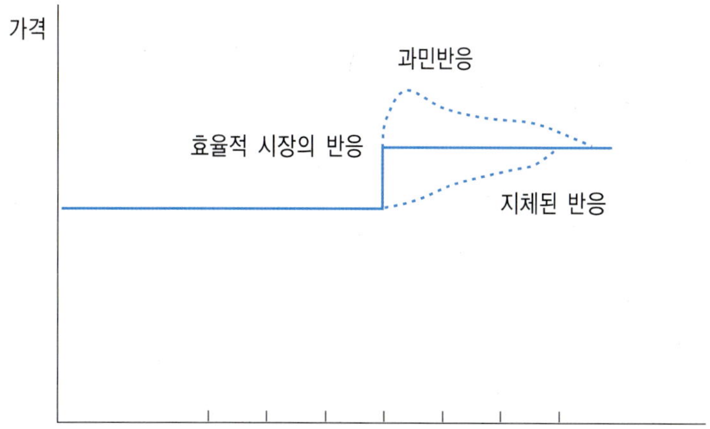

(overreaction)과 새로운 정보를 충분히 반영하는 데 3일이 걸린 지체된 반응(delayed reaction)을 보여주고 있다. 만일 [그림 1-4]에서의 아래 점선과 같이 주가가 지체된 반응을 보인다면, 공시 즉시 주식을 매입한 다음 3일 후에 매각하면 이익을 얻을 수 있을 것이다.

그렇다면 시장은 효율적일 수 있는가? 투자자들은 보다 높은 수익률을 실현하기 위해 금융자산의 가격에 영향을 미칠 수 있는 정보를 경쟁적으로 수집하고 분석한다. 특히, 시장에 수많은 전문 분석가와 트레이더가 활동하고 있음을 상기하라. 정보를 신속하고 남김없이 이용하려는 투자자들의 거래 결과, 가격은 모든 이용가능한 정보를 충분히 반영하게 된다. 즉, 투자자들 사이의 경쟁이 시장효율성을 가져오는 것이다. 효율적 시장이라면, 모든 이용가능한 정보가 이미 가격에 반영되었기 때문에 어떤 투자자도 비정상적인 수익을 실현할 수 없다. 가격에 반영되지 않은 정보를 차별적으로 이용할 수 있어야만 비정상적인 수익을 얻을 수 있기 때문이다.[15)]

효율적 시장이 시사하는 무엇보다도 중요한 의미는 증권의 시장가격이 공정한 가격(fair price)이라는 것이다. 공정한 가격은 이용가능한 정보를 바탕으로 하는 증권의 현재가치가 반영된 가격을 말한다. 효율적 시장에서 투자자는 공정한 가격을 지불하게 되며, 기업도 발행하는 증권으로부터 공정한 가격을 기대해야만 한다. 가격이 공정하다고 여겨지면 누구든지 기꺼이 거래하려고 할 것이다. 효율적 시장이 자금의 최적배분을 위해 꼭 필요한 이유이다.

실제로 시장은 효율적인가? 가격이 모든 이용가능한 정보를 충분히 반영한다는 가설을 효율적 시장가설(efficient market hypothesis : EMH)이라고 한다.[16)] 이는 실증적 검증을 통해 확인할 수밖에 없다. 시장효율성을 지지하는 많은 연구결과가 제시되었으며, 반면에 이를 부정하는 다양한 연구결과 역시 보고되었다. 이 문제에 대해 어떤 사람들은 시장이 효율적이라고 생각하고, 다른 사

15) 예컨대, 대형 마트에서 장을 본 후 계산대를 빠져나가는 경우를 생각해 보자. 누구나 빨리 계산을 마치기 위해 대기열이 가장 짧은 계산대에 줄 서려고 할 것이다. 그 결과 각 계산대 대기열의 길이는 거의 비슷하게 된다. 따라서 어느 계산대로 갈 것인지 살펴보는 것은 의미가 없다. 이는 빠른 계산을 하려는 경쟁의 결과이다. 그러나 이러한 결과를 예상하고 모두가 대기열의 길이를 살펴보지 않게 되면, 대기열의 길이는 달라질 것이며 대기열의 길이를 살피는 소비자만 일찍 계산을 마칠 수 있을 것이다.

16) 파마(E. Fama)는 효율성의 정도를 약형, 준강형, 강형의 세 가지로 구분하여 효율적 시장가설을 제시하였으며, 자산가격의 분석에 기여한 공로로 2013년 노벨 경제학상을 공동 수상하였다.
Fama, E., "Efficient Capital Markets : A Review of Theory and Empirical Works," *Journal of Finance*, May 1970.

람들은 비효율적이라고 여기며, 또 다른 사람들은 결론을 유보하고 있다.

4.3.2 정보비대칭

최근 많은 관심의 대상이 되고 있는 것은, 정보가 한쪽에만 존재하고 다른 한쪽에는 존재하지 않는 상황, 즉 정보가 비대칭적으로 분포되어 있는 상황이다. 예컨대, 자신의 기업에 대해 경영자가 갖고 있는 정보와 주주들이 갖고 있는 정보는 차이가 있지 않겠는가? 이와 같이 시장 참여자들이 갖고 있는 정보의 양과 질에 차이가 있는 상황을 정보비대칭(information asymmetry)이라고 한다.[17] 정보비대칭은 상품 판매자와 구매자 사이, 고용인과 피고용인 사이 등 여러 곳에서 찾아볼 수 있다.

정보비대칭은 두 가지 중 하나의 형태로 나타난다.

첫째, 감추어진 특성(hidden characteristics)의 형태로 나타난다. 중고자동차 구매자는 중고자동차시장에 나와 있는 자동차의 성능에 대해 잘 알지 못하며, 자금을 대출하는 금융기관은 자금을 차입하려는 기업의 상환능력에 대해 정확하게 알기 어렵다. 중고자동차 구매자와 대출금융기관에게는 자동차의 성능과 기업의 상환능력이 감추어진 특성이 된다. 이러한 감추어진 특성으로 인해 역선택(adverse selection)의 문제가 발생한다.

둘째, 감추어진 행동(hidden action)의 형태로 나타나게 된다. 고용인은 피고용인이 최선을 다해 일하는지의 여부를 잘 알기 힘들며, 주주들은 경영자가 주주부의 극대화를 위한 행동을 하는지를 정확하게 알기 어렵다. 피고용인과 경영자가 쏟는 노력의 정도는 고용인과 주주들에게는 감추어진 행동이 된다. 이와 같은 감추어진 행동은 도덕적 해이(moral hazard)를 유발하게 된다.

(1) 역선택

정보비대칭의 상황으로 흔히 거론되는 예는 중고자동차시장의 거래이다. 중고

---

17) 애컬로프(G. Akerlof)는 1970년 다음의 기념비적인 논문에서 처음으로 정보비대칭이 시장에 미치는 영향을 분석하였다. 그는 정보비대칭에 따른 문제의 부분적인 해결방안을 제시한 스펜스(M. Spence) 그리고 스티글리츠(J. Stiglitz)와 함께 정보경제이론(Information Economics)이라는 새로운 영역을 개척한 업적을 인정받아 2001년 노벨 경제학상을 공동 수상하게 된다.
Akerlof, G., "The Market for Lemons : Quality Uncertainty and the Market Mechanism," *Quarterly Journal of Economics*, August 1970.

자동차 구매자는 자동차의 성능에 대해 잘 알지 못하지만, 판매자는 자동차를 그동안 사용해왔기 때문에 그렇지 않다. 즉, 구매자와 판매자 사이에는 정보비대칭이 존재한다. 예컨대, 성능이 좋은 자동차는 300만원, 사고가 났던 나쁜 자동차는 100만원에 거래되는 것이 타당하며, 시장에는 좋은 자동차와 나쁜 자동차가 반반씩 있다고 가정하자. 자동차의 성능을 모르는 구매자는 두 유형의 자동차 가격의 기대치인 200만원에 자동차를 구입하려고 할 것이다. 이러한 경우 좋은 자동차의 판매자는 시장을 떠날 것이고, 중고자동차시장에는 나쁜 자동차만 남게 되는 결과가 빚어질 것이다.

중고자동차시장에 나와 있는 자동차가 아주 좋은 것에서부터 아주 나쁜 것까지 다양하게 분포되어 있는 현실적인 상황에서도 결과는 동일하다. 자동차 가격이 평균적인 자동차 성능에 따라 결정된다면, 평균 이상의 성능을 가진 좋은 자동차 판매자들은 시장을 떠날 것이다. 이는 시장에 나와 있는 자동차 성능의 평균을 떨어뜨려 자동차 가격을 더욱 하락시키게 되며, 그 결과 떨어진 평균 이상의 성능을 가진 자동차가 다시 시장에서 사라지게 된다. 이러한 과정이 이어지면 결국 시장에는 가장 성능이 나쁜 자동차만 남게 될 것이다. 따라서 자동차 구매자는 역선택(adverse selection), 즉 정보를 갖지 못한 쪽에서 바람직하지 못한 거래를 하게 되는 상황에 직면하게 된다.

역선택의 예는 금융기관의 대출에서도 찾아볼 수 있다. 금융기관이 자금 차입자인 기업의 상환능력을 정확하게 심사할 능력을 갖고 있지 못한 경우, 금융기관은 상환능력과 무관하게 모든 자금 차입자들에게 평균 또는 그 이상의 대출금리를 적용할 수밖에 없다. 결과적으로 차입을 포기한 건실한 기업 대신 오히려 부실한 기업이 대출을 받게 되며, 이는 결국 금융기관의 부실로 이어질 것이다. 이러한 역선택은 시장실패(market failure), 즉 시장이 효율적인 자금배분의 기능을 수행할 수 없게 되는 심각한 상황을 초래하게 된다.

정보비대칭의 상황에서 정보를 가진 쪽은 감추어진 특성을 드러내지 않으려고 할 수도 있지만, 적극적으로 알리고 싶어 할 수도 있다. 이 경우 정보를 가진 쪽은 신호(signal)를 보내 감추어진 특성이 어떤 것이라는 정보를 전달하게 된다.[18] 이러한 신호에 대해서는 8장과 9장에서 살펴볼 것이다.

---

18) 좋은 중고자동차를 가진 판매자는 원하는 가격에 자동차를 판매하기 위해 상당한 기간 내에 고장이 있을 경우 무상으로 수리해 주겠다는 구매자에게 매우 유리한 조건의 보증을 해 줄 수 있으며, 이러한 보증은 자동차의 성능이 좋다는 신호가 된다. 한편 기업의 경영자는 정보가 빈약한 주주들에게 자본구조와 배당정책 등을 기업의 미래성과를 알리는 신호로 사용할 수 있다.

(2) 도덕적 해이

사람들은 거래 또는 계약 후 자신의 행동을 상대방이 정확하게 파악할 수 없다면, 자신의 이익을 추구할 유인을 갖는다. 그 결과 거래 또는 계약의 내용이 충실하게 이행되지 못하는 문제가 발생할 수 있다. 이처럼 거래 상대방의 입장에서 바람직하지 못한 행동이 발생하였을 때, 도덕적 해이(moral hazard)가 일어났다고 말한다.

화재보험에 가입한 보험계약자가 보험계약 전과는 달리 화재를 방지하기 위한 노력을 게을리하거나, 극단적으로 화재보험금이 보험대상물의 시장가치보다 큰 경우 스스로 불을 지르는 것은 도덕적 해이의 한 예이다. 물론 이는 범죄이다. 증권회사가 자신이 얻게 될 수익만을 생각해서 고객의 계좌에서 필요 이상으로 빈번한 매매를 하여 고객으로 하여금 수수료를 과다하게 지불하게 하는 것은 또 다른 예가 될 것이다. 우리는 앞에서 주주와 경영자 사이의 대리인 문제를 살펴본 바 있다. 주주들을 대리하는 경영자가 주주들의 이익이 아닌 경영자 자신의 이익을 위한 행동을 하게 되는 대리인 문제 역시, 경영자의 행동이 감추어지기 때문에 발생하는 경영자의 도덕적 해이에 따른 것이다.

도덕적 해이는 역선택과 마찬가지로 시장실패를 가져오는 요인이 된다. 따라서 이러한 도덕적 해이를 해소해야만 하며, 이를 위해 거래 또는 계약의 당사자가 이익을 공유할 수 있도록 유인구조를 설계하거나 감시기능을 확충할 필요가 있다.

정리하는 문제

1. 재무관리는 어떤 내용을 다루는가?

2. 주식회사의 특징은 무엇인가?

3. 재무관리의 목표에 대해 설명하시오.

4. 대리인 문제란 무엇이며 그 해결책은 무엇인가?

5. 위험과 수익의 상반관계는 무엇을 말하는가?

6. 지난 일주일 동안의 일상에서 금융시스템과 관련된 일을 들어보시오.

7. 금융시장의 역할을 기업과 관련지어 설명하시오.

8. 금융시장의 구조와 금융기관의 종류를 알아보시오.

9. 시장효율성이란 무엇인가? 시장효율성이 필요한 이유를 생각해 보시오.

10. 정보비대칭에 따른 문제를 설명하시오.

제 2 장
화폐의 시간가치

제2장 화폐의 시간가치

제1절 유동성선호와 이자율

1.1 유동성선호

오늘 100만원이 주어지는 대안 A와 1년 후에 100만원이 주어지는 대안 B 중 하나를 선택해야만 한다면, 우리는 모두 대안 A를 선택할 것이다. 합리적인 사람들은 동일한 금액이라고 하더라도 미래의 현금보다 현재의 현금을 선호하며, 이를 유동성선호(liquidity preference)라고 한다. 이러한 유동성선호의 이유는 다음과 같다.

첫째, 사람들은 시간선호(time preference), 즉 미래의 소비보다는 현재의 소비를 선호하는 성향을 갖고 있다.

둘째, 현재의 현금으로 생산기회(production opportunity)를 이용하여 미래에 현재 금액보다 큰 가치를 창출할 수 있다.

셋째, 인플레이션(inflation)으로 인해 구매력이 감소하면 미래의 현금은 현재의 현금과 액수가 동일하더라도 실질가치가 떨어지게 된다.

넷째, 미래의 현금은 불확실성(uncertainty)으로 인해 위험이 따른다. 즉, 전부 또는 일부를 받지 못하게 될 위험이 존재한다.

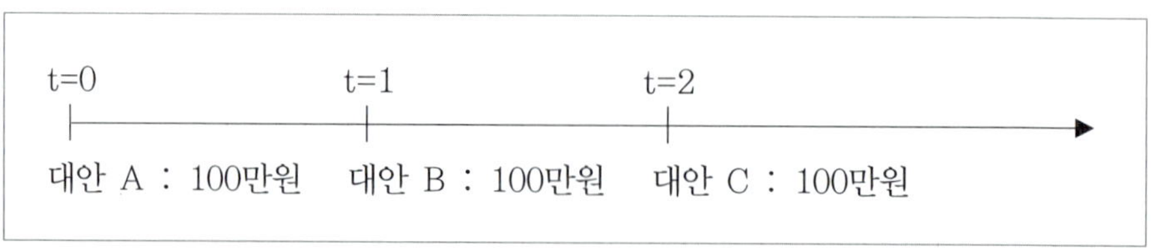

위의 의사결정시계(time horizon)에서 보듯이 대안 A, B와 함께 2년 후에 100만원이 주어지는 대안 C가 있다면, 우리 모두는 대안 A, B, C의 순으로 선택할 것이다. 이는 동일한 금액임에도 불구하고 금액이 주어지는 시점에 따라 그 경제적 가치가 달라진다는 것을 말한다.

대안 A의 경제적 가치 〉 대안 B의 경제적 가치 〉 대안 C의 경제적 가치

이와 같이 현재시점으로부터 가까운 시점의 금액일수록 가치가 높게 평가되는 현상을 화폐의 시간가치(time value of money)라고 한다.

1.2 이자율

현재 100만원과 1년 후 100만원의 경제적 가치가 다르다면, 현재 100만원의 1년 후의 가치는 얼마인가? 그리고 1년 후 100만원은 현재시점의 가치로는 얼마가 되는가? 이자율은 이러한 가치평가를 가능하게 한다.

이자율(interest rate)은 자금의 거래가격을 말한다. 자금의 수요자 측에서는 일정기간 자금을 보유하는 가격이다. 자금의 공급자 측에서는 자금이 사회적으로 유용한 곳에 투자되어 생산력을 증대시키는 데 대한 대가이며, 제공하는 자금에 대한 최소한의 요구수익률(minimum required rate of return)이다. 이러한 이자율은 자금의 기회비용(opportunity cost of capital)이라고 할 수 있다.[1)]

이자율은 자금 수요와 공급의 중요한 결정요인이다. 이자율이 올라가면 자금의 공급은 늘고 자금의 수요가 줄어들어 자금의 초과공급 상태가 발생한다. 반대로 이자율이 떨어지면 자금의 공급은 줄고 자금의 수요가 늘어나서 자금의 초과수요 상태가 발생한다. 따라서 이자율은 자금의 수요와 공급이 일치되는 수준에서 결정된다. 이자율은 화폐의 시간가치를 평가할 수 있는 척도로 쓰인다. 즉, 현재의 금액이 미래 일정시점의 가치로 얼마가 되는지, 미래 일정시점의 금액이 현재의 가치로 얼마가 되는지를 이자율을 사용하여 환산할 수 있다.

---

1) 합리적인 선택을 위해서는 선택이 요구하는 대가를 알아야 하며, 흔히 선택의 대가를 기회비용의 개념으로 나타낸다. 어떤 선택의 기회비용이란, 그 선택으로 말미암아 포기할 수밖에 없는 여러 대안들 중에서 가장 가치가 큰 대안의 가치를 말한다.

제2절 미래가치와 현재가치

2.1 복리계산과 미래가치

이자율이[2] 4%라면, 100만원을 예금할 경우 1년 후에 받게 되는 원리금은 원금 100만원과 이자 4만원(100만원×0.04)을 합해 104만원이 된다.

$$100(1+0.04)=104(\text{만원})$$

그리고 1년 후의 104만원을 1년간 더 예금한다면 2년 후에 받게 되는 원리금은 108.16만원이 된다.

$$104(1+0.04)=100(1+0.04)(1+0.04)=108.16(\text{만원})$$

이는 이자율이 4%일 때 현재 100만원과 1년 후의 104만원, 그리고 2년 후의 108.16만원이 무차별하게 교환될 수 있다는 것이며, 따라서 경제적 가치가 동일하다는 것을 말해준다. 이와 같이 이자율이 주어지면 현재시점의 금액과 동일한 가치를 갖는 미래 일정시점의 금액, 즉 미래가치(future value : FV)를 구할 수 있다.

이자율 4%일 때 현재 100만원의 1년 후, 2년 후, 3년 후의 미래가치는 다음과 같다.

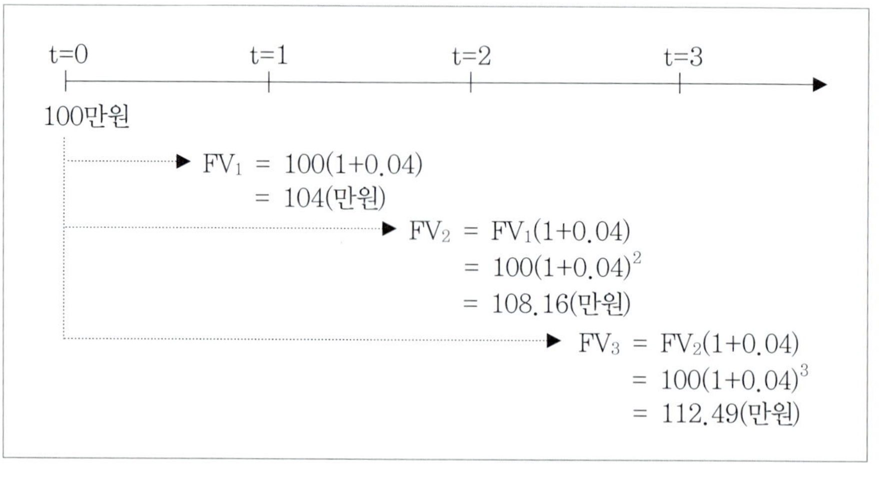

2) 일반적으로 이자율은 연리(annual percentage rate : APR)로 나타낸다.

위에서 알 수 있듯이 이자율이 r일 때, 현재금액 C_0의 n년 후의 미래가치 FV_n은 식 (2–1)과 같이 구할 수 있으며, 이렇게 미래가치를 구하는 방법을 복리계산(compounding)이라고 한다.[3)]

$$FV_n = C_0(1+r)^n \qquad (2\text{–}1)$$

예컨대, 이자율 7%일 때 현재 1,000만원의 12년 후의 미래가치는 다음과 같다.

$$FV_{12} = 1{,}000(1+0.07)^{12} = 2{,}252.19(\text{만원})$$

미래가치를 구하는 식 (2–1)에서 $(1+r)^n$을 미래가치계수[future value factor : $FVF(r, n)$]라고 하며, 이자율이 r일 때 현재 1원의 n년 후의 미래가치를 나타낸다. 따라서 식 (2–2)처럼 현재금액 C_0에 미래가치계수 $FVF(r, n)$을 곱하여 미래가치를 구할 수도 있다.

$$\begin{aligned} FV_n &= C_o(1+r)^n \\ &= C_o \cdot FVF(r, n) \qquad (2\text{–}2) \end{aligned}$$

앞의 예에서 미래가치계수를 이용하여 미래가치를 구해 보자. 부록에 있는 [부표 1]의 미래가치계수표에서 이자율 7%의 열과 기간 12년의 행에 위치하는 미래가치계수 2.2522를 찾은 후, 현재의 1,000만원에 미래가치계수 2.2522를 곱하면 약 2,252.2만원이라는 12년 후의 미래가치를 쉽게 구할 수 있다.

3) 미래가치를 구할 때 사용하는 이자계산방법에는 복리(compound interest)와 단리(simple interest) 두 가지가 있다. 일반적으로는 이자에 대해서도 이자가 주어지는 복리를 사용하여 식 (2–1)과 같이 미래가치를 계산한다. 그러나 원금에 대한 이자만 주어지는 단리를 사용하면 미래가치는 $FV_n = C_0(1+rn)$이 된다.

예제 2-1

1626년 인디언들은 24달러의 값어치가 있는 장신구를 받고 피터 미뉴잇(Peter Minuit)에게 뉴욕의 맨해튼 섬을 팔았다. 만약 인디언들이 맨해튼을 판 24달러를 이자율 8%로 예금하였다면, 390년이 지난 2016년에는 얼마를 찾을 수 있는가?

▶▶▶ **풀이**

$$\text{원리금} = 24(1+0.08)^{390} = 260\text{조(달러)}$$

인디언들은 약 260조 달러라는 어마어마한 돈을 찾을 수 있다. 이러한 돈은 비싸기로 유명한 현재 맨해튼 땅값의 4,000배가 넘는 금액이다. 과연 390년 동안 안정적으로 이자수익을 얻는 것이 가능할 것인가 하는 현실적인 문제가 있지만, 이 예제는 복리의 위력을 잘 보여주고 있다.

앞에서는 미래가치를 구하는 과정에서 이자계산을 1년 단위로 하는 것을 전제하였다. 그러나 때로는 이자계산을 반기별이나 분기별, 또는 월별로 연간 1회 이상 할 수도 있다. 만일 이자계산을 연간 m회 한다면 n년 후의 미래가치는 다음과 같이 구할 수 있다.

$$FV_n = C_0(1+\frac{r}{m})^{mn} \qquad (2\text{-}3)$$

식 (2-3)에서 $\frac{r}{m}$은 이자계산의 단위기간 $\frac{1}{m}$년에 적용되는 이자율, 그리고 mn은 이자계산횟수이다.[4)]

---

4) 연간 이자계산횟수 m을 무한히 늘려 매 순간마다 이자를 계산하는 연속복리계산(continuous compounding)을 하면 n년 후의 미래가치 FV_n은 다음과 같다.

$\lim_{x\to\infty}(1+\frac{1}{x})^x = e$ 이므로

$FV_n = \lim_{m\to\infty} C_0(1+\frac{r}{m})^{mn} = \lim_{m\to\infty} C_0(1+\frac{r}{m})^{\frac{m}{r}rn} = C_0 \cdot e^{rn}$ (e는 자연대수, 즉 2.71828)

예제 2-2

(1) 이자율 4%일 때, 현재 100만원의 5년 후의 미래가치는 얼마인가?
(2) 연 2회 반기별로 복리계산을 하면 결과는 어떻게 달라지는가?
(3) 연 4회 분기별로 복리계산을 하면 결과는 어떻게 달라지는가?
(4) 매월 복리계산을 하면 결과는 어떻게 달라지는가?

▸▸▸ 풀이

(1) $FV_5 = 100(1+0.04)^5 =\ 121.67$(만원)

(2) $FV_5 = 100(1+\frac{0.04}{2})^{2\cdot 5} =\ 121.90$(만원)

(3) $FV_5 = 100(1+\frac{0.04}{4})^{4\cdot 5} =\ 122.02$(만원)

(4) $FV_5 = 100(1+\frac{0.04}{12})^{12\cdot 5} =\ 122.10$(만원)

2.2 할인과 현재가치

합리적인 선택을 하기 위해서는 선택할 수 있는 대안들의 경제적 가치를 평가해야 한다. 경제적 가치의 평가는 대안으로부터 발생하는 현금흐름에 기초하여 이루어진다. 즉, 미래 여러 기간에 걸쳐 얻을 수 있는 현금유입과 부담하는 현금유출의 가치를 비교하게 된다. 이 과정에서 화폐의 시간가치를 반드시 고려해야만 하며, 이를 위해 미래 여러 다른 시점에서 발생하는 금액을 시점이 일치하도록 현재시점의 금액으로 바꿀 필요가 있다.

미래 일정시점의 금액과 동일한 가치를 갖는 현재시점의 금액을 현재가치 또는 현가(present value : PV)라고 한다. 이자율이 r일 때 n년 후의 금액 C_n의 현재가치를 구하는 방법은 식 (2-1)로부터 다음과 같이 유도할 수 있다.

$$PV = \frac{C_n}{(1+r)^n} \tag{2-4}$$

식 (2-4)와 같이 미래 일정시점의 금액을 현재가치로 바꾸는 방법을 할인(discounting)이라고 한다. 그리고 할인을 위해 사용하는 이자율을 할인율(discount rate)이라고 부른다.

앞에서도 설명하였지만, 할인율로 사용하는 이자율은 제공하는 자금에 대한 최소한의 요구수익률이다. 정기예금이나[5] 국채투자와 같이 전혀 위험을 부담하지 않고 얻을 수 있는 이자율 또는 수익률을 무위험수익률(risk-free rate of return)이라고 하며, 이는 자금소비를 연기하는 데 따른 시간에 대한 보상이다. 한편 자금을 제공하고 미래 얻게 될 금액이 확정적이지 않다면, 우리는 현재의 금액을 불확실한 미래의 금액과 교환하는 위험부담에 대한 대가인 위험프리미엄(risk premium), 즉 위험에 대한 보상을 추가로 요구할 것이다.[6] 따라서 이자율은 시간에 대한 보상인 무위험수익률과 위험에 대한 보상인 위험프리미엄으로 구성된다.[7]

이제 미래 일정시점의 금액을 현재가치로 바꾸어 보자. 할인율이 4%일 때 7년 후 1,000만원의 현재가치는 다음과 같다.

$$PV = \frac{1,000}{(1+0.04)^7} = 759.92(\text{만원})$$

현재가치를 구하는 식 (2-4)는 식 (2-5)와 같이 나타낼 수 있다. 여기서 $1/(1+r)^n$을 현재가치계수[present value factor : $PVF(r,n)$]라고 하며, 이는 할인율이 r일 때 n년 후 1원의 현재가치를 말한다. 따라서 n년 후의 C_n에 현재가치계수 $PVF(r,n)$을 곱하여 현재가치로 바꿀 수도 있다.

$$\begin{aligned} PV &= C_n \cdot \frac{1}{(1+r)^n} \\ &= C_n \cdot PVF(r,n) \qquad (2\text{-}5) \end{aligned}$$

5) 1장에서도 기술하였지만 소액예금에 대한 예금자보호제도가 있어 은행이 지급불능상태에 처하더라도 예금보험공사가 대지급하므로 예금주가 받게 되는 원리금은 확정적이다.

6) 1997년 외환위기 이후 구조조정과정에서 우리나라 금융기관은 부실채권이 급증하면서 재무상태가 악화되어 위험이 증가하였다. 그 결과 우리나라 금융기관은 해외에서 외화자금을 조달할 때 코리아프리미엄이라고 불린 위험프리미엄, 즉 가산이자율을 더 부담할 수밖에 없었다.

7) 예금에 대한 이자율은 은행마다 다르며, 같은 은행에서도 예금상품에 따라 다르다. 한편, 예금뿐만 아니라 증권과 같은 다양한 금융자산의 수익률도 일종의 이자율이며, 이러한 이자율은 금융자산의 특성에 따라 서로 다르다. 그러므로 금융시장에는 수많은 이자율이 존재한다.

앞의 예에서 만일 계산기를 사용하지 않고 현재가치를 계산한다면 무척 번거로울 것이다. 그러나 부록에 있는 [부표 2]의 현재가치계수표를 사용하면 계산의 번거로움을 덜 수 있다. 현재가치계수표에서 할인율 4%의 열과 기간 7의 행에 위치하는 현재가치계수 0.7599를 찾은 후, 식 (2-5)와 같이 미래가치 1,000만원에 현재가치계수 0.7599를 곱하면 약 759.9만원이라는 현재가치를 구할 수 있다.

예제 2-3

5년 후에 100만원을 받을 수 있는 금융자산을 현재 70만원에 매입할 수 있다.

(1) 할인율이 5%일 경우 매입여부를 결정하라.

(2) 할인율이 12%이면 어떻게 할 것인가?

(3) 할인율이 5%이고 20년 후에 100만원을 받게 될 경우에는 어떻게 달라지는가?

▸▸▸ **풀이**

(1) 금융자산의 현재가치를 구하면,

$$PV = \frac{100}{(1+0.05)^5} = 78.35(\text{만원})$$

금융자산의 현재가치가 매입가격보다 크므로 금융자산을 매입한다.

(2) $PV = \dfrac{100}{(1+0.12)^5} = 56.74(\text{만원})$

매입하지 않는다.

(3) $PV = \dfrac{100}{(1+0.05)^{20}} = 37.69(\text{만원})$

매입하지 않는다.

〈예제 2-3〉에서 눈여겨보아야 할 것은, 할인율이 높을수록, 그리고 미래 일정금액을 얻기까지의 기간이 길수록 현재가치는 작아진다는 것이다. 할인율과 현재가치, 기간과 현재가치 사이의 이러한 관계는 당연하다. 할인율이 높다는 것은 자금소비를 연기하는 데 대해 요구하는 수익률이 높다는 것이고, 미래 일정금액을 얻기까지의 기간이 길다는 것은 오랫동안 자금소비를 연기한다는 것이다. 그러므로 할인율이 높을수록, 그리고 기간이 길수록 자금의 공급자에게 더 큰 대가가 주어져야만 한다. 즉, 할인율이 높을수록, 그리고 기간이 길수록 현재 일정금액의 미래가치는 더 커지며, 역으로 미래 일정금액의 현재가치는 더 작아진다.[8)]

한편, 앞의 복리계산에서 보았듯이 만일 이자계산을 연간 m회 한다면 현재가치는 식 (2-3)으로부터 다음과 같이 구하면 된다.

$$PV = \frac{C_n}{(1+\frac{r}{m})^{mn}} \qquad (2\text{-}6)$$

예제 2-4

이자율이 4%이고 분기별로 복리계산을 한다면, 7년 후 자동차를 매입하기 위한 자금 2,000만원을 마련하기 위해서 지금 얼마를 저축해야 하는가?

▶▶▶ 풀이

$$PV = \frac{2{,}000}{(1+\frac{0.04}{4})^{4\cdot 7}} = 1{,}513.67(\text{만원})$$

제3절 현금흐름의 현재가치

3.1 일정기간 현금흐름의 현재가치

앞에서는 미래 어느 한 시점의 금액을 현재가치로 바꾸는 방법에 대해 살펴보았다. 그러나 재무의사결정에 따른 현금흐름은 대부분 한 시점이 아니라 일정기간 동안 여러 시점에 걸쳐 발생한다. 이처럼 여러 시점에 걸쳐 발생하는 현금흐름의 현재가치는, 각 시점 금액의 현재가치를 구한 후 이들을 더하면 된다.

---

8) 〈예제 2-1〉에서 맨해튼 섬을 매각한 인디언들이 매각대금 24달러를 이자율 8%로 예금하였다면, 390년이 지난 2016년에는 260조 달러라는 어마어마한 돈을 찾을 수 있게 된다. 이를 다르게 말하면 이자율 8%일 때 390년 후의 260조 달러는 현재가치로는 겨우 24달러밖에 되지 않는다는 것이다.

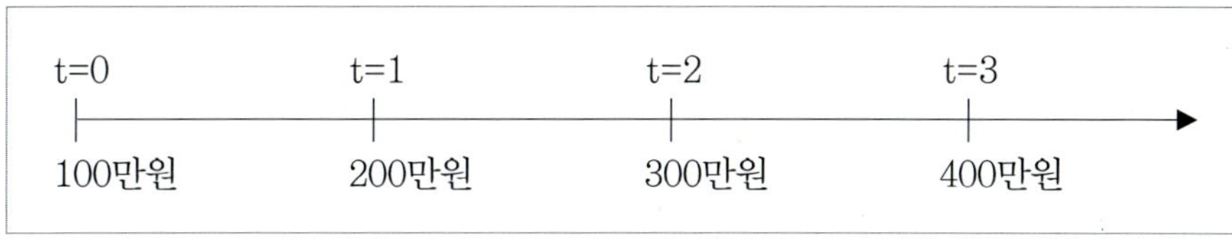

예컨대, 할인율 4%일 때 위와 같이 3년간에 걸쳐 발생하는 현금흐름의 현재가치를 구하면 다음과 같다.

$$PV = 100 + \frac{200}{(1+0.04)^1} + \frac{300}{(1+0.04)^2} + \frac{400}{(1+0.04)^3} = 925.27(\text{만원})$$

3.2 영구연금과 연금의 현재가치

3.2.1 영구연금의 현재가치

매 시점마다 동일한 금액을 영구적으로 받는 영구연금(perpetuity)의 현재가치를 구해보자. 매년 C원씩 영구적으로 받는 영구연금의 현금흐름은 다음과 같다.

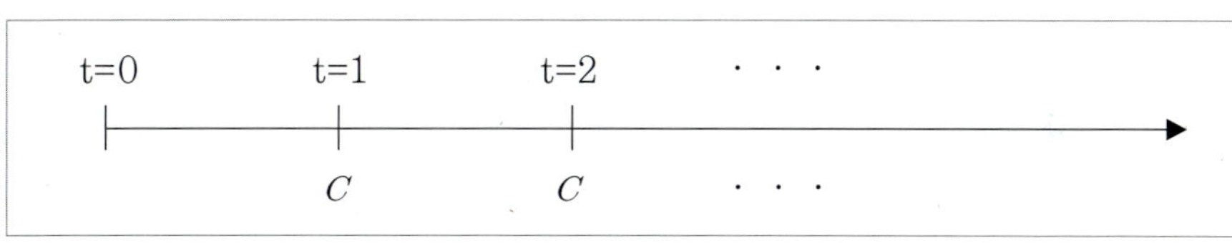

영구연금의 현재가치는, 매 시점 받게 되는 금액 C를 모두 현재가치로 바꾼 후 이들을 더하면 된다. 따라서 할인율 r일 때 영구연금의 현재가치는 식 (2-7)과 같이 나타낼 수 있다.[9)]

---

9) 영구연금의 현재가치는 초항 $\frac{C}{(1+r)^1}$, 공비 $\frac{1}{(1+r)^1}$ 인 무한등비수열의 합이다. 무한등비수열의 합을 구하는 공식은 $\frac{\text{초항}}{1-\text{공비}}$ 이며, 따라서 영구연금의 현재가치는 $\frac{\frac{C}{(1+r)^1}}{1-\frac{1}{(1+r)^1}} = \frac{C}{r}$가 된다.

$$영구연금의\ PV = \frac{C}{(1+r)^1} + \frac{C}{(1+r)^2} + \cdots$$
$$= \frac{C}{r} \tag{2-7}$$

예컨대, 할인율 8%일 때 매년 말에 1,200만원씩 받는 영구연금의 현재가치는 다음과 같다.

$$영구연금의\ PV = \frac{1,200}{(1+0.08)^1} + \frac{1,200}{(1+0.08)^2} + \cdots$$
$$= \frac{1,200}{0.08}$$
$$= 15,000(만원)$$

무한한 현금흐름을 갖는 영구연금의 현재가치가 한정된 값을 갖는 이유는 미래로 갈수록 할인의 정도가 커져서 아주 먼 미래에 얻는 현금흐름의 현재가치는 0에 수렴하기 때문이다.

예제 2-5

가나(주)는 20만원 하는 휴대전화를 일시금 200만원에 구입하면 가격은 동일하지만 기능이 향상된 신제품으로 매년 영구적으로 교체해 준다고 광고하고 있다. 25세의 대한이는 앞으로 10년만 휴대전화를 교체하더라도 200만원이나 들 것이니 이 제안을 받아들이는 것이 유리하다고 생각한다. 할인율이 12%일 때 대한이의 생각이 옳은지를 평가하라.

▸▸▸ 풀이

20만원에 휴대전화를 구입한 후 매년 영구적으로 교체하는데 드는 비용의 현재가치를 구하면

$$PV = 20 + \frac{20}{0.12} = 186.67(만원)$$

일시금으로 지불해야 하는 금액이 위의 현재가치보다 크므로 대한이의 생각은 옳지 않다.

3.2.2 연금의 현재가치

매 시점마다 동일한 금액을 일정기간 동안 받는 연금(annuity)의 현재가치를 구해 보자. 매년 C원씩 n년 동안 받는 연금의 현금흐름은 다음과 같다.

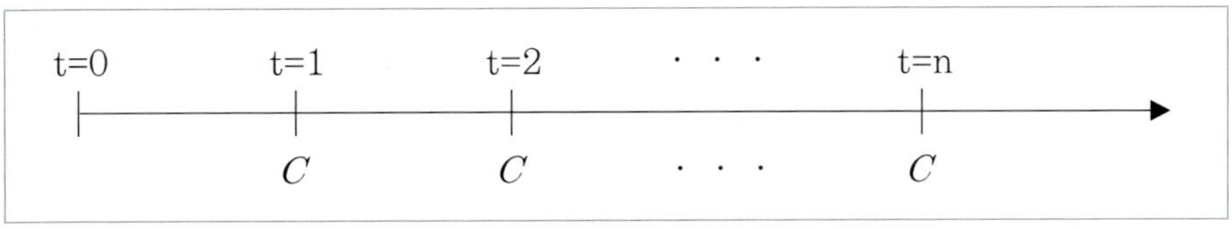

따라서 할인율 r일 때 연금의 현재가치는 다음과 같이 계산할 수 있다.

$$\text{연금의 } PV = \frac{C}{(1+r)^1} + \frac{C}{(1+r)^2} + \cdots + \frac{C}{(1+r)^n} \qquad (2\text{-}8)$$

연금을 받는 기간이 길어지면 식 (2-8)과 같이 연금의 현재가치를 구하는 것은 무척 번거롭다. 연금의 현재가치를 편리하게 구하기 위해 다음과 같이 현금흐름이 다른 2가지 영구연금을 생각해 보자.

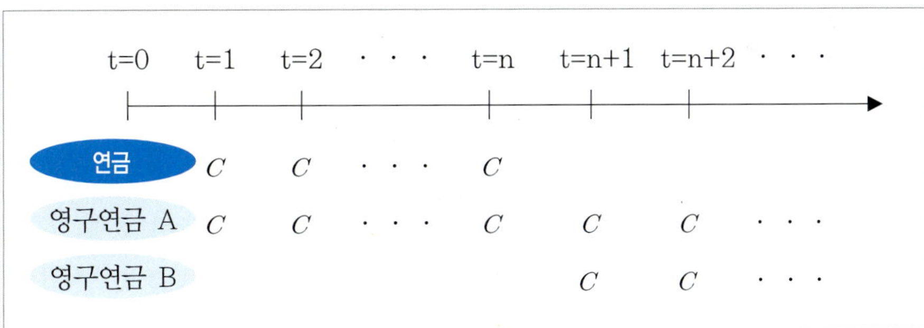

연금의 현금흐름은 영구연금 A의 현금흐름에서 영구연금 B의 현금흐름을 뺀 것과 같다. 따라서 연금의 현재가치는 영구연금 A의 현재가치에서 영구연금 B의 현재가치를[10] 빼서 구할 수 있으며, 이를 정리한 것이 식 (2-9)이다.[11]

---

10) 시점 n에서 앞으로 매년 C원씩 받는 영구연금 B의 시점 n에서의 가치는 $\frac{C}{r}$이다. 따라서 이

$$\text{연금의 현재가치} = \text{영구연금 A의 현재가치} - \text{영구연금 B의 현재가치}$$

$$= \frac{C}{r} - \frac{\frac{C}{r}}{(1+r)^n}$$

$$\text{연금의 } PV = \frac{C}{(1+r)^1} + \frac{C}{(1+r)^2} + \cdots + \frac{C}{(1+r)^n}$$

$$= C \cdot \frac{(1+r)^n - 1}{r\,(1+r)^n} \qquad (2\text{-}9)$$

예컨대, 할인율 8%일 때 앞으로 20년간 매년 말에 1,000만원씩 받을 수 있는 연금의 현재가치는 다음과 같이 계산하면 된다.

$$\text{연금의 PV} = \frac{1{,}000}{(1+0.08)^1} + \frac{1{,}000}{(1+0.08)^2} + \cdots + \frac{1{,}000}{(1+0.08)^{20}}$$

$$= 1{,}000 \cdot \frac{(1+0.08)^{20} - 1}{0.08(1+0.08)^{20}}$$

$$= 9{,}818.15(\text{만원})$$

식 (2-9)에서 $\frac{(1+r)^n - 1}{r\,(1+r)^n}$을 연금현재가치계수[present value factor of annuity : $PVFA(r,n)$]라고 한다. 연금의 현재가치는 부록에 있는 [부표 3]의 연금현재가치계수표를 이용하면 편리하게 계산할 수 있다. 앞에서 예를 든 연금의 경우, 연금현재가치계수표에서 할인율 8%의 열과 기간 20의 행에 위치하는 연금현재가치계수 9.8181을 찾은 후, 매년 받는 1,000만원에 연금현재가치계수

를 현재가치로 환산하면 $\frac{\frac{C}{r}}{(1+r)^n}$이 된다.

11) 연금의 현재가치는 초항 $\frac{C}{(1+r)^1}$, 공비 $\frac{1}{(1+r)^1}$, 항의 수가 n인 유한등비수열의 합이고, 이 합을 구하는 공식은 $\frac{\text{초항}(1-\text{공비}^n)}{1-\text{공비}}$이다. 따라서 연금의 현재가치는 $\frac{\frac{C}{(1+r)^1}\left[1-\frac{1}{(1+r)^n}\right]}{1-\frac{1}{(1+r)^1}}$와 같고 이를 정리하면 식 (2-9)와 동일한 결과를 얻을 수 있다.

9.8181을 곱하면 약 9,818.1만원이라는 연금의 현재가치를 구할 수 있다.[12)]

예제 2-6

대한이는 주택구입을 위해 가나은행으로부터 5,000만원을 차입하였다. 적용되는 이자율은 8%이며, 앞으로 10년간에 걸쳐 매년 말에 동일금액을 상환하는 조건이다. 대한이가 매년 말에 상환해야 하는 금액은 얼마인가?

▸▸▸ 풀이

차입한 5,000만원과 앞으로 10년간에 걸쳐 상환해야 할 금액의 현재가치가 같아야만 한다. 매년의 상환액을 C라고 하면,

$$5{,}000\text{만원} = \frac{C}{(1+0.08)^1} + \frac{C}{(1+0.08)^2} + \cdots + \frac{C}{(1+0.08)^{10}}$$

$$= C \cdot \frac{(1+0.08)^{10}-1}{0.08(1+0.08)^{10}} = C \cdot 6.7101^*$$

(* 6.7101은 할인율 8%이고 기간 10년일 때의 연금현재가치계수이다.)
그러므로 매년의 상환액은 745.15만원이다.

제4절 실효이자율

앞에서 설명하였듯이 이자율 4%일 때 반기별로 복리계산을 하면 현재 100만원의 1년 후 미래가치는 다음과 같다.

$$FV_1 = 100(1+\frac{0.04}{2})^2 = \ 104.04(\text{만원})$$

12) 매년 C원씩 n년 동안 받는 연금의 n년의 미래가치는 다음과 같다.

$$\text{연금의 미래가치} = C(1+r)^{n-1} + C(1+r)^{n-2} + \cdots + C(1+r) + C$$

이는 연금의 현재가치를 복리계산하면 되므로 다음과 같이 정리할 수 있다.

$$\text{연금의 미래가치} = C \cdot \frac{(1+r)^n - 1}{r(1+r)^n}(1+r)^n = C \cdot \frac{(1+r)^n - 1}{r}$$

이러한 결과는 이자율 4.04%로 매년 복리계산을 하는 것과 동일하다.

$$FV_1 = 100(1+0.0404)^1 = 104.04(\text{만원})$$

일반적으로 금융기관에서 제시하는 이자율은 연리(annual percentage rate : APR)로 표시되며, 이를 명목이자율(nominal interest rate)이라고 한다. 만일 이자지급기준을 1년 단위가 아니라 보다 짧게 하면 이자에 대한 이자가 늘어나 미래가치는 더 커질 것이다. 이 경우 실질적인 실효이자율(effective interest rate)은 표면적인 명목이자율과 차이가 나게 된다. 위의 예와 같이 반기별로 복리계산을 할 경우 명목이자율은 4%이지만 실효이자율은 4.04%가 되는 것이다.

이자율이 r일 때 이자계산을 연간 m회 한다면 현재금액 C_0의 n년 후 미래가치는 다음과 같다.

$$FV_n = C_0(1+\frac{r}{m})^{mn}$$

실효이자율을 r_e라고 표기하면, 위의 식은 다음과 같이 나타낼 수 있을 것이다.

$$FV_n = C_0(1+r_e)^n$$

그러므로 실효이자율은 식 (2-10)과 같이 찾을 수 있다.

$$r_e = (1+\frac{r}{m})^m - 1 \qquad (2\text{-}10)$$

예제 2-7

가나은행의 특판예금 이자율은 5%이다. 이자지급을 분기별로 한다면 실효이자율은 얼마인가?

▸▸▸ **풀이**

$r_e = (1+\frac{0.05}{4})^4 - 1 = 0.0509$ 또는 5.09%

정리하는 문제

1. 화폐의 시간가치란 무엇을 말하는가?

2. 이자율이란 무엇인가?

3. 이자율이 오르면 연금의 현재가치와 미래가치는 어떻게 변하는가?

4. 100만원을 이자율 4%, 만기 5년인 정기예금에 예치할 경우 얼마를 받게 되는가?

5. 대한이는 5년 후 2,000만원의 목돈을 마련하려고 한다. 이자율이 4%이고 월별로 이자계산을 할 경우 지금 저축해야 할 금액은 얼마인가?

6. 가나(주)는 대학생들에게 매년 말 5,000만원의 장학금을 지급하는 장학재단을 설립할 계획을 갖고 있다. 시장이자율이 6%일 때 조성해야 할 장학기금은 얼마인가?

7. 곧 퇴직하는 민국씨는 퇴직시점에 1억원을 일시금으로 받을 수도 있고 매년 말에 1,200만원씩 20년간 연금을 받을 수도 있다. 이자율이 6%라면 어떤 선택을 해야 하는가?

8. 대한이는 2,000만원 하는 자동차를 구입하려고 한다. A대리점에서는 먼저 1,000만원을 지불하고 1달 후부터 5개월에 걸쳐 매월 200만원씩 나누어 지불할 수 있으며, B대리점에서는 구입할 때 일시불이지만 40만원의 할인을 받을 수 있다. 이자율은 12%이다. 어느 대리점에서 구입하는 것이 유리한가?

9. 민국씨는 은퇴 기념 세계일주 여행을 위해 20년 후에 3,000만원이 필요하다. 지금 매년 초에 일정액을 불입하는 만기 20년의 정기적금을 들려고 한다. 정기적금의 이자율이 5%일 때 매년 불입해야 하는 금액은 얼마인가?

10. 대한이는 결혼자금으로 쓰기 위해 다라은행으로부터 2,000만원을 빌렸다. 이자율은 12%이며 앞으로 2년간에 걸쳐 매월 말에 일정액을 갚아야 한다. 대한이가 매월 말에 상환해야 하는 금액은 얼마인가?

11. 가나대학교는 학생들에게 각각 3백만원의 학자금을 대출하고 있다. 대출조건은 학자금 대출이 이루어진 시점에서 4년째 되는 해부터 시작해서 10년간에 걸쳐 매년 동일한 금액을 상환하는 것이다. 시장이자율이 6%라면, 매년의 상환액은 얼마인가?

12. 민국씨는 현재 54세이다. 그는 노후 생활보장을 위해 1년 후부터 5년간 일정액을 적립하고, 퇴직하는 60세가 되면 1년 후부터 20년 동안 매년 2,000만원씩 지급받기를 희망한다. 이자율이 6%인 경우 매년 얼마씩 적립해야 하는가?

13. 신용카드로 현금을 인출하고 12%의 이자를 매달 지급하기로 하였다면 은행이 받는 실효이자율은 얼마인가?

14. 다라은행의 금융상품 안내서에는 매월 상환하는 2년 만기 대출상품에 대한 이자율을 12.6459%라고 홍보하고 있다. 이는 1,000만원의 대출을 받을 경우 매월 528,712원[$= 10,000,000(1+0.126459)^2/24$]씩 상환해야 한다는 것이다. 이 대출상품의 이자율은 얼마로 표시되어야 하는가? 그리고 실효이자율은 얼마인가?

제 Ⅱ 부
위험과 가치평가

제 3 장
위 험

제3장 위 험

제1절 위험과 수익률

1.1 위험이란 무엇인가

의사결정으로 인해 나타나게 될 미래의 결과를 얼마나 알 수 있느냐에 따라 의사결정의 상황을 확실성과 불확실성으로 구분한다. 확실성(certainty)이란 완전한 정보를 갖고 있으므로 미래 결과를 명확하게 알 수 있는 상황을 말한다. 예컨대 내일 아침 해가 동쪽에서 뜬다는 것은 확실한 상황이다. 불확실성(uncertainty)이란 완전한 정보를 갖고 있지 않기 때문에 미래 결과를 명확하게 알 수 없는 상황을 가리킨다. 불확실성하에서는 의사결정자가 갖고 있는 부분적인 정보에 기초하여 미래 발생할 수 있는 결과에 대해 객관적이거나 주관적인 확률을 부여할 수 있으며, 따라서 미래 결과를 확률분포를 통해 예측할 수 있다. 예를 들면 동전을 던질 경우 어느 면이 나타날지 비록 명확하게 알 수는 없지만 앞면과 뒷면이 각각 1/2의 확률을 갖고 나타날 것이라는 것 정도는 예상할 수 있다.

위험(risk)은 의사결정자에게 의미 있는 불확실성, 즉 의사결정과 연관된 불확실성을 뜻한다. 그러므로 불확실성은 위험의 필요조건이지만 충분조건은 아니다. 모든 위험한 상황은 불확실하지만, 불확실하다고 반드시 위험하지는 않다는 것이다.

예를 들어 보자.[1)] 저녁모임에 12명의 친구를 초대하였지만 초대 받은 친구들 가운데 몇 명이나 참석할지는 알 수 없다. 몇 인분의 식사를 준비해야 할 것인가? 12인분의 식사를 준비하였으나 10명만 모임에 참석한다면 불필요한 비용을

---

1) 다음 문헌참고
Bodie, Z. and R. Merton, *Finance*, Prentice-Hall, 2000, p. 256.

치르는 결과를 초래할 것이고, 10인분의 식사를 준비하였을 때 모두 참석하게 되면 음식이 부족하게 될 것이다. 모임을 준비하는 사람의 입장에서 참석자 수를 명확하게 알 수 없는 것은 위험한 상황이다. 그러나 참석자들이 각자 자신의 식사를 준비해 오기로 하였다면, 몇 명이나 참석할지 불확실하지만 위험하지는 않다.

불확실성과 위험의 차이를 설명하였다. 그러나 일반적으로 불확실성과 위험을 구별하지 않고 사용하며, 이 책에서도 굳이 구별하지 않기로 한다. 미래 결과에 대해 완전한 예측이 가능하다는 확실성은 사실상 전제하기 어렵다. 현실적으로 재무의사결정은 위험 상황에서 이루어진다.

1.2 수익률의 확률분포

1.2.1 보유기간수익률

현재의 소비를 희생하고 투자를 하는 이유는 미래에 더 큰 수익을 기대하기 때문이다. 일정기간 동안 투자로부터 얻은 수익으로 인해 투자액이 얼마나 늘어났는지를 말해주는 것이 수익률(rate of return)이다. 수익률은 투자수익을 투자액으로 나누어 구할 수 있다. 투자에 관한 정보와 성과는 수익이 아니라 수익률로 나타내는 것이 편리하다. 이는 수익률이 투자규모와 무관하게 1원의 투자에 대해 얼마만큼의 수익을 얻을 수 있는지를 알려주기 때문이다.

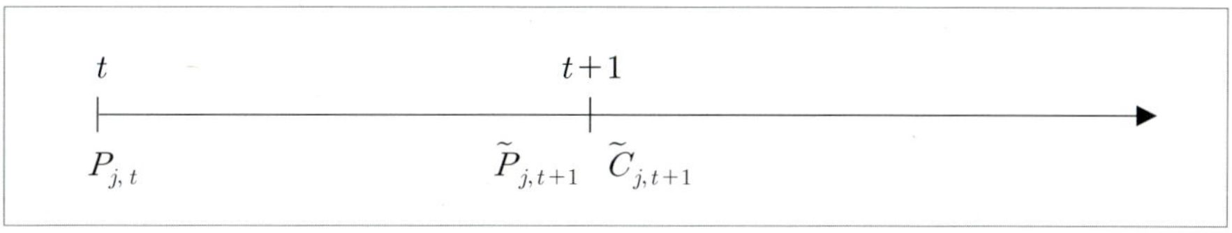

금융자산 j를 시점 t에서 $P_{j,t}$의 가격에 매입하여 일정기간 보유한 후 시점 $t+1$에서 $\tilde{P}_{j,t+1}$의 가격에 매각하고, 이 기간 중 배당 또는 이자 $\tilde{C}_{j,t+1}$을 받는다면, 이 투자로부터 얻게 되는 수익률 $\tilde{R}_{j,t+1}$은 식 (3-1)과 같이 계산할 수 있다. 일정기간 동안의 투자수익률 $\tilde{R}_{j,t+1}$을 보유기간수익률(holding period return : HPR)이라고 부른다.

$$\tilde{R}_{j,t+1} = \frac{\tilde{P}_{j,t+1} - P_{j,t} + \tilde{C}_{j,t+1}}{P_{j,t}} \quad (3\text{-}1)$$

금융자산 j의 미래시점 $t+1$에서의 가격 $\tilde{P}_{j,t+1}$과 배당 또는 이자 $\tilde{C}_{j,t+1}$은 불확실한 확률변수이며, 따라서 $\tilde{P}_{j,t+1}$과 $\tilde{C}_{j,t+1}$에 따라 달라질 수밖에 없는 보유기간수익률 $\tilde{R}_{j,t+1}$ 역시 현재시점 t에서는 명확하게 알 수 없는 확률변수이다.

예제 3-1

가나(주)의 주식을 주당 20,000원에 매입하고 6개월 후 24,000원에 매각하였다. 이 기간 중 주당 1,400원의 배당을 받았다면, 보유기간수익률은 얼마인가?

▶▶▶ 풀이

$$HPR = \frac{24{,}000 - 20{,}000 + 1{,}400}{20{,}000} = 0.2 + 0.07 = 0.27$$

여기서 20%는 자본이득에 의한 수익률이고 7%는 배당수익률이다.

1.2.2 보유기간수익률의 확률분포

확률변수(random variable)는 일정한 확률을 갖고 발생하는 사건(event)에 수치를 부여할 수 있는 변수를 말하며, $\tilde{X}$로 표시한다.[2)] 미래상황에 따라 변할 수 있는 확률변수는 확률분포(probability distribution)로 나타낼 수 있다. 예컨대, 2개의 동전을 던질 경우 앞면이 나타날 동전의 개수는 확률변수이며, 다음과 같은 확률분포가 된다.

---

2) ~는 틸드(tilde)라고 부르며 무작위성(randomness)을 나타낸다.

표 3-1 2개 동전 앞면이 나타날 확률분포

상태	확률	$\widetilde{X}$
s_1	1/4	0
s_2	2/4	1
s_3	1/4	2

그림 3-1 2개 동전 앞면이 나타날 확률분포

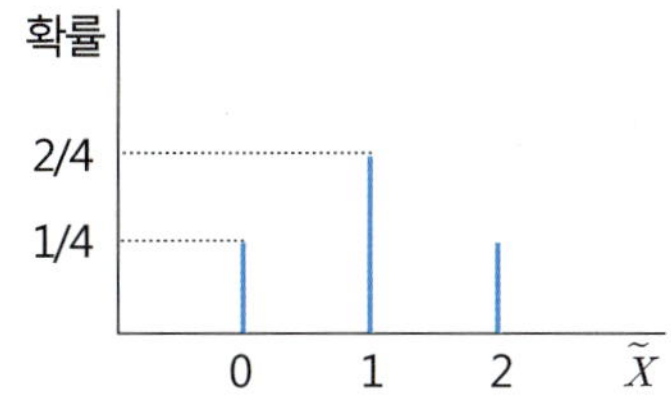

한편, 보유기간수익률은 앞의 예와는 달리 모든 값을 가질 수 있는 확률변수이며, 그 확률분포를 표와 그림으로 나타내면 다음과 같다.

표 3-2 수익률의 확률분포

상태	확률	$\widetilde{R}$
s_1	p_1	R_1
s_2	p_2	R_2
·	·	·
·	·	·
·	·	·
s_n	p_n	R_n

그림 3-2 수익률의 확률분포

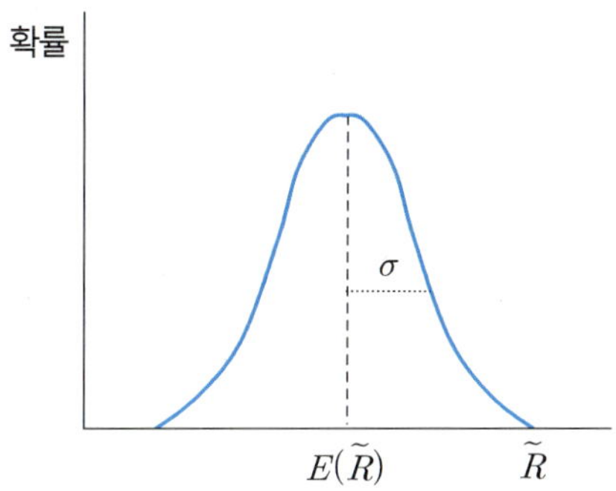

수익률의 확률분포가 정규분포(normal distribution)라면, 분포의 특성을 나타내는 2개의 모수, 즉 평균(mean)과 표준편차(standard deviation)로 분포를 정확하게 그려낼 수 있다. 평균은 기대치를 말하며, 표준편차 σ는 확률분포가 기대치를 중심으로 얼마나 널리 흩어져 있는가를 나타내는 척도이다. 수익률의 기대치인 기대수익률(expected rate of return)과 표준편차의 제곱인 분산(variance)은 식 (3-2), (3-3)과 같이 계산한다.

$$E(\widetilde{R}) = \sum_{i=1}^{n} p_i R_i \qquad (3\text{-}2)$$

$$\sigma^2 = \sum_{i=1}^{n} p_i [R_i - E(\widetilde{R})]^2 \qquad (3\text{-}3)$$

예제 3-2

주식 A와 주식 B의 수익률의 확률분포는 다음과 같다. 두 주식의 기대수익률, 분산 및 표준편차를 구하라.

상태	확률	$\widetilde{R}_A$	$\widetilde{R}_B$
불황	0.2	0.05	−0.05
보통	0.5	0.10	0.00
호황	0.3	0.20	0.50

▸▸▸ 풀이

주식 A의 기대수익률, 분산 및 표준편차

$$E(\widetilde{R}_A) = (0.2)(0.05) + (0.5)(0.10) + (0.3)(0.20) = 0.12$$

$$\sigma_A{}^2 = (0.2)(0.05-0.12)^2 + (0.5)(0.10-0.12)^2 + (0.3)(0.20-0.12)^2 = 0.0031$$

$$\sigma_A = \sqrt{0.0031} = 0.0557$$

주식 B의 기대수익률, 분산 및 표준편차

$$E(\widetilde{R}_B) = (0.2)(-0.05) + (0.5)(0.00) + (0.3)(0.50) = 0.14$$

$$\sigma_B{}^2 = (0.2)(-0.05-0.14)^2 + (0.5)(0.00-0.14)^2 + (0.3)(0.50-0.14)^2 = 0.0559$$

$$\sigma_B = \sqrt{0.0559} = 0.2364$$

1.3 위험과 의사결정

1.3.1 위험의 측정

기대하는 수익률은 미래 실제수익률과 차이가 날 수 있다. 위험(risk)은 사전적 기대와 사후적 결과가 다를 수 있는 상황을 가리킨다. 보다 구체적으로 위험은 수익률의 변동성(variability)을 말한다. 확률분포의 산포도(degree of dispersion)가 클수록, 즉 분포가 기대치를 중심으로 많이 흩어져 있을수록 변동성인 위험은 커진다. 따라서 분포의 산포도를 나타내는 대표적인 척도인 표준편차 또는 분산에 의해 위험의 크기를 측정할 수 있다.

그림 3-3
위험의 측정

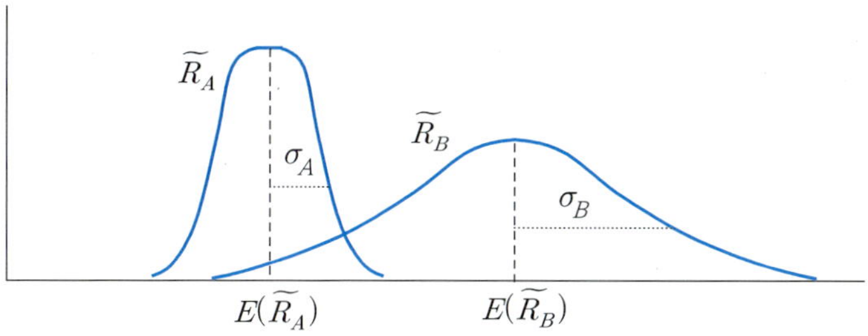

[그림 3-3]은 주식 A의 수익률 $\widetilde{R}_A$와 주식 B의 수익률 $\widetilde{R}_B$의 확률분포를 나타낸 것이다. 그림에서 주식 A보다 주식 B가 수익률의 변동성이 크며, 표준편차가 크다는 것을 볼 수 있다. 앞의 〈예제 3-2〉에서도 주식 A보다 주식 B가 수익률의 변동성이 크다는 것을 확률분포를 보면 쉽게 알 수 있다. 주식 A와 주식 B의 수익률의 분산이 각각 0.0031, 0.0559라는 것에 주목하라. 이 수치는 주식 A보다 주식 B의 수익률의 변동성이 분산척도로 약 18배나 크다는 것을 말해주고 있다. 불확실성하의 의사결정에 있어서 가치평가를 위해 위험의 크기를 계량화하는 것은 매우 중요하며, 표준편차 또는 분산은 이를 가능하게 한다.

1.3.2 역사적 위험프리미엄

위험이 커지면 투자자가 요구하는 위험에 대한 대가, 즉 위험프리미엄(risk premium)이 증가하기 때문에 기대수익률도 높아져야 한다. 위험프리미엄은 주식, 회사채 등 미래 수익이 불확실한 위험자산(risky asset)의 기대수익률과, 정부가 발행한 국채 등의 무위험자산(risk-free asset)이 가져다주는 무위험수익률(risk-free rate of return)의 차이를 말한다.

우리나라 금융시장에 있어서 위험과 수익률 사이의 실제 관계를 살펴보자. 주요 금융자산인 주식, 회사채, 그리고 대표적인 국채인 국고채의 1987년부터 2014년까지의 연 수익률을 구한 결과가 [표 3-3]과 [그림 3-4]에 제시되어 있다. 여기서 주식수익률은 유가증권시장의 주식가격의 변동을 종합적으로 나타내는 지표인 코스피지수(KOSPI)의 연 수익률에 연 배당수익률을 더하여 산출하였으며,[3] 회사채수익

3) KOSPI와 배당수익률은 한국은행 경제통계시스템(ECOS)으로부터 얻었으며, KOSPI의 연 수익률은 매년 말 지수를 사용하여 계산하였다.

률과 국고채수익률은 3년 만기의 회사채와 국고채를 대상으로 한 연 수익률이다.[4)]

표 3-3
우리나라 주식, 회사채 및 국고채 수익률

연도	주식수익률(%)	회사채수익률(%)	국고채수익률(%)
1987	94.72	12.62	
1988	74.16	14.18	
1989	1.48	15.17	
1990	−21.98	16.48	
1991	−10.44	18.89	
1992	12.95	16.21	
1993	29.07	12.63	
1994	19.81	12.92	
1995	−12.96	13.79	13.39
1996	−24.74	11.87	11.84
1997	−40.31	13.39	12.26
1998	51.17	15.10	12.94
1999	83.48	8.86	7.69
2000	−48.52	9.35	8.30
2001	39.20	7.05	5.68
2002	−7.77	6.56	5.78
2003	31.28	5.43	4.55
2004	12.57	4.73	4.11
2005	55.70	4.68	4.27
2006	5.65	5.17	4.83
2007	33.64	5.70	5.23
2008	−38.15	7.02	5.27
2009	50.82	5.81	4.04
2010	23.00	4.66	3.72
2011	−9.44	4.41	3.62
2012	10.71	3.77	3.13
2013	1.86	3.19	2.79
2014	−3.63	2.98	2.59
평 균	14.76	9.38	6.30
표준편차	36.77	4.84	3.54

자료 : 한국은행 경제통계시스템(ECOS)

4) 회사채수익률과 국고채수익률 역시 한국은행 경제통계시스템(ECOS)으로부터 구하였다. 회사채는 장외거래, AA− 등급의 채권을 대상으로 한다. 한국은행 경제통계시스템은 회사채는 1987년, 그리고 국고채는 1995년부터의 수익률을 제공하고 있다.

그림 3-4
우리나라 주식, 회사채 및 국고채 수익률

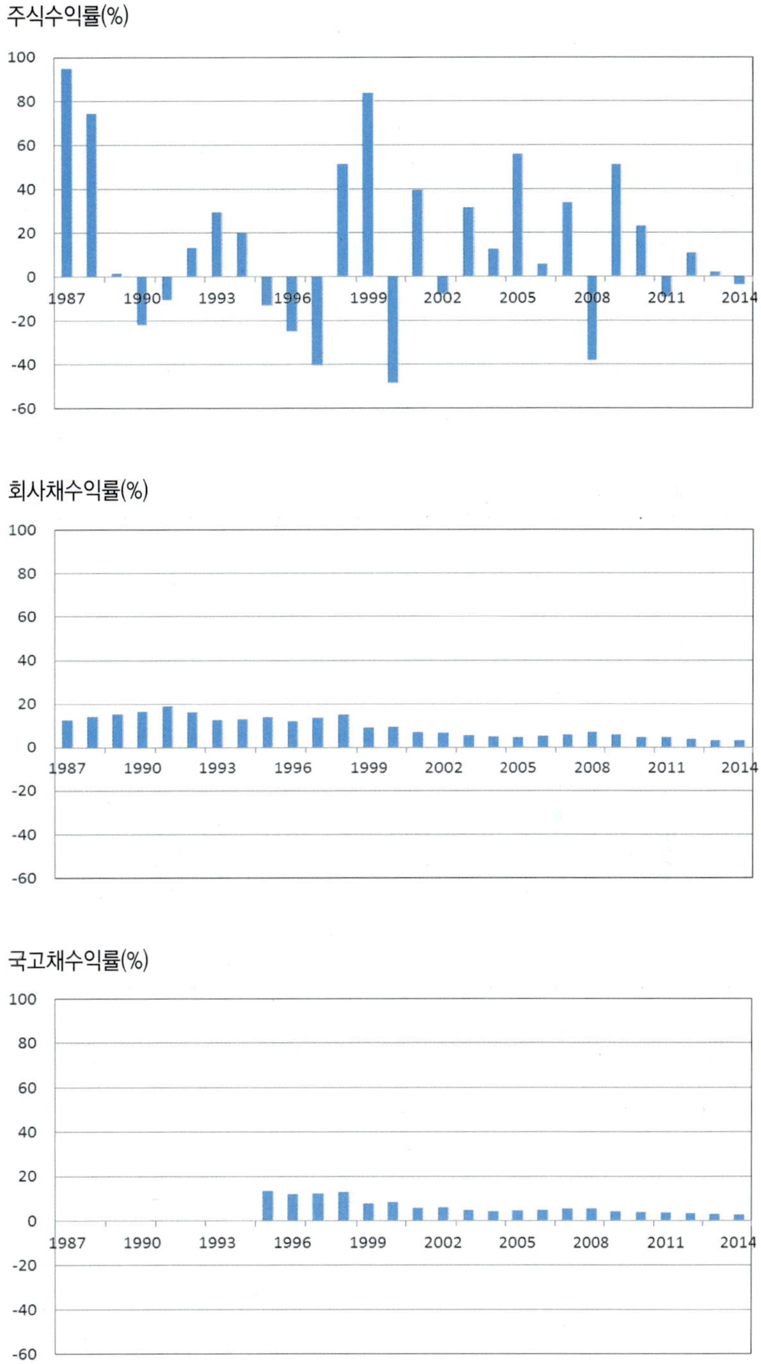

그림 3-5
우리나라 주식, 회사채 및 국고채 수익률의 도수분포 막대그래프

주식수익률의 도수분포 막대그래프

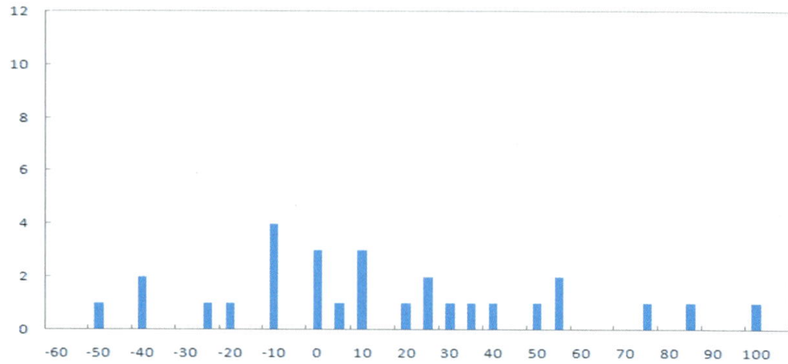

회사채수익률의 도수분포 막대그래프

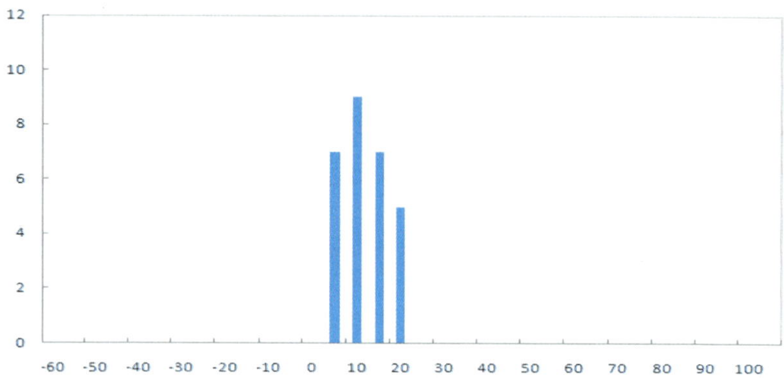

국고채수익률의 도수분포 막대그래프

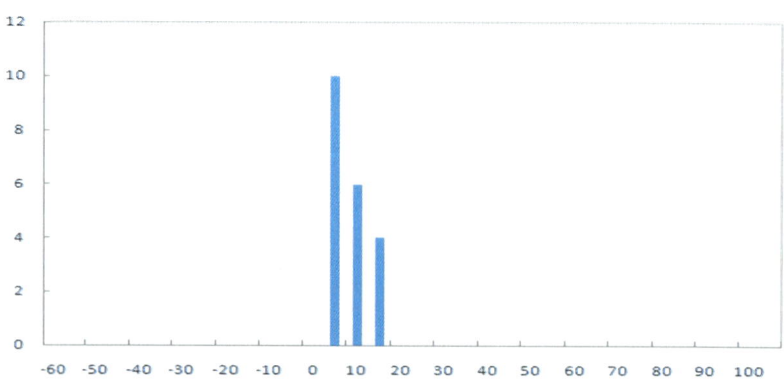

[표 3-3]에 세 가지 금융자산의 평균수익률이 제시되어 있다. 지난 28년간 주식의 평균수익률은 14.76%, 회사채의 평균수익률은 9.38%, 그리고 국고채의 평균수익률은 6.30%이다. 시장에서 실현된 수익률에 의해 역사적 위험프리미엄을 구하면, 주식의 평균 위험프리미엄은 8.46%이고 회사채의 평균 위험프리미엄은 3.08%이다. 이러한 결과는 위험이 클수록 기대수익률이 높아진다는, 위험과 수익의 상반관계(risk-return trade-off)를 잘 나타내고 있다.

한편, 세 가지 금융자산의 수익률의 표준편차는 각각 36.77%, 4.84%, 3.54%이다. 미래 수익이 불확실할수록 수익률이 크게 변동하였음을 말해주는 이러한 결과는 [그림 3-4]에서도 볼 수 있다. 수익률의 도수분포 막대그래프(histogram)인 [그림 3-5]는 주식수익률, 회사채수익률, 국고채수익률의 순서로 분포가 널리 흩어져 있는 것을 확연하게 보여준다. 여기서 주식의 평균수익률은 14.76%로 회사채의 평균수익률 9.38%보다 5.38% 포인트 더 높지만, 위험을 나타내는 표준편차가 회사채보다 주식이 약 7.6배 크다는 점을 고려하면 부담하는 위험에 상응하는 대가로서 충분한지는 다소 의문이다.

1.3.3 평균 · 분산 기준

투자자의 유형을 위험에 대한 태도에 따라 위험회피형, 위험중립형, 그리고 위험추구형으로 나눌 수 있다. 위험회피형 투자자(risk averter)는 위험을 싫어하는 투자자로서, 다른 조건이 일정하다면 가능한 한 위험을 떠안으려고 하지 않는다. 물론 부담하는 위험에 대해 그 대가, 즉 위험프리미엄이 충분히 주어진다면 위험을 피하지 않으려고 할 것이다. 위험중립형 투자자(risk neutral)는 위험과는 관계없이 기대수익률에 따라서 의사결정을 내리는 투자자이다. 위험추구형 투자자(risk seeker)는 위험회피형 투자자와는 반대로 보다 큰 위험을 선호하는 투자자를 말한다. 현실적으로 대부분의 투자자는 위험회피형이며, 따라서 재무의사결정에 있어서는 합리적인 투자자로 여겨지는 위험회피형 투자자를 전제한다.

한편, 불확실성하에서 투자안의 수익률의 확률분포가 정규분포라면, 투자안의 가치는 정규분포의 모수인 기대수익률과 분산으로 나타낼 수 있다. 이는 투자의사결정이 기대수익률과 분산이라는 두 가지 요인에 의해 충분히 이루어질 수 있다는 것을 의미한다. 이러한 의사결정기준을 평균 · 분산 기준(mean-variance criterion)이라고 한다.

위험회피형 투자자는 기대수익률이 높을수록, 그리고 위험이 작을수록 더 선호한다. 따라서 기대수익률이 동일한 투자안 중에서는 위험이 가장 작은 투자안을 선택하고, 위험이 동일한 투자안 중에서는 기대수익률이 가장 높은 투자안을 선택할 것이다. 이를 지배원리(dominance principle)라고 부른다.

예제 3-3

5개 주식의 기대수익률과 표준편차는 다음과 같다. 위험회피형 투자자가 하나의 주식에만 투자한다면 어떤 주식에 투자할 것인가?

주식	기대수익률	표준편차
A	0.05	0.05
B	0.09	0.10
C	0.12	0.10
D	0.12	0.17
E	0.16	0.20

▸▸▸ 풀이

기대수익률과 표준편차의 좌표평면에 5개 주식을 나타내면 다음과 같다.

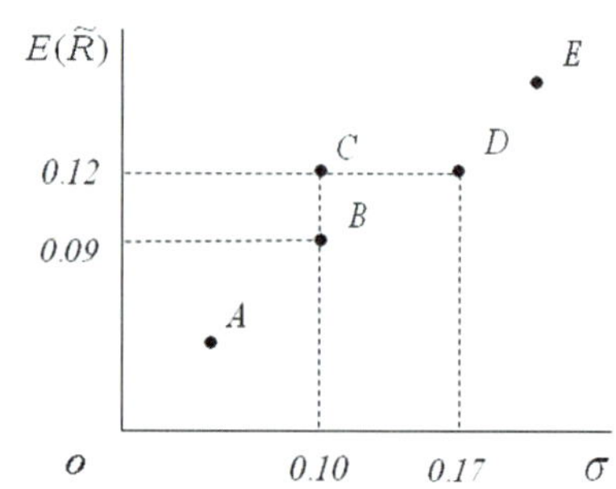

주식 C는 주식 B와 위험은 0.10으로 동일하지만 기대수익률이 0.12로 주식 B의 0.09보다 더 높다. 따라서 주식 C를 선택할 것이며, 주식 C가 주식 B를 지배한다고 말한다. 또한 주식 C는 주식 D와 기대수익률은 0.12로 동일하지만 위험이 0.10으로 주식 D의 0.17보다 더 작다. 주식 C가 주식 D를 지배하고 있다. 한편 주식 A, C, E 사이에는 객관적인 지배관계가 존재하지 않는다.

그러므로 비효율적인 주식 B와 D는 투자의 대상이 아니며, 다른 주식에 의해 지배되지 않는 효율적인 주식 A, C, E가 대상이 된다. 주식 A, C, E 중 어느 것을 선택하느냐 하는 것은 투자자의 위험회피의 정도에 달려있다. 즉, 상대적으로 위험을 더 싫어할수록 주식 E보다 주식 C, 주식 C보다 주식 A를 선택할 것이다.

제2절 체계적 위험과 비체계적 위험

2.1 시장모형

수익률의 변동성인 위험이 어디에서 오는지 그 원천을 아는 것은 불필요한 위험을 피하기 위해 매우 중요하다. 개별자산의 수익률의 변동은 금융시장의 경기변동과 연관되어 있다. 즉, 어떤 자산의 수익률은 경기변동에 따라 민감하게 변동하고 또 다른 자산의 수익률은 덜 민감하게 변동할 수도 있겠지만, 개별자산의 수익률은 시장 전체의 수익률 – 시장을 대표하는 수익률 – 의 변동에 영향을 받을 것이다. 시장모형(market model)은 개별자산의 수익률이 시장 전체의 수익률, 즉 시장수익률과 선형의 관계를 갖는다는 다음과 같은 수익생성모형을 말한다.

$$\tilde{R}_{j,t} = \alpha_j + \beta_j \tilde{R}_{M,t} + \tilde{\epsilon}_{j,t} \tag{3-4}$$

여기서, $\tilde{R}_{j,t}$: 시점 t에서 자산 j의 수익률
$\tilde{R}_{M,t}$: 시점 t에서 시장수익률
α_j : $\tilde{R}_j$ 절편
β_j : 기울기
$\tilde{\epsilon}_{j,t}$: 오차항

식 (3–4)의 시장모형은 매 시점에서 개별자산 j의 수익률 $\tilde{R}_j$가 두 가지 요인으로 구성되어 있다는 것을 나타내고 있다. 즉, 시장수익률 $\tilde{R}_M$에 의해 설명되는 확정적인 부분 $\alpha_j + \beta_j \tilde{R}_M$과 시장수익률에 의해 설명되지 않는 오차 $\tilde{\epsilon}_j$이다.

시장모형을 이해하기 쉽게 포스코(주) 주식의 실제수익률을 사용하여 포스코(주) 주식수익률과 시장수익률 사이의 관계를 살펴보자. 여기서 시장수익률을 아는 것은 현실적으로 거의 불가능하기 때문에, 흔히 시장수익률을 대신하여 KOSPI 수익률을 사용한다.

표 3-4
KOSPI 및 포스코(주) 주식의 월간수익률

	R_M	R_{POSCO}
2014. 01	−0.0349	−0.0858
2014. 02	0.0200	−0.0486
2014. 03	0.0028	0.0423
2014. 04	−0.0120	0.0389
2014. 05	0.0169	−0.0602
2014. 06	0.0036	0.0519
2014. 07	0.0369	0.1102
2014. 08	−0.0037	−0.0104
2014. 09	−0.0234	−0.0165
2014. 10	−0.0276	−0.0685
2014. 11	0.0083	−0.0114
2014. 12	−0.0329	−0.0893

자료 : 한국신용평가의 KISVALUE
월간수익률은 월말 종가 기준 보유기간수익률

그림 3-6
포스코(주)의 증권특성선

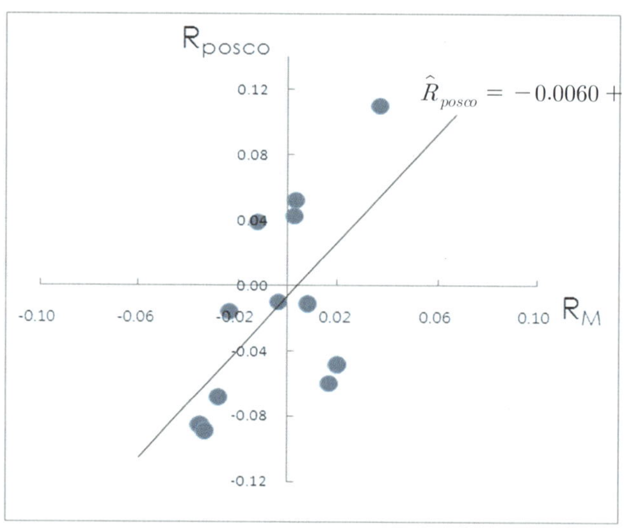

[그림 3-6]에 그려져 있는 포스코(주) 주식수익률과 시장수익률의 산포도에 적합한 선형회귀선을 회귀분석(regression analysis)에[5] 의해 추정하면 다음과 같다.

$$\hat{R}_{posco} = -0.0060 + 1.6586\ R_M$$

여기서, ^는 추정치를 나타냄

위의 선형회귀선에서 기울기 1.6586은 시장수익률이 1단위 변하면 포스코(주)의 주식수익률은 1.6586단위 변한다는 것을 나타낸다. 즉, 시장수익률이 10% 변하면 포스코(주)의 주식수익률은 16.586% 변한다는 것이다.

포스코(주)의 경우와 마찬가지로 식 (3-4)의 시장모형을 사용하여 모든 개별자산 j에 대해 다음의 식 (3-5)와 같은 선형회귀선을 추정할 수 있을 것이다. 추정된 선형회귀선은 개별자산 j의 수익률의 변동에 대한 특성을 잘 나타내기 때문에, 이 선을 증권특성선(security characteristic line)이라고 한다.

$$\hat{R}_j = \hat{\alpha}_j + \hat{\beta}_j\ R_M \qquad (3\text{-}5)$$

여기서, ^는 추정치를 나타냄

식 (3-5)의 증권특성선의 기울기 $\hat{\beta}_j$를 자산 j의 베타계수(beta coefficient)라고 부른다. 베타계수는 시장수익률의 변동에 대해 개별자산의 수익률이 얼마나 민감하게 변동하는지 그 민감도(sensitivity)를 나타낸다.

2013년 1월부터 2014년 12월까지 2년간의 월간수익률을 사용하여 SK텔레콤(주)과 현대중공업(주)의 증권특성선을 추정한 결과가 [그림 3-7]에 그려져 있다.

5) 회귀분석은 한 변수의 변화가 다른 변수의 변화에 미치는 영향을 파악하기 위해 변수 사이의 함수관계를 찾는 분석방법을 말한다. 회귀선의 회귀계수는 최소자승법(least square method)에 의해 추정한다. 또한 엑셀(Excel)을 활용하여 데이터 〉 데이터분석 〉 분석도구 순서로 찾아가서 회귀분석을 선택하면 쉽게 회귀계수를 추정할 수 있다. 만일 데이터에 데이터분석 메뉴가 없으면 엑셀옵션 〉 추가기능 순서로 찾아 분석도구-VBA를 선택하면 데이터분석 메뉴가 생성된다.

그림 3-7
SK텔레콤(주)과 현대중공업(주)의 증권특성선

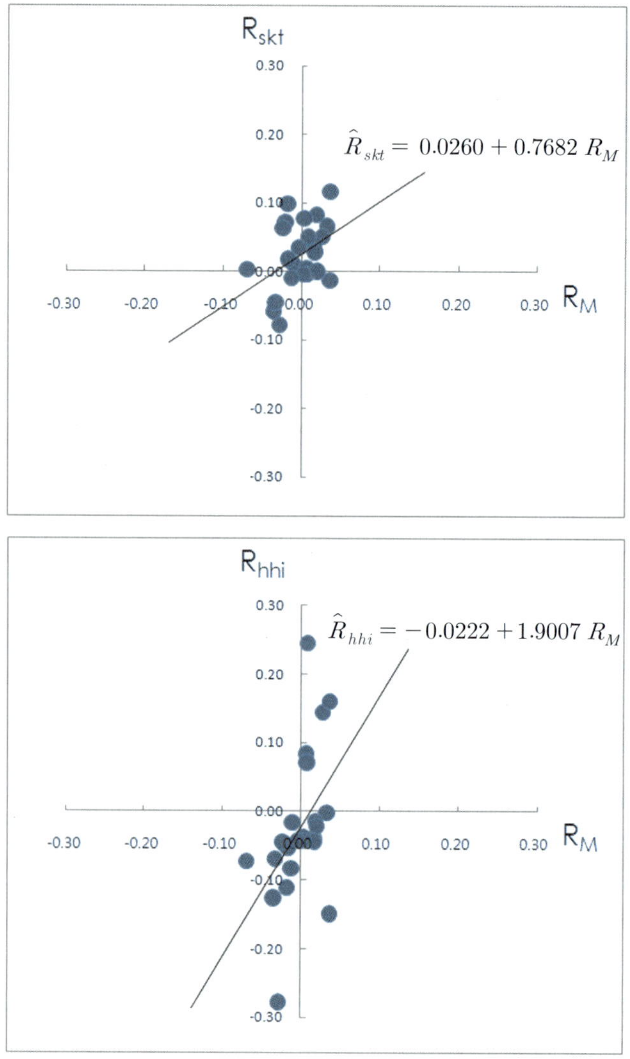

SK텔레콤(주)의 베타계수 $\hat{\beta}_{skt}$는 0.7682, 현대중공업(주)의 베타계수 $\hat{\beta}_{hhi}$는 1.9007로 추정되었다. 만일 시장수익률이 10% 상승한다면, SK텔레콤(주)의 주식수익률은 시장수익률보다 작게 7.68% 상승하지만 현대중공업(주)의 주식수익률은 더 크게 19.01% 상승할 것으로 예측된다. 반대로 시장수익률이 20% 하락하는 경우에도, SK텔레콤(주)의 주식수익률은 시장수익률보다 작게 15.36% 하락하지만 현대중공업(주)의 주식수익률은 더 크게 38.02% 하락할 것으로 예측된다. 이와 같이 자산의 베타계수가 크다는 것은 시장수익률의 변동으로 인한 위험이 크다는 것을 뜻한다. 이러한 이유로 베타계수가 1보다 큰 자산을 공격적 자산(aggressive asset)이라 하고, 1보다 작은 자산을 방어적 자산(defensive asset)이라고 한다.

한편, 개별기업의 베타계수는 앞에서와 같이 과거 수익률 자료를 사용하여 추정할 수도 있고, 시장에 공시되는 자료에서 구할 수도 있다. 한 가지 유의하여야 할 점은, 베타계수는 추정할 때 사용하는 수익률 자료의 성격, 분석기간, 시장수익률을 대신하는 지수 등에 따라 얼마든지 달라진다는 것이다. 물론 개별기업의 실제 베타계수도 시간의 흐름에 따라 변할 수밖에 없다.

2.2 위험의 종류

앞에서 위험을 분산으로 나타낼 수 있다는 것을 설명하였다. 확률변수인 개별자산 j의 수익률 $\tilde{R}_j$의 변동성, 즉 위험을 살펴보기 위해 시장모형에 분산을 씌우면 다음과 같다.[6)]

$$\begin{aligned} Var(\tilde{R}_j) &= \beta_j{}^2\, Var(\tilde{R}_M) + Var(\tilde{\epsilon}_j) \\ &= \text{체계적 위험} + \text{비체계적 위험} \end{aligned} \quad (3\text{-}6)$$

식 (3-6)에서 볼 수 있듯이 개별자산의 위험은 시장수익률 $\tilde{R}_M$의 변동에 따른 위험과 시장수익률에 의해 설명되지 않은 $\tilde{\epsilon}_j$의 변동에 따른 위험 두 가지 요인으로 이루어져 있다. 시장수익률의 변동, 즉 시장과 관련된 위험을 체계적 위험(systematic risk) 또는 시장위험(market risk)이라고 한다. 그리고 시장과는 무관한, 개별자산의 고유한 특성과 관련된 위험을 비체계적 위험(unsystematic risk) 또는 고유위험(unique risk)이라고 한다.

6) 시장모형에 분산을 씌우면,

$$\begin{aligned} Var(\tilde{R}_j) &= Var(\alpha_j + \beta_j \tilde{R}_M + \tilde{\epsilon}_j) \\ &= Var(\alpha_j) + Var(\beta_j \tilde{R}_M) + Var(\tilde{\epsilon}_j) \\ &= \beta_j{}^2\, Var(\tilde{R}_M) + Var(\tilde{\epsilon}_j) \end{aligned}$$

$\because$ 상수 α_j의 분산 $Var(\alpha_j) = 0$, $Var(a\tilde{X}) = a^2\, Var(\tilde{X})$

체계적 위험은 GDP, 이자율, 환율, 인플레이션율, 소비자들의 소비추세 등의 변동처럼 경제여건의 불확실성으로 인해 발생하는 위험이다. 비체계적 위험은 매출 변동, 자본구조 변동, 경영진 교체, 노사문제, 기업 이미지 등 개별기업과 관련된 불확실성에 기인하는 위험을 말한다.

식 (3-6)에서 개별자산 j의 체계적 위험의 크기는 $\beta_j^{\,2}\, Var(\tilde{R}_M)$ 이다. 즉, 베타계수의 제곱 $\beta_j^{\,2}$ 과 시장수익률의 분산 $Var(\tilde{R}_M)$ 의 곱으로 구할 수 있다. 개별자산의 체계적 위험을 측정할 때 시장수익률의 분산은 공통요인이며, 결국 체계적 위험의 크기를 결정하는 것은 개별자산의 베타계수 β_j이다.

위험을 굳이 체계적 위험과 비체계적 위험으로 구분하는 중요한 이유는 한 가지 위험을 없앨 수 있기 때문이다. 체계적 위험은 분산해서 투자하더라도 제거할 수 없기 때문에 분산불능위험(undiversifiable risk)이라고 한다. 그러나 비체계적 위험은 분산투자에 의해 제거할 수 있으며, 따라서 분산가능위험(diversifiable risk)이라고 부른다.

예제 3-4

[그림 3-7]의 SK텔레콤(주)과 현대중공업(주)의 증권특성선 추정에 사용된 2년간의 월간수익률 자료로부터 구한 분산,7) 그리고 추정된 베타계수는 다음과 같다. 두 주식의 총위험, 체계적 위험, 비체계적 위험을 계산하라.

	시장수익률	SK텔레콤	현대중공업
분 산	0.0007	0.0024	0.0116
베타계수	1.0*	0.7682	1.9007

▸▸▸ 풀이

SK텔레콤(주)의 총위험 $= Var(R_{skt}) = 0.0024$

체계적 위험 $= \beta_{skt}^{\,2}\, Var(R_M) = (0.7682)^2\,(0.0007) = 0.0004$

비체계적 위험 $= 0.0024 - 0.0004 = 0.0020$

현대중공업(주)의 총위험 $= Var(R_{hhi}) = 0.0116$

체계적 위험 $= \beta_{hhi}^{\,2}\, Var(R_M) = (1.9007)^2\,(0.0007) = 0.0025$

비체계적 위험 $= 0.0116 - 0.0025 = 0.0091$

* 시장수익률의 베타계수가 1.0인 이유를 생각해 보라.

---

7) 분산은 식 (3-3)에서 보듯이 편차 제곱의 평균이다. 월간수익률 자료로부터 분산은 엑셀을 활

2.3 분산투자의 위험감소효과

"달걀을 한 바구니에 담지 마라." 누구나 들어보았을 법한 이 말은 분산투자의 중요성을 일깨워주는 투자격언이다. 하나의 자산이 아니라 여러 개의 자산에 나누어 투자하는 분산투자에 의해 위험을 줄일 수 있다는 것을 다음 예를 갖고 확인하자.

가나(주)는 아이스크림을 생산하고, 다라(주)는 우산을 생산하는 기업이다. 두 기업의 주식에 투자하였을 때 내일의 날씨에 따라 얻을 수 있는 수익률은 다음과 같다. 내일 맑거나 비가 올 확률은 각각 1/2이다.

표 3-5
가나(주)와 다라(주)의 수익률의 확률분포

날씨	확률	가나(주)	다라(주)
맑음	1/2	40%	−10%
비	1/2	−10%	40%

[표 3-6]에서 볼 수 있듯이 가나(주) 또는 다라(주) 중 하나의 주식에 투자할 경우 기대수익률은 15%이고 위험은 6.25%이다. 그러나 두 주식에 투자액을 각각 50%씩 나누어 투자하면, 날씨가 맑든지 또는 비가 오든지 관계없이 수익률은 15%가 되며, 따라서 기대수익률 역시 15%이고 위험은 0, 즉 없다. 두 주식에 분산투자할 경우, 하나의 주식에 투자하였을 때와 기대수익률은 15%로 차이가 없지만, 위험이 줄어든다는 것을 알 수 있다.

표 3-6
분산투자의 위험감소효과

	하나의 주식에 투자할 경우	두 주식에 분산투자할 경우
기대수익률	$(\frac{1}{2})(0.40)+(\frac{1}{2})(-0.10)$ $=0.15$	$(\frac{1}{2})(0.15)+(\frac{1}{2})(0.15)$ $=0.15$
위험(분산)	$(\frac{1}{2})(0.40-0.15)^2$ $+(\frac{1}{2})(-0.10-0.15)^2$ $=0.0625$	$(\frac{1}{2})(0.15-0.15)^2$ $+(\frac{1}{2})(0.15-0.15)^2$ $=0$

용하여 수식 〉 함수삽입 〉 통계 순서로 찾아가서 VAR을 선택하면 쉽게 구할 수 있다.

앞의 예에서 분산투자에 의해 위험이 줄어드는 것은, 가나(주)와 다라(주)의 주식수익률이 날씨에 따라 서로 반대방향으로 움직이기 때문이다. 즉, 분산투자가 날씨에 따른 두 주식의 수익률의 변동을 상쇄시켰다. 두 기업의 주식수익률에 영향을 미치는 날씨 변동은 두 기업의 고유한 특성과 관련된 비체계적 위험이다. 이와 같이 분산투자는 비체계적 위험을 감소시킨다. 그러나 분산투자를 하더라도 시장과 관련된 위험, 즉 체계적 위험은 피할 수 없다.

포트폴리오(portfolio)는 자산의 결합(combination of assets)을 말한다. 투자자는 여러 개의 자산으로 자신의 포트폴리오를 구성한다. 이때 포트폴리오를 구성하는 자산의 수를 늘릴수록 여러 개별자산의 고유한 특성이 상쇄되어 비체계적 위험이 줄어들고, 이러한 분산효과(diversification effect)에 의해 포트폴리오의 총위험 역시 줄어들게 된다. 충분한 분산투자가 이루어진다면, 비체계적 위험은 0에 수렴할 것이고, 따라서 투자자는 체계적 위험만 부담하면 된다.

그림 3-8
분산투자의 위험감소효과

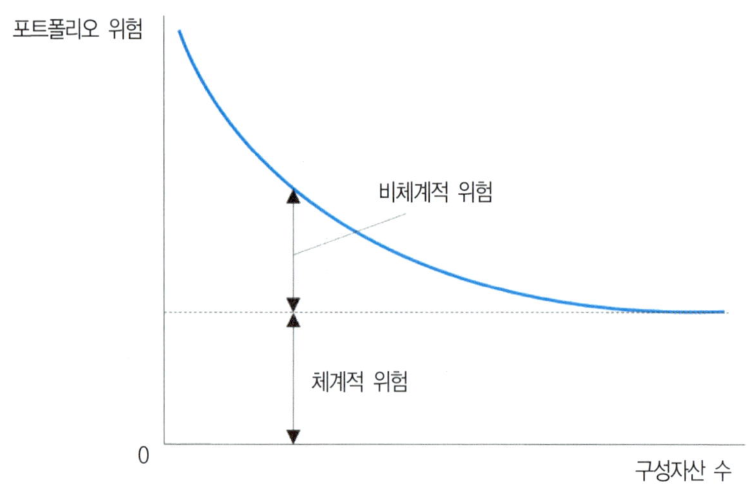

[그림 3-9]는 1988년 1월부터 1992년 12월까지 5년간 한국거래소에 상장된 381개 주식의 월간수익률 자료를 사용하여 포트폴리오 구성종목 수에 따라 포트폴리오의 위험이 어떻게 변하는가를 나타낸 것이다.[8] 1개 주식에 투자할 경우 분

8) 송진호, “상장기업 베타(β)의 측정과 분석,” 한국증권거래소, 「주식」, 1993년 2월, 6쪽. (지 청 · 조 담, 「투자론」, 학현사, 2003, 105쪽에서 발췌)

산은 0.027166이지만 10개 주식에 나누어 투자하면 분산은 0.007224로 급격히 감소하며, 위험의 73%가 줄어든다. 구성주식 수가 늘어날수록 포트폴리오의 분산이 감소하는 것을 볼 수 있다.

그림 3-9
우리나라 주식시장에서 분산투자의 위험감소효과

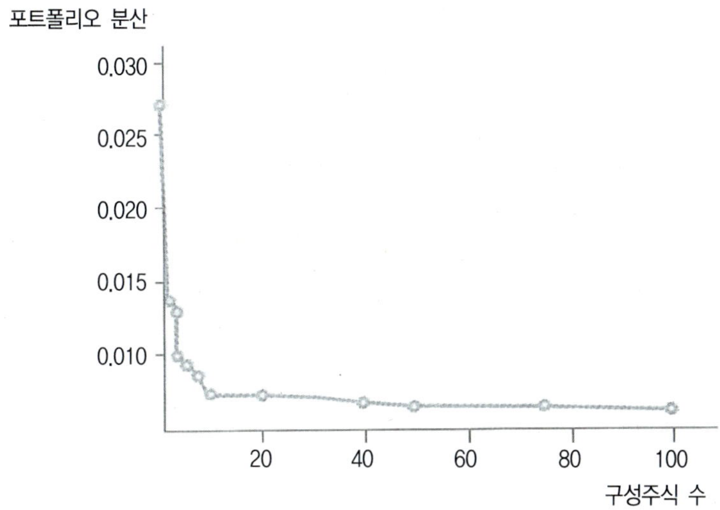

제3절 자본자산가격결정모형

3.1 자본자산가격결정모형의 의의

3.1.1 자본자산가격결정모형의 내용

균형(equilibrium)이란 자산의 수요와 공급이 일치하는 상태, 즉 초과수요와 초과공급이 없는 상태를 말한다. 그리고 수요와 공급이 일치할 때의 가격을 균형가격(equilibrium price)이라고 한다. 합리적인 투자자들이 효율적인 분산투자를 할 경우, 시장에서 자산의 균형가격은 어떻게 결정되는가? 자본자산가격결정모형(capital asset pricing model : CAPM)은 자본시장이 균형상태일 때 자산의 가격이 어떻게 결정되는지를 설명해 주는 모형이다.

CAPM은 분산투자의 중요성에 주목한 마코위츠(H. Markowitz)의 포트폴리오선택 이론을[9] 기초로 하여 샤프(W. Sharpe), 린트너(J. Lintner), 모신(J. Mossin) 등이[10] 개발하였다.[11] 투자이론에 있어서 CAPM만큼 관심의 대상이 된 이론도 없을 것이다. 이는 CAPM이 간명하면서도 설득력을 갖고 있기 때문이다. 자산의 균형가격이 CAPM에 의해서 충분히 설명될 수 있는지에 대해서는 의문이 있지만, 재무의사결정에 있어서 CAPM은 다양하게 활용된다.

(1) CAPM의 가정

CAPM은 대부분의 재무이론이 그러하듯이 연역적 방법(deduction)에 의해 만들어졌다. 즉, 일련의 가정으로부터 출발하여 논리적 법칙에 부합하는 추론을 통해 모형을 도출한다. CAPM의 도출을 위해서 다음을 가정한다.

- 투자자들은 위험회피형(risk averter)으로 평균 · 분산 기준에 의해 포트폴리오를 선택한다.
- 모든 투자자들은 자산의 수익률의 확률분포에 대해 동일한 예측(homogeneous expectations)을 한다.
- 무위험수익률로 자금의 차입과 대여가 가능하고, 세금 및 거래비용 등 거래를 제한하는 장애요인이 존재하지 않으며, 특정한 투자자가 자산의 가격에 영향을 미칠 수 없는 완전자본시장(perfect capital market)이다.

이러한 가정은 현실과는 상당히 괴리되어 있다. 그러나 복잡한 현실을 단순화함으로써 기본이 되는 이론적 틀을 찾을 수 있다. 이후 필요하다면 가정들을 현실에 맞게 수정해 나감으로써 이론적 틀의 현실성을 높일 수 있을 것이다.

---

9) Markowitz, H., "Portfolio Selection," *Journal of Finance*, March 1952.

10) Sharpe, W., "Capital Asset Prices : A Theory of Market Equilibrium," *Journal of Finance*, September 1964. Lintner, J., "The Valuation of Risk Assets and the Selection of Risky Investment in Stock Portfolios and Capital Budgets," *Review of Economics and Statistics*, February 1965. Mossin, J., "Equilibrium in a Capital Asset Market," *Econometrica*, October 1966.

11) 포트폴리오 이론을 창시한 마코위츠(H. Markowitz)와 CAPM을 개발한 샤프(W. Sharpe)는 그 공로를 인정받아 1990년 노벨 경제학상을 공동 수상하였다.

(2) 증권시장선

시장에서 거래되는 모든 위험자산이 시장가치비율대로 구성된 포트폴리오를 시장포트폴리오(market portfolio)라고 한다. 시장포트폴리오 M에서 위험자산 j가 차지하는 비율 $w_j^{\ M}$은 식 (3-7)과 같다.

$$w_j^{\ M} = \frac{\text{위험자산 } j\text{의 시장가치}}{\text{시장전체 위험자산의 시장가치}} \tag{3-7}$$

투자자들이 평균·분산 기준에 따라 효율적인 분산투자를 하고 자산의 수익률을 동일하게 예측한다면, 모든 투자자들은 동일한 위험자산 포트폴리오를 보유할 것이다. 모든 투자자들의 위험자산 포트폴리오를 합하면, 그것이 바로 시장포트폴리오가 된다. 따라서 균형상태에서 각 투자자가 보유하는 위험자산 포트폴리오의 구성은 시장포트폴리오의 구성과 동일해야만 한다. 즉, 모든 투자자들은 효율적으로 분산된 시장포트폴리오를 보유하게 된다.

CAPM은 정치한 수학적 논리에 의해 도출되지만, 그 과정을 살펴보지 않더라도 결과를 예상할 수 있다. 위험과 수익의 상반관계에서 설명하였듯이 위험이 커지면 기대수익률도 높아져야만 한다. 그러나 투자자들이 효율적인 분산투자를 하면, 전체 위험 중 분산가능한 비체계적 위험은 제거되고 체계적 위험만 남게 된다. 따라서 위험과 수익의 상반관계가 아니라 체계적 위험과 수익의 상반관계, 즉 체계적 위험이 커질수록 기대수익률이 높아지는 함수관계가 성립할 것이다.

이러한 함수관계를 나타낸 것이 식 (3-8)이다. 식 (3-8)은 균형상태에서 자산의 기대수익률이 그 자산의 체계적 위험의 크기를 결정하는 베타계수의 선형증가함수임을 보여주고 있다. 즉, 자산의 기대수익률은 무위험수익률 R_f와 위험프리미엄 $[E(\widetilde{R}_M) - R_f]\beta_j$를 합한 것이고, 위험프리미엄은 베타계수에 비례한다는 것이다.

$$E(\widetilde{R}_j) = R_f + [E(\widetilde{R}_M) - R_f]\beta_j \tag{3-8}$$

여기서, $E(\widetilde{R}_j)$: 자산 j의 기대수익률
$E(\widetilde{R}_M)$: 시장포트폴리오의 기대수익률
R_f : 무위험수익률
β_j : 자산 j의 베타계수

식 (3-8)을 증권시장선(security market line : SML)이라고 부르며, 그림으로 나타내면 [그림 3-10]과 같다. 이 증권시장선이 바로 CAPM이다.

그림 3-10
증권시장선

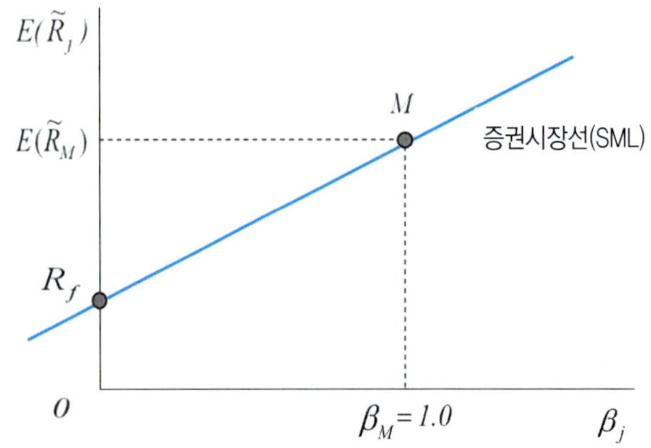

3.1.2 균형가격의 결정

증권시장선은 자본시장이 균형상태일 때 자산의 기대수익률이 어떻게 결정되는지를 설명해 준다. [그림 3-11]에서 증권시장선을 CAPM이라고 부를 수 있는 이유를 확인하자.

그림 3-11
균형가격의 결정

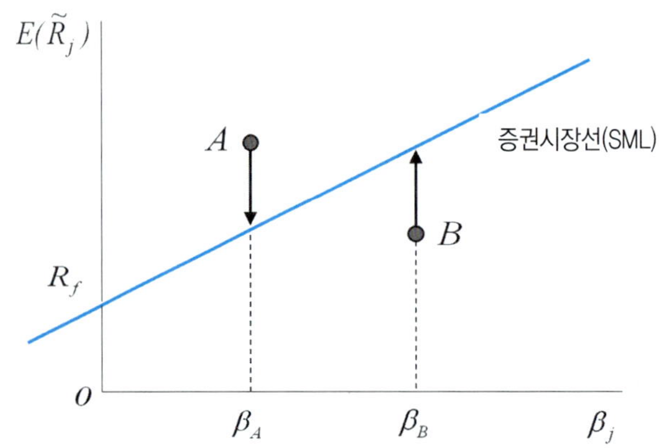

[그림 3-11]에서 자산 A는 자산 A의 체계적 위험 β_A에 상응하는 수익률보다 높은 기대수익률이 예상되므로 수요가 증가할 것이고, 따라서 가격은 상승할 것이다. 가격이 상승한다는 것은 기대수익률이 하락한다는 것을 말한다. 반면 자산 B는 체계적 위험 β_B에 상응하는 수익률보다 낮은 기대수익률이 예상되므로 공급이 증가하게 되고, 따라서 가격은 하락할 것이다. 가격이 하락한다는 것은 기대수익률이 상승한다는 것을 말한다.

이러한 가격조정은 그 자산의 체계적 위험에 상응하는 증권시장선 상의 기대수익률이 얻어질 때까지 계속될 것이다. 결국 모든 자산의 기대수익률이 증권시장선 상에 위치할 때 - 그렇게 되도록 가격이 결정될 때 - 균형이 달성된다. 즉, 증권시장선은 자산의 균형가격이 어떻게 결정되는지를 설명해 준다.

예제 3-5

증권특성선 추정을 통해 찾은 SK텔레콤(주)과 현대중공업(주)의 베타계수는 각각 0.7682, 1.9007이다. 무위험수익률은 4%, 시장포트폴리오의 수익률은 12%로 기대된다. SK텔레콤(주)과 현대중공업(주)의 주식에 투자할 경우 각 주식에 대한 최소한의 요구수익률은 얼마인가?

▶▶▶ 풀이

증권시장선 : $E(\widetilde{R}_j) = 0.04 + [0.12 - 0.04]\,\beta_j$

두 주식에 대한 최소한의 요구수익률

$$E(\widetilde{R}_{skt}) = 0.04 + [0.12 - 0.04]\,(0.7682) = 0.1015$$

$$E(\widetilde{R}_{hhi}) = 0.04 + [0.12 - 0.04]\,(1.9007) = 0.1921$$

3.2 자본자산가격결정모형의 활용

CAPM은 위험자산의 가치평가, 자본비용의 측정 등 재무의사결정에 유용하게 활용된다. 자본비용의 측정도구로 쓰이는 CAPM에 대해서는 7장에서 살펴보기로 하고, 여기에서는 불확실성하에서 위험자산의 가치를 평가하기 위해 CAPM을 어떻게 활용할 수 있는지 살펴보자.

자산 j의 현재가격을 P_o, 기말의 가격을 $\widetilde{P}_e$라고 하면, 자산 j에 투자하였을 때의 수익률 $\widetilde{R}_j$는 다음과 같다.

$$\widetilde{R}_j = \frac{\widetilde{P}_e - P_o}{P_o}$$

위 식의 기댓값, 즉 자산 j의 기대수익률 $E(\widetilde{R}_j)$는 CAPM의 선형식을 빌리면 다음과 같이 나타낼 수 있다.

$$E(\widetilde{R}_j) = \frac{E(\widetilde{P}_e) - P_o}{P_o} = R_f + [E(\widetilde{R}_M) - R_f]\beta_j$$

위 식을 현재가격 P_o에 관해 정리하면 식 (3-9)를 얻을 수 있다.

$$P_o = \frac{E(\widetilde{P}_e)}{1 + R_f + [E(\widetilde{R}_M) - R_f]\beta_j} \tag{3-9}$$

우리는 미래금액을 할인하여 현재가치로 바꿀 수 있다는 것을 안다. 식 (3-9)는 기말의 기대가격 $E(\widetilde{P}_e)$를 할인율 $R_f + [E(\widetilde{R}_M) - R_f]\beta_j$로 할인하여 현재가격, 즉 현재가치를 구할 수 있다는 것을 나타내고 있다. 여기서 할인율은 무위험수익률 R_f에 기말가격 $\widetilde{P}_e$의 불확실성에 따른 위험프리미엄 $[E(\widetilde{R}_M) - R_f]\beta_j$를 합한 것으로, 이를 위험조정할인율(risk-adjusted discount rate)이라고 한다.

자산으로부터 기대되는 기말가격이 동일할지라도 자산의 위험이 클수록 위험프리미엄이 커지므로 위험조정할인율이 커져, 자산의 현재가치는 낮게 평가될 것이다. 이와 같이 CAPM을 활용한 위험조정할인율은 위험을 고려한 가치평가를 가능하게 한다.

예제 3-6

자산 A로부터 기말에 150만원의 현금유입이 기대된다. 자산 A의 베타계수는 1.6으로 추정되었다. 무위험수익률은 4%, 시장포트폴리오의 기대수익률은 12%이다.

(1) 자산 A의 가치는 얼마인가?

(2) 만일 기말의 현금유입액이 확정적이라면 자산 A의 가치는 어떻게 되는가?

▶▶▶ 풀이

(1) 위험조정할인율을 사용하여

$$PV_A = \frac{150}{1 + 0.04 + [0.12 - 0.04](1.6)} = 128.42(\text{만원})$$

(2) 위험프리미엄은 0, 따라서 무위험수익률을 할인율로 사용하여

$$PV_A = \frac{150}{1 + 0.04} = 144.23(\text{만원})$$

정리하는 문제

1. 위험이란 무엇이며 이를 어떻게 측정할 것인가?

2. 평균 · 분산 기준을 설명하시오.

3. 체계적 위험과 비체계적 위험을 설명하시오.

4. KOSPI 및 CJ(주) 주식의 월간수익률 자료이다. 엑셀 등을 사용하여 다음 물음에 답하시오.

	R_M	R_{CJ}
2014. 01	−0.0349	0.0215
2014. 02	0.0200	0.0714
2014. 03	0.0028	0.0667
2014. 04	−0.0120	−0.0809
2014. 05	0.0169	0.1400
2014. 06	0.0036	−0.0175
2014. 07	0.0369	0.0429
2014. 08	−0.0037	0.2260
2014. 09	−0.0234	−0.0279
2014. 10	−0.0276	0.0000
2014. 11	0.0083	−0.0690
2014. 12	−0.0329	−0.0370

(1) KOSPI와 CJ(주)의 수익률의 분산을 구하시오.
(2) CJ(주)의 증권특성선을 구하시오.
(3) CJ(주)의 베타계수가 의미하는 것은 무엇인가?
(4) CJ(주)의 체계적 위험과 비체계적 위험은 각각 얼마인가?

5. 분산투자에 의한 위험감소효과를 설명하시오.

6. CAPM을 그리고 그 의미를 설명하시오.

7. 가나(주)의 베타계수는 1.45이다. 무위험수익률은 4%, 시장포트폴리오의 수익률은 12%로 기대된다.
   (1) 증권시장선을 나타내시오.
   (2) 균형상태에서 가나(주)의 기대수익률을 구하시오.
   (3) 가나(주)의 수익률이 17%로 기대된다면 앞으로 주가는 어떻게 되겠는가?
   (4) 기말에 720만원의 현금흐름이 기대되는 자산 K의 현재가치는 얼마인가? 자산 K의 위험프리미엄은 가나(주)의 1.5배로 추정된다.

제 4 장
금융자산의 가치평가

제4장 금융자산의 가치평가

제1절 가치평가의 원칙

1.1 자산의 가치와 가격

재무의사결정의 핵심 가운데 하나는 자산의 가치평가이다.[1)] 자산의 가치평가는 자산이 얼마의 가치를 지니고 있는가를 측정하는 것이다. 자산의 기본적 가치(fundamental value)는 자유경쟁시장에서 충분한 정보를 갖고 있는 투자자들이 그 자산에 대해 지불하려고 하는 가격을 말한다. 투자자들 사이의 거래를 통해 실제로 결정되는 자산의 시장가격(market price)과 자산의 기본적 가치는 일시적으로 일치하지 않을 수 있다. 그러나 이러한 불일치가 지속될 것이라고 생각하기는 어렵다. 왜냐하면 시장가격과 기본적 가치의 차이를 이용하여 이익을 얻으려는 많은 투자자들이 존재하기 때문이다. 그들은 기본적 가치에 비해 시장가격이 높은 자산은 매각하고 시장가격이 낮은 자산은 매입할 것이며, 그 결과 시장가격은 그 자산의 기본적 가치에 수렴하게 될 것이다.

한편, 재무의사결정은 가치를 극대화할 수 있도록 내려져야만 한다. 예컨대, 위험이 매우 큰 주식과 무위험채권 중에서 하나를 대가를 치르지 않고 선택할 수 있다고 하자. 현재 주식의 가격은 10만원이고 채권의 가격은 8만원이다. 미래의 주가에 대해 아주 비관적이고 극도로 위험을 싫어하는 사람이라면 채권을 선택하겠는가? 설령 그가 안전한 채권에 투자하기를 원할지라도 주식을 선택하는 것이 옳다. 주식을 10만원에 매각한 후 채권을 8만원에 매입하고도 약간의 현금을 얻

---

1) 1절은 다음 문헌 참고
Bodie, Z. and R. Merton, *Finance*, Prentice-Hall, 2000, pp. 193-198.

을 수 있기 때문이다. 주식과 채권의 거래비용이 2만원을 넘지 않는다면 주식을 선택하는 것이 가치가 더 크다.

앞의 예는 단순하지만 두 가지 중요한 의미를 갖고 있다. 첫째, 재무의사결정은 위험선호나 미래에 대한 기대와는 무관하게 순전히 가치극대화의 기준에 따라 합리적으로 이루어질 수 있다. 둘째, 금융자산이 거래되는 금융시장은 자산의 가치평가에 필요한 정보, 즉 자산의 시장가격을 제공한다.

만일 어떤 자산이 시장에서 거래되지 않아 가격을 알 수 없다면 어떻게 평가할 것인가? 그 자산이 시장에서 거래될 경우 가격이 얼마가 될지를 알면 된다. 이 경우 현재 가격을 알 수 있는 비교 가능한 자산의 정보를 이용하여, 평가하려는 자산의 가격을 추정하여야 한다. 특히, 평가하고자 하는 자산과 실질적으로 동일한 자산의 가격을 안다면 일물일가의 법칙을 적용할 수 있다.

1.2 일물일가의 법칙과 금융자산의 가치

일물일가의 법칙(law of one price)이란 경쟁시장에서 두 자산이 동등하다면 동일한 가격을 가진다는 것이다. 만일 동등한 두 자산 사이에 가격의 차이가 있다면, 그 차이로부터 확실한 이득을 얻기 위해 동등한 자산을 매입하는 즉시 매각하는 차익거래(arbitrage)가 발생하며, 이러한 차익거래는 일물일가의 법칙이 성립하도록 한다.

예컨대, 순도가 동일한 금이 서울에서는 1그램당 5만원에 거래되고 있고 부산에서는 4만원에 거래된다고 하자. 거래비용은 들지 않는다고 한다. 어떤 일이 일어나겠는가? 부산에서 금을 매입하여 서울에서 매각하면 1그램당 1만원의 이익을 얻을 수 있게 된다. 거래량을 늘릴수록 이익은 커질 것이다. 만일 금을 매각할 때까지 매입대금의 지불을 미룰 수 있다면, 아무런 투자액과 위험을 부담하지 않고도 이익을 실현할 수 있다. 이러한 거래를 차익거래라고 하며, 차익거래에 의한 이익을 차익거래이익(arbitrage profit)이라고 한다. 시장에는 차익거래이익을 얻을 수 있는 기회를 엿보는 수많은 차익거래자들이 존재한다. 서울의 금 가격은 하락하고 부산의 금 가격은 상승할 것이며, 결국 두 도시의 금 가격은 동일하게 될 것이다.

만일 제너럴 모터스(GM)의 주식이 뉴욕증권거래소에서 주당 40달러에 거래된다면, 런던증권거래소에서는 얼마에 거래되고 있을까? 역시 40달러에 해당되는

가격으로 거래될 것이라고 확신하여도 좋을 것이다. 금융자산의 경우 다른 자산들에 비해 상대적으로 거래비용이 낮으므로 더 활발한 차익거래를 일으킨다.

일물일가의 법칙을 적용하면 가치평가는 매우 단순한 작업이 된다. 그러나 평가하려는 자산과 정확하게 동등한 자산의 가격을 안다는 것은 거의 불가능하다. 금융자산은 미래 소득에 대한 청구권이다. 따라서 투자자들이 기대하는 미래 소득의 크기와 그 불확실성에 따라 금융자산의 가치는 달라진다. 금융자산의 가치는 그 자산을 소유함으로써 얻을 수 있는 미래 현금흐름의 현재가치로 평가된다. 이는 금융자산 가치평가의 가장 기본적인 방법이다.

제2절 채권의 가치평가

2.1 채권이란 무엇인가

채권(bond)은 정부, 공공기관, 기업 등이 자금을 차입하기 위해 발행하는 유가증권이다. 즉, 일정한 기간 동안 정기적으로 약정된 이자를 지급하고 만기일에 가서 원금을 상환할 것을 약속한 증서를 말한다. 따라서 채권을 발행할 때에는 채권의 권면에 원금인 액면가(face value 또는 par value), 연간 이자지급액을 액면가로 나눈 값인 표면이자율(coupon rate), 그리고 원금을 마지막으로 상환하는 시기인 만기(maturity)가 표시된다.

채권은 발행주체와 발행조건에 따라 여러 가지 종류로 나눌 수 있다. 채권을 발행주체에 따라 나누면 정부가 발행하는 국채, 지방자치단체가 발행하는 지방채, 특별법에 의해 설립된 특별법인이 발행하는 특수채, 그리고 기업이 발행하는 회사채가 있다. 한편 발행조건 중 채권투자자가 얻게 되는 현금흐름의 형태에 따라 나누면 이표채, 순수할인채 등이 있다. 채권의 일반적인 형태인 이표채(coupon bond)는 매기 말에 약정된 이자를 지급하고 만기일에 가서 원금을 지급하며, 순수할인채(pure discount bond)는 이자지급 없이 만기일에 가서 원금만을 지급하는 채권이다.

채권투자자가 얻게 되는 이자 및 원금의 크기와 시기는 약정되어 있으므로 주식과는 달리 채권은 확정된 현금흐름을 가져다준다. 그렇지만 채권이 무위험자산은 아니다. 국채나 지방채와는 달리 회사채의 경우, 채권을 발행한 기업이 약정된 이자와 원금의 일부 또는 전부를 갚지 못하게 될 수도 있기 때문이다. 또한 이자율이 변동하거나 인플레이션이 발생하면 채권의 가치는 변동하므로 채권투자에도 항상 위험이 따른다.

2.2 채권의 가치

금융자산의 가치는 그 자산으로부터 얻을 수 있는 미래 소득, 즉 미래 현금흐름의 현재가치이다. 채권의 일반적인 형태인 이표채권의 가치를 평가하기 위해 채권투자자가 얻을 수 있는 미래 현금흐름을 생각해 보자. 채권투자자에게는 다음과 같이 매기 이자와 만기일에 가서 원금, 즉 액면가가 주어진다.

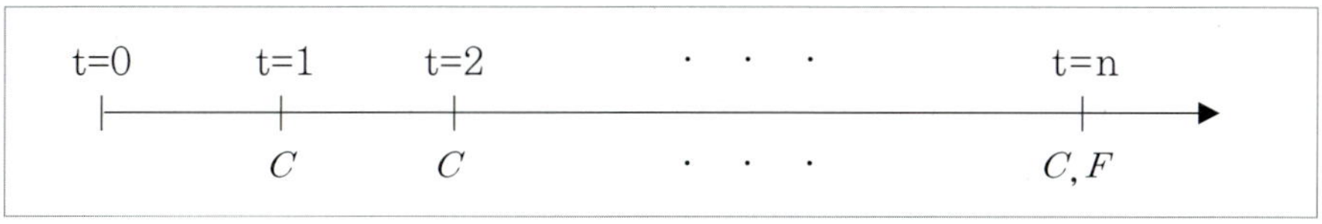

이표채권의 가치는 미래 원리금흐름의 현재가치이며, 매기에 얻을 수 있는 이자와 만기일의 액면가를 현재가치로 바꾼 다음 이들을 더하여 식 (4-1)과 같이 구할 수 있다.[2)]

$$P_B = \frac{C}{(1+r)^1} + \frac{C}{(1+r)^2} + \cdots + \frac{C}{(1+r)^n} + \frac{F}{(1+r)^n} \tag{4-1}$$

여기서, P_B : 채권의 가치
C : 이자
F : 액면가
r : 채권투자자들의 요구수익률
n : 만기

2) 만기에 원금만 지급되는 순수할인채권의 가치는 다음과 같다.

$$P_B = \frac{F}{(1+r)^n}$$

식 (4-1)에서 현금흐름을 현재가치로 할인하기 위해 사용된 할인율 r은 채권 투자자들이 이 채권에 대해 요구하는 수익률이다. 그러나 이러한 수익률 r은 알 수 없으므로,[3] 이 채권과 비슷한 성격을 갖는 채권의 수익률을 대신 사용하여 채권의 가치를 평가하게 된다.[4]

예제 4-1

가나(주)가 발행한 표면이자율 연 8%, 액면가 100만원, 만기 3년인 회사채의 가격은 얼마인가? 이 채권과 비슷한 채권의 수익률은 10%이다.

▸▸▸ 풀이

$$P_B = \frac{8}{(1+0.10)^1} + \frac{8}{(1+0.10)^2} + \frac{8}{(1+0.10)^3} + \frac{100}{(1+0.10)^3} = 95.03(\text{만원})$$

〈예제 4-1〉의 채권과 같이 표면이자율이 채권수익률보다 낮으면 채권은 액면가보다 낮은 가격에 거래되며, 이러한 채권을 할인채권(discount bond)이라 한다. 〈예제 4-1〉에서 만일 표면이자율이 10%로 채권수익률과 같으면 이 채권은 액면가로 거래되며, 액면채권(par bonds)이라고 한다. 그리고 표면이자율이 12%로 채권수익률보다 높으면 이 채권은 액면가보다 높은 가격인 104.97만원에 거래될 것이며, 이러한 채권을 할증채권(premium bond)이라고 부른다.

2.3 채권수익률

채권수익률이라 하면 일반적으로 만기수익률을 말한다. 채권의 만기수익률(yield to maturity)은 채권투자자가 채권을 매입하여 만기까지 보유하였을 때 실현하게 되는 연 평균수익률을 의미한다. 이러한 만기수익률을 구하기 위해서는 채권으로부터 얻을 수 있는 현금흐름의 현재가치와 채권의 시장가격을 일치시키

3) 어떤 채권의 수익률을 안다는 것은 곧 그 채권의 가치를 안다는 것과 같다.
4) 이는 소유하고 있는 주택의 가치를 평가하기 위해 이웃하고 있는 비슷한 주택의 가격정보를 이용하는 것과 같은 이치이다. 물론 두 주택 사이에 존재하는 차이는 추가로 가치평가에 반영해야 할 것이다.

는 할인율을 찾으면 된다.

$$P_B = \frac{C}{(1+R)^1} + \frac{C}{(1+R)^2} + \cdots + \frac{C}{(1+R)^n} + \frac{F}{(1+R)^n} \qquad (4\text{–}2)$$

여기서, P_B : 채권의 시장가격
R : 만기수익률

식 (4–2)에서 쉽게 알 수 있듯이 채권가격과 만기수익률은 서로 반대방향으로 변화한다. 즉, 채권가격이 올라가면 만기수익률은 떨어지며 반대로 채권가격이 떨어지면 만기수익률은 올라간다. 예컨대 가나(주)와 다라(주)가 표면이자율과 액면가, 그리고 만기가 똑같은 채권을 발행하였다고 하자. 비록 두 채권의 약정된 현금흐름은 같지만 두 채권의 가격과 수익률은 같을 수 없다. 왜냐하면 두 채권의 미래 현금흐름에 내재되어 있는 불확실성이 다르기 때문이다. 만일 가나(주)보다 다라(주)가 발행한 채권의 현금흐름이 더 불확실하다면, 다라(주)가 발행한 채권은 상대적으로 낮은 가격에 거래될 수밖에 없을 것이다. 이는 가나(주)보다 다라(주)의 채권수익률이 높아야만 한다는 것으로, 미래 현금흐름이 불확실할수록 채권자들의 요구수익률도 높아져야만 한다는 점에서 당연하다.

예제 4-2

가나(주)가 발행한 표면이자율 연 8%, 액면가 100만원, 만기 3년인 회사채의 현재가격은 90.39만원이다. 이 채권의 만기수익률은 얼마인가?

▸▸▸ 풀이

$$90.39 = \frac{8}{(1+R)^1} + \frac{8}{(1+R)^2} + \frac{8}{(1+R)^3} + \frac{100}{(1+R)^3}$$

시행착오법(method of trial and error)을 사용하여 구하면[5)]

$R = 12\%$

5) 채권의 만기수익률은 6장에서 살펴보게 될 내부수익률(IRR)과 같다. 만기수익률, 즉 내부수익률은 엑셀에서 쉽게 구할 수 있다. 엑셀의 스프레드시트에 채권투자에 따른 매년의 현금흐름, 〈예제 4–2〉의 경우 –90.39, 8, 8, 108을 순서대로 입력한 후, 수식 〉 함수삽입 〉 재무 〉 IRR을 선택하여 구하면 된다.

여기서 만기수익률의 의미를 살펴보자. 〈예제 4-2〉의 채권을 매입한 채권투자자가 얻게 되는 3년간의 현금흐름은 [표 4-1]과 같다.

표 4-1
채권투자자가 얻게 되는 현금흐름

(단위 : 만원)

연도	투자액	기말의 투자가치	회수액
1차년도	90.39	$90.39(1+0.12)^1 = 101.24$	8
2차년도	93.24	$93.24(1+0.12)^1 = 104.43$	8
3차년도	96.43	$96.43(1+0.12)^1 = 108.00$	108

채권투자자가 현재가격 90.39만원인 채권을 매입하면, 1차와 2차년도 말에 각각 8만원씩의 이자를 받게 되며 3차년도 말에는 이자와 원금 108만원을 받을 수 있다. 채권투자자에게 이러한 현금흐름이 주어진다는 것은, 채권투자로부터 만기수익률인 12%에 해당되는 수익률이 매년 실현된다는 뜻이다. [표 4-1]은 이를 잘 보여준다.

90.39만원을 채권에 투자하였을 때 수익률이 12%가 되면 1차년도 말의 투자가치는 101.24만원이 된다. 이 중 8만원은 이자로 회수되고 나머지 93.24만원은 2차년도 초에 재투자된다. 재투자수익률이 12%가 되면 2차년도 말의 투자가치는 104.43만원이 되며, 이 중에서 8만원은 이자로 회수되고 나머지 96.43만원은 3차년도 초에 재투자된다. 역시 재투자수익률이 12%가 되면 3차년도 말의 투자가치는 108만원이 되며, 이를 채권투자자가 이자와 원금으로 회수하게 된다. 이상에서 알 수 있듯이, 만기수익률은 채권을 만기까지 보유할 경우의 연 평균수익률이라고 할 수 있다.

금융자산의 수익률은 금융자산의 종류와 특성에 따라 서로 다르다. 금융자산의 수익률도 일종의 이자율이다. 그러므로 금융시장에는 수많은 이자율이 존재한다. 여러 가지 이자율 중에서 일반적으로 무위험채권의 만기수익률을 시장이자율의 지표로 사용한다. 우리나라의 경우 주로 정부가 발행하는 3년 만기 국고채의 만기수익률이 장기 시장이자율의 지표로 쓰이고 있다.

2.4 채권수익률의 결정요인

채권수익률에 영향을 미치는 요인으로는 실질이자율, 기대인플레이션율, 만기, 채무불이행위험, 유동성 등 다섯 가지를 들 수 있다. 따라서 채권수익률은 식

(4-3)과 같이 결정된다.[6)]

$$R = r + IP + MRP + DRP + LP \tag{4-3}$$

여기서, R : 채권수익률
r : 실질이자율
IP : 인플레이션프리미엄
MRP : 만기위험프리미엄
DRP : 채무불이행위험프리미엄
LP : 유동성프리미엄

채권수익률을 결정하는 첫 번째 요인인 실질이자율(real interest rate)은 경제상태에 따라 변하며 특히, (1) 생산적인 자산으로부터 기대하는 수익률, (2) 현재 소비와 미래 소비에 대한 사람들의 시간선호에 따라 달라진다. 두 번째 요인인 인플레이션 역시 채권수익률에 중요한 영향을 미친다. 왜냐하면 인플레이션은 투자로부터 얻는 수익의 실제 가치를 떨어뜨리기 때문이다. 따라서 채권수익률은 기대인플레이션율과 동일한 인플레이션프리미엄(inflation premium : IP)을 반영하여 결정된다.

이자율 변동에 따른 채권가치의 변동성을 이자율위험(interest rate risk)이라고 한다. 채권의 만기가 길수록 이자율위험이 커지기 때문에 채권투자자들은 더 큰 만기위험프리미엄(maturity risk premium : MRP)을 요구하게 된다. 또한 채권발행주체가 원리금을 약정대로 지급하지 못하게 되는 위험, 즉 채무불이행위험(default risk)이 클수록 채권투자자들은 더 큰 채무불이행위험프리미엄(default risk premium : DRP)을 요구할 것이다. 채권을 합당한 가격으로 현금으로 전환할 수 있는 유동성 또한 투자자에게는 중요하다. 각 채권의 서로 다른 유동성에 대한 유동성프리미엄(liquidity premium : LP) 역시 채권수익률의 결정요인이 된다.

6) 다음 문헌 참고
Brigham, E. and J. Houston, *Fundamentals of Financial Management*, 11th ed., Thomson South-Western, 2007, pp. 180-186.

2.5 채권수익률의 기간구조와 위험구조

2.5.1 채권수익률의 기간구조

채권의 만기수익률, 즉 채권수익률은 채권의 여러 가지 특성에 따라 다르게 결정된다. 특히 만기는 채권수익률을 다르게 하는 중요한 특성이다. 채권의 모든 성격이 같더라도 만기가 다르면 채권수익률은 달라진다. 잔존만기와 채권수익률의 관계를 채권수익률의 기간구조(term structure)라고 하며, 이를 나타낸 것이 수익률곡선(yield curve)이다.

수익률곡선의 모양을 결정하는 것은 무엇인가? 만기가 길수록 만기위험프리미엄은 커지기 때문에, 다른 조건들이 일정하다면 장기채권의 수익률은 단기채권의 수익률보다 높을 것이다. 만기가 길어질수록 채무불이행위험프리미엄과 유동성프리미엄 역시 커진다. 그러나 인플레이션프리미엄은 만기가 길어지면 작아질 수도 있다. 따라서 수익률곡선은 매 시점 모양이 다르게 나타나게 된다.

채권수익률의 기간구조를 설명하는 대표적인 가설은 불편기대가설이다.[7] 불편기대가설(unbiased expectation hypothesis)은 장기채권의 수익률이, 예상되는 미래 단기이자율들의 기하평균에[8] 의해 결정된다는 것이다. 이를 수식으로 나타내면 식 (4-4)와 같다.

$$[1+R_n]^n = [1+R_1][1+E(r_2)]\cdots[1+E(r_n)] \tag{4-4}$$

여기서, R_n : 만기 n년 채권수익률

$E(r_t)$: 예상되는 기간 t의 단기이자율

---

7) 불편기대가설 이외에, 채권의 만기가 길어짐에 따라 유동성이 떨어지는 데 대한 유동성프리미엄을 고려하는 유동성프리미엄가설(liquidity premium hypothesis)과 채권시장이 만기에 따라 몇 개의 하위시장으로 분리된다는 시장분할가설(market segmentation hypothesis)이 있다.

8) 변화율의 평균을 구할 때는 기하평균(geometric mean)을 사용하여야 한다.
예컨대, 가나(주)의 이익을 E, 매년의 이익성장률을 r_1, r_2, r_3이라고 표시하면,

$$r_1 = \frac{E_1 - E_0}{E_0},\ r_2 = \frac{E_2 - E_1}{E_1},\ r_3 = \frac{E_3 - E_2}{E_2} \text{ 이므로}$$

$$E_1 = E_0(1+r_1)$$

$$E_2 = E_1(1+r_2) = E_0(1+r_1)(1+r_2)$$

$$E_3 = E_2(1+r_3) = E_0(1+r_1)(1+r_2)(1+r_3) \cdots\cdots (1)$$

3년간의 연평균 이익성장률을 r_{gm}이라고 하면,

$$E_3 = E_0(1+r_{gm})^3 \cdots\cdots (2)$$

(1)과 (2)로부터, $(1+r_{gm})^3 = (1+r_1)(1+r_2)(1+r_3)$이어야 한다.

불편기대가설에 따르면 수익률곡선은 미래의 단기이자율이 상승할 것으로 예상되면 [그림 4-1]과 같이 우상향할 것이고, 미래의 단기이자율이 하락할 것으로 예상되면 우하향하게 될 것이다.

그림 4-1
불편기대가설과 수익률곡선

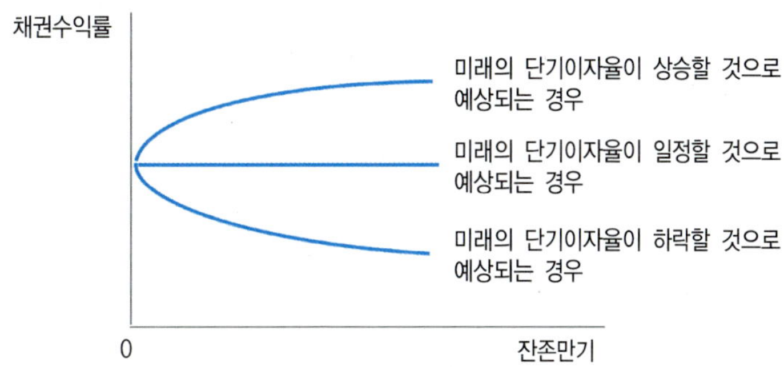

예제 4-3

만기 1년 채권의 만기수익률은 7%이고, 2차년도와 3차년도에 예상되는 단기이자율은 각각 7.8%, 8.4%이다. 불편기대가설에 따른 수익률곡선을 나타내라.

▸▸▸ **풀이**

만기 2년 채권의 만기수익률

$$[1+R_2]^2 = [1+0.07][1+0.078] \qquad \therefore R_2 = 0.074$$

만기 3년 채권의 만기수익률

$$[1+R_3]^3 = [1+0.07][1+0.078][1+0.084] \qquad \therefore R_3 = 0.077$$

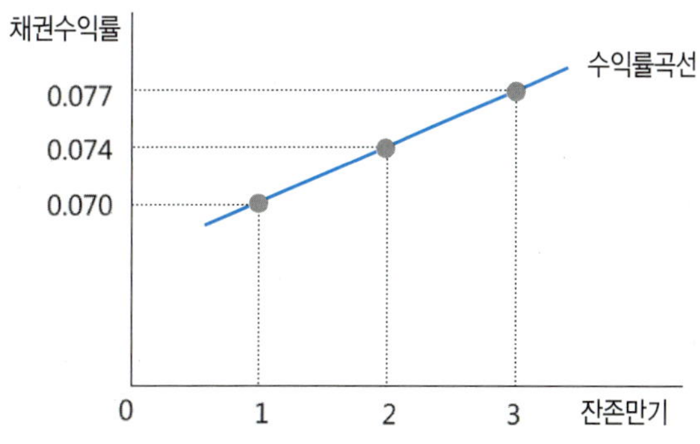

2.5.2 채권수익률의 위험구조

채권투자에 따르는 중요한 두 가지 위험은 이자율위험과 채무불이행위험이다. 채권투자자가 일정기간 채권을 보유한 다음 매각할 경우 얻을 수 있는 수익은, 매기의 이자를 재투자한 수익과 매각채권의 가격이다. 채권매입 후 만일 이자율이 상승(하락)하면 재투자수익은 상승(하락)하지만 이 보다 더 큰 폭으로 채권가격이 하락(상승)하므로 전체적으로 채권투자자의 수익은 감소(증가)하게 된다. 이와 같이 이자율 변동으로 인한 채권투자가치의 변동성을 이자율위험(interest rate risk)이라 한다. 이러한 이자율위험은 채권투자자에게 매우 중요한 문제이지만 서로 반대방향으로 변동하는 재투자수익과 채권가격의 변화량을 상쇄시키는 채권면역(bond immunization) 전략에 의해 상당 부분 제거할 수 있다.

채권발행주체가 원금과 이자를 약정대로 지급하지 못할 수 있는 위험이 채무불이행위험(default risk)이다. 채권의 발행주체나 발행조건이 지니고 있는 위험으로 인해 채권수익률에 차이가 나타나는 것을 채권수익률의 위험구조(risk structure)라고 하며, 주로 채무불이행위험과 채권수익률의 관계를 말한다.[9] 채무불이행위험이 큰 채권일수록 채권가격은 낮게, 그리고 채권수익률은 높게 결정될 것이다. 위험채권의 채무불이행이 없을 때의 만기수익률인 약정수익률과 무위험채권으로부터 얻을 수 있는 무위험수익률의 차이를 수익률스프레드(yield spread)라고 부른다. 채무불이행위험이 클수록 수익률스프레드가 커져 위험채권의 약정수익률은 높아지게 된다.

$$\text{수익률스프레드} = \text{위험채권의 약정수익률} - \text{무위험수익률} \tag{4-5}$$

한편, 개별채권의 채무불이행위험의 크기를 알기 위해서는 채권발행주체의 재무상태와 미래 경영성과 등을 파악해야 하지만 일반 투자자들에게는 매우 어려운 일이다. 채권의 채무불이행위험에 대한 평가는 전문적인 평가기관에 의해 이루어진다. 자본시장의 신용평가기관들은 채권등급평가(bond rating), 즉 개별채권의 채무불이행위험의 정도를 판정하고, 그 결과를 채권투자자들에게 제공하고 있다. 채권등급평가의 결과는 투자자 보호에 매우 유용하게 쓰일 수 있다. 또한 이러한

9) 채권발행주체가 채권의 만기 이전에 일정한 가격으로 채권을 매입하여 소각할 수 있는 권리가 주어진 수의상환채권(callable bond)이라면 수의상환위험(callability risk)도 포함된다.

그림 4-2
수익률스프레드

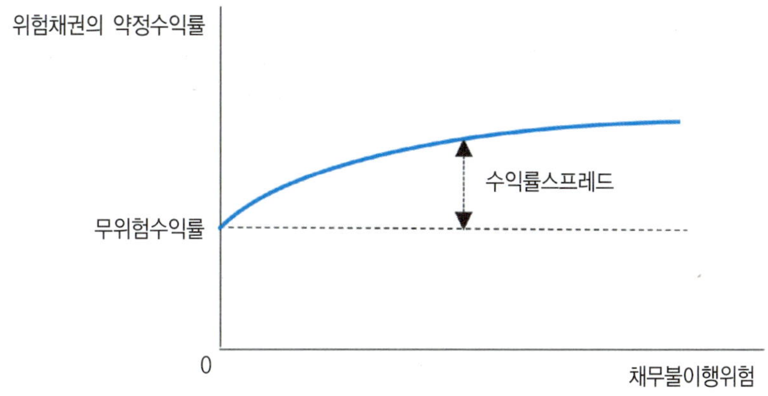

평가결과는 채권가격에 직접적인 영향을 미치게 되며, 기업의 자금조달에도 더할 수 없이 중요한 변수가 된다. 따라서 채권의 신용상태의 변화는 정확하게 그리고 즉각적으로 등급에 반영되어야만 한다. 그러나 신용의 질적 변화와 등급 조정 사이에는 시차가 있는 것이 현실이다.[10)]

신용평가기관으로 대표적인 회사는 미국의 스탠더드 앤 푸어스(Standard & Poor's : S&P), 무디스(Moody's Investors Service), 영국의 피치(Fitch IBCA) 등이 있으며, 우리나라에는 한국신용평가(주), NICE평가정보(주), 한국기업평가(주)가 활동하고 있다. [표 4-2]는 신용평가기관 3개사의 채권등급체계를 보여준다. 채무불이행위험이 가장 작은 AAA등급에서 시작하여 등급이 하락할수록 채무불이행위험이 크고 수익률스프레드 역시 큰 채권을 나타낸다. BBB-등급까지가 투자적격 채권이고, BB+등급 이하는 투자부적격 채권이다.

10) 대형 에너지회사인 엔론(Enron)의 채권은 2001년 11월 30일 금요일까지 투자적격등급을 유지하였으나, 이틀 후인 12월 2일 일요일 회사는 파산을 신청하였다.

표 4-2
채권등급체계

0	한국신용평가(주)	S&P	Moody's	의미
투자적격등급	AAA	AAA	Aaa	고급채권
	AA+ AA AA−	AA+ AA AA−	Aa1 Aa2 Aa3	
	A+ A A−	A+ A A−	A1 A2 A3	중급채권
	BBB+ BBB BBB−	BBB+ BBB BBB−	Baa1 Baa2 Baa3	
투자부적격등급	BB+ BB BB−	BB+ BB BB−	Ba1 Ba2 Ba3	저급채권
	B+ B B−	B+ B B−	B1 B2 B3	
	CCC	CCC+ CCC CCC−	Caa1 Caa2 Caa3	
	CC	CC	Ca	
	C	C		
	D	D	C	상환불능

제3절 주식의 가치평가

3.1 주식이란 무엇인가

주식(stock)은 주식회사가 자기자본을 조달하기 위해 발행하는 유가증권이다. 주식의 소유자는 주주가 되며, 소유한 지분만큼 주주로서의 권리와 의무를 갖는다. 즉, 주주는 의결권의 행사 등을 통해 경영에 참여할 수 있으며, 이익배당과 잔여재산[11] 등에 대한 청구권을 갖게 된다. 반면에 주주가 지게 되는 유일한 의무는 주식인수액의 납입이며, 따라서 주주는 회사의 채무에 대해 납입액의 한도에서 유한책임을 진다.

우리가 흔히 주식이라고 말할 때는 보통주(common stock)를 가리킨다. 그러나 주식에는 보통주 외에 우선주도 있다. 우선주(preferred stock)는 이익배당이나 잔여재산의 분배 등에 있어서 보통주보다 우선적 지위가 주어지는 주식이다. 그러나 일반적으로 우선주는 보통주와는 다르게 의결권이 주어지지는 않는다. 이러한 우선주는 보통주와 함께 주식회사의 자기자본을 구성하지만, 채권에 대해 매기 확정된 이자가 지급되는 것처럼 매기 약정된 배당금이 지급된다는 점에서는 부채와 같은 성격을 갖는다.

3.2 주식가치평가모형

3.2.1 보통주의 가치 : 배당할인모형

금융자산이란 미래 소득에 대한 청구권이다. 따라서 금융자산의 가치는 그 자산으로부터 얻을 수 있는 미래 소득, 즉 현금흐름의 현재가치이다. 보통주의 가치를 평가하기 위해 주주가 얻을 수 있는 미래 현금흐름을 생각해 보자. 주주에게는 다음과 같이 매기 배당금이 주어진다.

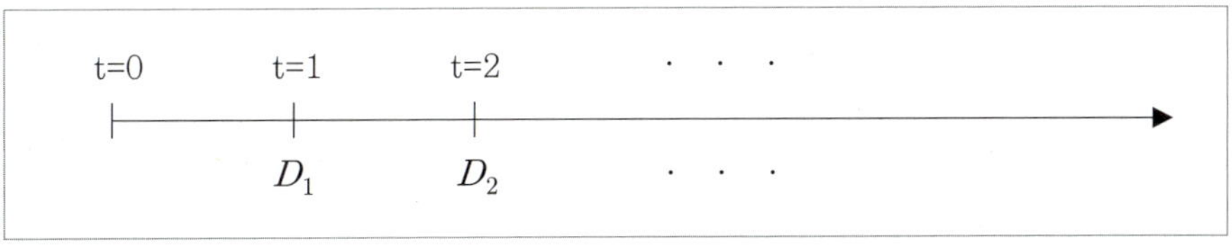

보통주의 가치는 미래 배당흐름의 현재가치이며, 이는 매기에 얻을 수 있는 배당금을[12] 현재가치로 바꾼 다음 이들을 더하면 구할 수 있다.[13]

---

11) 주식회사를 청산할 때 갚아야 할 부채를 모두 갚고 남은 재산을 말한다.

12) 여기서 배당금이란 보통주 1주에 대한 배당금인 주당배당(dividend per share : DPS)을 말한다.

13) 아마존(Amazon), 구글(Google) 등의 기업은 배당금을 지급하지 않지만 주가는 0이 아니다. 이는 주주들이 미래에 많은 배당을 받거나 또는 기업이 합병됨으로써 현금이나 새로운 주식을 얻게 될 것이라고 기대하기 때문이다.

$$P_0 = \frac{D_1}{(1+k_e)^1} + \frac{D_2}{(1+k_e)^2} + \cdots \qquad (4\text{-}6)$$

여기서, P_o = 보통주의 가치
D_t = t기의 배당금
k_e = 주주들의 요구수익률

식 (4-6)을 배당할인모형(discounted dividend model)이라고 한다.[14] 여기서 매기의 배당금을 현재가치로 할인하기 위해 사용된 할인율인 k_e는 주주들이 요구하는 수익률이다. 이는 시간에 대한 보상인 무위험수익률과, 미래 배당흐름에 내재되어 있는 불확실성에 대한 보상인 위험프리미엄을 더한 것이다. 미래 배당흐름이 불확실할수록 위험프리미엄은 커지며, 따라서 주주들의 요구수익률도 높아지게 된다. 그 결과 보통주의 가치는 보다 낮게 평가될 것이다. 요구수익률을 어떻게 구하는지에 대해서는 3장에서 살펴본 바 있다.

예제 4-4

매 연도 말에 배당을 지급하는 가나(주)의 1차년도 말과 2차년도 말의 주당배당은 각각 500원과 550원으로 기대되며, 3차년도 말부터는 영구적으로 700원이 될 것으로 기대된다. 주식에 대한 요구수익률은 14%이다.

(1) 3차년도 초의 주식가치는 얼마인가?

(2) 현재의 주식가치는 얼마인가?

▶▶▶ 풀이

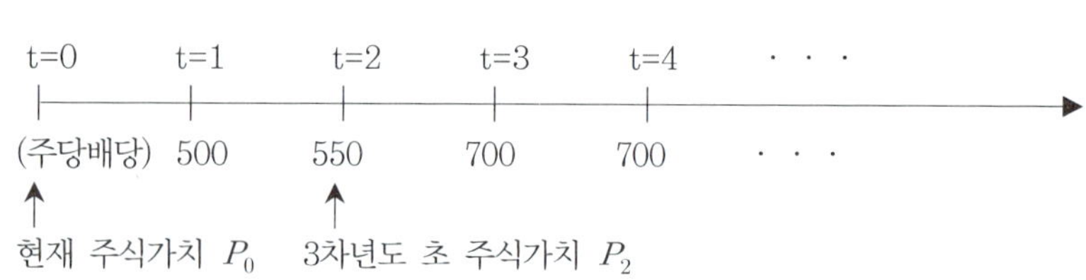

14) 만일 보통주를 n기간 동안만 보유한 후 매각한다면, 투자자는 n기간 동안의 배당흐름 $D_1, D_2, \cdots, D_n$과 n기말의 주식가격을 얻게 된다. 따라서 주식의 가치는 아래의 식과 같이 나타낼 수 있으며, 이는 식 (4-6)과 같다. 왜냐하면 n기말의 주식가격인 P_n은 n기 이후 배당흐름의 현재가치이기 때문이다.

$$P_0 = \frac{D_1}{(1+k_e)^1} + \frac{D_2}{(1+k_e)^2} + \cdots + \frac{D_n}{(1+k_e)^n} + \frac{P_n}{(1+k_e)^n}$$

(1) $P_2 = \frac{700}{(1+0.14)^1} + \frac{700}{(1+0.14)^2} + \cdots = \frac{700}{0.14} = 5{,}000$(원)

(2) $P_0 = \frac{500}{(1+0.14)^1} + \frac{550}{(1+0.14)^2} + \frac{5{,}000}{(1+0.14)^2} = 4{,}709$(원)

배당할인모형은 주식가치가 어떻게 평가되는지를 잘 나타내지만, 이 모형을 사용하여 주식가치를 구하는 것은 현실적으로 매우 어렵다. 이는 매기의 배당금을 정확하게 예측하는 것이 사실상 불가능하기 때문이다. 따라서 주식가치를 구하기 위한 보다 현실적인 방법을 찾을 필요가 있다.

3.2.2 보통주의 가치 : 일정성장모형

기업이 매기 일정한 성장률로 성장하고 이에 따라 기업의 배당도 매기 일정한 성장률 g로 성장한다고 가정하자. 이 경우 주주들이 얻게 되는 배당금은 다음과 같이 나타낼 수 있다.

t=0	t=1	t=2	t=3	· · ·
D_0	$D_1 = D_0(1+g)$	$D_2 = D_1(1+g)$ $= D_0(1+g)^2$	$D_3 = D_2(1+g)$ $= D_0(1+g)^3$	· · ·

따라서 미래 배당흐름의 현재가치인 보통주가치는 다음과 같고, 이를 정리한 것이 식 (4-7)이다.[15)]

$$P_0 = \frac{D_0(1+g)^1}{(1+k_e)^1} + \frac{D_0(1+g)^2}{(1+k_e)^2} + \cdots$$

$$P_0 = \frac{D_0(1+g)}{k_e - g} = \frac{D_1}{k_e - g} \qquad (4\text{-}7)$$

15) 초항이 $\frac{D_0(1+g)}{(1+k_e)}$이고 공비가 $\frac{(1+g)}{(1+k_e)}$인 무한등비수열의 합이므로, $\frac{D_0(1+g)}{(1+k_e)} / [1 - \frac{(1+g)}{(1+k_e)}] = \frac{D_0(1+g)}{k_e - g}$가 된다.

식 (4-7)을 일정성장모형(constant growth model) 또는 이 모형을 널리 알린 고든(M. Gordon)의 이름을 붙여 고든모형(Gordon model)이라고 한다.[16] 일정성장모형은 배당이 매기 일정한 성장률로 성장한다는 무척 비현실적인 가정에 기초하여 만들어진 것이지만, 배당할인모형과는 달리 배당성장률을 추정하면 대략의 보통주가치를 평가할 수 있다는 점에서 실용성을 갖는다. 일반적으로 배당성장률은 다음과 같이 추정한다.[17]

$$\text{배당성장률} = \text{내부유보율} \times \text{재투자수익률}$$

일정성장모형에 있어서 직전기의 배당금 D_0과 주주들의 요구수익률 k_e가 일정하다면 배당성장률 g가 높을수록 주식가치는 높게 평가된다. 그러나 g가 높아져서 k_e에 아주 가까워지게 되면 주식가치가 무한히 높아지게 되므로 이 모형을 사용한 주식가치의 평가는 적절하지 않게 된다.

예제 4-5

가나(주)의 직전년도 말의 주당배당은 900원이고, 앞으로 주당배당이 매년 7%의 성장률로 성장할 것으로 기대된다. 가나(주)에 대한 주주들의 요구수익률이 14%라면 주식가치는 얼마인가?

▸▸▸ 풀이

$$P_0 = \frac{900(1+0.07)}{0.14-0.07} = 13{,}757(\text{원})$$

---

16) Gordon, M., "Dividends, Earnings, and Stock Prices," *Review of Economics and Statistics*, May 1959.

17) 기업의 순이익 중에서 어느 정도를 배당으로 지급하는가를 나타내는 배당성향(=1−내부유보율)이 일정하다면, 배당성장률은 순이익성장률과 같다. 순이익성장률은 순이익의 변화량(ΔE)을 현재의 순이익(E)으로 나눈 값이며, 분자와 분모에 투자액(I)을 곱하면 내부유보율×재투자수익률로 나타난다.

$$g = \frac{\Delta E}{E} = \frac{\Delta E \times I}{E \times I} = \frac{I}{E} \times \frac{\Delta E}{I}$$

3.2.3 보통주의 가치 : 성장기회와 주식가치

미래 유리한 투자기회를 많이 갖고 있어 성장하는 기업의 주식가치는 그렇지 않은 기업의 주식가치보다 높게 평가된다. 이는 성장기업의 주식가치에는 성장기회의 가치가 반영되기 때문이다. 성장기업의 주식가치를 평가하기 위해 먼저 현재의 순이익 수준을 영구적으로 유지하는 무성장기업의 주식가치를 생각해 보자.

기업이 순이익 모두를 배당으로 지급하여 내부유보율이 0이라면 성장률도 0이 된다. 이러한 무성장기업의 주주들에게는 매기 일정한 주당이익(earnings per share : EPS)이 영구적으로 주어지며, 따라서 무성장기업의 주식가치는 다음과 같이 나타난다.[18)]

$$P_0 = \frac{EPS_1}{k_e}$$

여기서, EPS_1 = 1기의 주당이익

성장기업의 주식가치는[19)] 무성장기업의 주식가치에 성장기회의 현재가치(present value of growth opportunity : PVGO)를 더하여 구할 수 있다.

$$P_0 = \frac{EPS_1}{k_e} + PVGO \qquad (4\text{-}8)$$

예제 4-6

가나(주)의 1차년도 말의 주당이익은 2,100원으로 기대되며, 주주들의 요구수익률은 14%이다.

(1) 가나(주)가 전혀 성장기회를 갖고 있지 않아 순이익을 모두 배당으로 지급한다면 주식가치는 얼마인가?

(2) 가나(주)가 성장기회를 갖게 되었다고 하자. 성장기회를 활용하기 위해 매년 순이익의 60%를 내부유보하여 재투자하려고 하며, 매년의 재투자수익률은 20%로 기대된다. 성장기회의 현재가치는 얼마인가?

---

18) 매기 동일한 금액이 영구적으로 주어지는 영구연금의 현재가치와 같은 형태이다.

19) 성장기업의 주식가치는 매기 배당이 일정한 성장률 g로 성장할 경우 식 (4-7)의 $\frac{D_1}{k_e - g}$이라는 것을 기억하라.

▶▶▶ 풀이

(1) 무성장기업의 주식가치 $P_o = \frac{2,100}{0.14} = 15,000$(원)

(2) 배당성장률 $g = 0.6 \times 0.2 = 0.12$

성장기업의 주식가치 $P_0 = \frac{2,100(1-0.6)}{0.14-0.12} = 42,000$(원)

따라서 성장기회의 현재가치 $PVGO = 42,000 - 15,000 = 27,000$(원)

성장기회의 현재가치가 항상 양(+)이 되는 것은 아니다. 〈예제 4-6〉에서 재투자수익률이 주주들의 요구수익률인 14%와 같다면 성장기업의 주식가치는 무성장기업의 주식가치와 같은 15,000원이 되며, 따라서 성장기회의 현재가치는 0으로 평가된다. 재투자수익률이 11%로 주주들의 요구수익률인 14%보다 낮다면 성장기업의 주식가치는 11,351원이 되며, 성장기회의 현재가치는 −3,649원으로 음(−)의 값이 된다. 이는 내부유보에 의한 성장기회의 활용이 반드시 주식가치의 상승으로 이어지지는 않는다는 것을 보여준다. 단지 주주들의 요구수익률을 초과하는 수익률을 가져다주는 성장기회만 주식가치를 높이게 된다.

3.2.4 보통주의 가치 : 주가배수와 주식가치

이상에서 살펴본 주식가치평가모형은 탄탄한 논리를 갖추고 있지만 실제로 모형을 사용하기 위해서는 미래의 현금흐름과 주주들의 요구수익률을 추정하여야 하는 어려움이 따른다. 실무에서는 주가수익비율, 주가순자산비율 등의 주가배수(multiple)를 이용하여 주식가치를 평가하는 방법이 흔히 사용된다.

(1) 주가배수

일반적으로 사용되는 주가배수는 이익승수(earnings multiple)라고 부르는 주가수익비율이다. 증권분석의 실무에서 많이 사용하는 주가수익비율(price earning ratio : PER)은 식 (4-9)와 같이 구한다.

$$PER = \frac{\text{주가}(price)}{\text{주당이익}(EPS)} \tag{4-9}$$

PER은 투자자들이 기업의 이익 1원을 얼마로 평가하고 있는가를 나타낸다. 다시 말하면, 기업의 수익력에 대한 상대적 주가수준을 말한다. 예컨대, 가나(주)의 주당이익은 1,000원이고 주가는 20,000원, 다라(주)의 주당이익은 2,000원이며 주가는 30,000원이라면 다라(주)는 수익력에 비해 주가가 상대적으로 낮게 평가되어 있으며, 앞으로 다라(주)의 주가는 상승할 가능성이 크다고 판단할 수 있다.

그러나 이러한 해석에는 주의가 필요하다. 모든 기업들이 동일한 PER을 가질 수는 없기 때문이다. 앞에서 살펴본 성장기업의 주식가치는 다음과 같다.

$$P_0 = \frac{EPS}{k_e} + PVGO \quad \cdots\cdots (1)$$

식 (1)의 양변을 EPS로 나누면 식 (2)를 얻을 수 있다.

$$PER = \frac{1}{k_e} + \frac{PVGO}{EPS} \quad \cdots\cdots (2)$$

식 (2)에서 두 가지 요인, 즉 위험과 성장기회가 PER에 영향을 미친다는 것을 확인할 수 있다. 기업의 위험이 작을수록 주주들의 요구수익률도 낮을 것이며, 따라서 PER은 높아진다. 또한 성장기회의 현재가치가 클수록 역시 PER은 높아진다. 추가적으로 EPS는 장부상의 이익이므로 회계처리방법에 따라 달라질 수 있다. 이익을 적게 계상하는 보수적인 회계처리방법을 따르는 기업은 PER이 높아질 것이다. 이와 같이 PER이 낮다는 것이 반드시 주가가 과소평가되어 있음을 의미하지는 않는다.

물론 기업의 위험과 성장성이 동종 산업의 다른 기업들과 비슷함에도 불구하고 기업의 PER이 산업평균보다 훨씬 낮다면, 주가는 과소평가되어 있다고 볼 수 있다. 또한 기업의 위험과 성장성이 변하지 않았음에도 PER이 과거 평균보다 훨씬 높으면, 주가는 과대평가되어 있다고 판단할 수 있을 것이다.

한편, 주가순자산비율도 자주 주가배수로 사용된다. 주가순자산비율(price book-value ratio : PBR)은 식 (4-10)과 같이 구한다.

$$PBR = \frac{\text{주가}(price)}{\text{주당순자산}(BPS)} \qquad (4\text{-}10)$$

주식가치의 평가에 있어서 수익력뿐만 아니라 기업이 보유하고 있는 자산의 가치도 중요하다. 기업의 총자산에서 총부채를 차감한 것이 순자산(net worth)이다. PBR은 주당순자산(= 순자산/발행주식수), 즉 주당장부가치(book-value per share : BPS)에 대한 주가수준을 나타낸다. 높은 PBR은 투자자들이 그 기업의 미래 성장에 대해 밝은 전망을 갖고 있음을 의미한다.

(2) 주가배수를 이용한 주식가치의 추정

주가배수 PER은 주식가치의 추정을 가능하게 한다. 특정시점의 주가는 정상적 PER, 즉 적정한 PER에 그 시점의 EPS를 곱하여 식 (4-11)과 같이 추정할 수 있다.

$$P_0 = PER^* \cdot EPS \qquad (4\text{-}11)$$

여기서, PER^*: 정상적 PER

주가배수 PER을 이용한 주식가치의 추정에 있어서 핵심적인 문제는 정상적 PER을 구하는 것이다. 유사한 위험을 갖는 기업들의 평균 PER, 동종 산업의 평균 PER, 그 기업의 과거 여러 해의 평균 PER 등이 대용변수로 사용될 수 있다.

한편, PER 대신 PBR을 활용할 수도 있다. 정상적 PBR에 특정시점의 BPS를 곱하여 주가를 추정하는 것이다. 이러한 주가배수를 이용한 주식가치의 평가방법은 간편하게 사용할 수 있지만 주가배수의 정상적 수준을 구하기가 어렵다는 한계를 갖는다.

예제 4-7

가나(주)의 주당이익은 2,400원이고 현재 주가는 60,000원이다. 가나(주)와 매우 유사한 기업인 다라(주)의 주당이익은 3,200원이며 주가는 95,000원이다. 다라(주)의 PER이 정상적 PER이라면 가나(주)의 정상적인 주식가치는 얼마인가?

▸▸▸ **풀이**

가나(주)의 정상적 주식가치

$$P_o = \frac{95,000}{3,200} \times 2,400 = 71,250(\text{원})$$

3.2.5 우선주의 가치

우선주의 가치를 평가하기 위해 우선주 주주가 얻을 수 있는 미래 현금흐름을 생각해 보자. 우선주 주주에게는 다음과 같이 매기 약정된 우선주배당금이 영구적으로 주어진다.

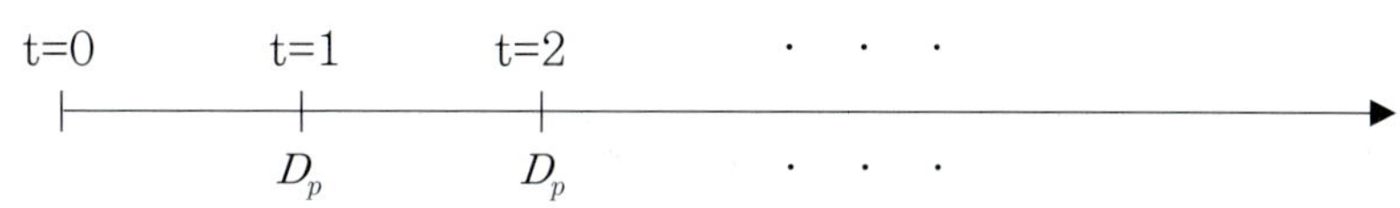

우선주의 가치는 미래 우선주배당흐름의 현재가치이며, 이는 매기에 얻을 수 있는 우선주배당금을 현재가치로 바꾼 다음 이들을 더하면 구할 수 있다.

$$P_p = \frac{D_p}{(1+k_p)^1} + \frac{D_p}{(1+k_p)^2} + \cdots$$

$$= \frac{D_p}{k_p} \qquad (4\text{-}12)$$

여기서, P_p = 우선주의 가치
D_p = 우선주 배당금
k_p = 우선주 주주의 요구수익률

예제 4-8

가나(주)가 발행한 우선주의 주당배당은 1,500원이고, 이 우선주에 대한 주주의 요구수익률은 12%이다. 우선주의 가치는 얼마인가?

▶▶▶ **풀이**

$$P_p = \frac{1{,}500}{0.12} = 12{,}500(\text{원})$$

정리하는 문제

1. 일물일가의 법칙이란 무엇이며 이 법칙이 성립할 수 있는 이유는 무엇인가?

2. 채권가격과 채권수익률의 관계를 설명하시오.

3. 채권수익률의 기간구조를 설명하시오.

4. 채권수익률의 위험구조와 채권등급평가에 대해 설명하시오.

5. 배당할인모형을 설명하시오.

6. 가나(주)는 표면이자율 연 7%, 액면가 100만원, 만기 3년인 회사채를 발행하고 있다.
   (1) 유사한 채권의 수익률이 9%라면, 가나(주)의 채권가격은 얼마인가?
   (2) 가나(주)의 채권이 현재 87.45만원에 거래되고 있다면 채권수익률은 얼마인가?

7. 액면가 100만원인 순수할인채가 현재 시장에서 다음 가격에 거래되고 있다.

만기(년)	1	2	3
채권가격(만원)	92.59	84.95	76.79

   (1) 각 채권의 만기수익률을 구하시오.
   (2) 수익률곡선을 그리시오.

8. 가나(주)는 매년 2,000원의 주당배당을 영구적으로 지급할 것으로 예상된다. 주주들의 요구수익률은 12%이다.
   (1) 주식가치는 얼마인가?
   (2) 주당배당이 올해 말부터 매년 5%씩 증가한다면 주식가치는 얼마인가?
   (3) (2)에서 주주들의 요구수익률이 18%로 높아진다면 주식가치는 얼마인가?

9. 다라(주)는 올해 말 1,000원의 주당배당을 지급한 이후, 그 다음 2년 동안은 매년 10% 그리고 그 이후부터는 계속해서 매년 4%씩 주당배당을 증가시킬 것으로 기대된다. 가나(주)의 주식에 대한 요구수익률이 12%라면 가나(주)의 주식가치는 얼마인가?

10. 마바(주)의 올해 말 주당이익은 2,500원으로 기대되며, 주주들의 요구수익률은 16%이다.

(1) 순이익을 모두 배당으로 지급한다면 주식가치는 얼마인가?

(2) 성장기회를 활용하기 위해 매년 순이익의 70%를 내부유보하여 재투자할 계획이며, 매년의 재투자수익률은 20%로 예측된다. 주식가치는 얼마인가?

(3) 성장기회의 현재가치는 얼마인가?

(4) 성장기회의 재투자수익률이 16%라면 주식가치는 어떻게 달라지는가?

제 Ⅲ 부

자본의 운용과 조달

제 5 장
자본예산의 기초

제5장 자본예산의 기초

제1절 자본예산이란 무엇인가

1.1 투자결정과 자본예산

투자결정(investment decisions)이란 얼마만큼의 자금으로 어떤 자산을 취득할 것인지를 결정하는 재무관리의 가장 기본적인 의사결정이다. 특히 투자지출의 규모가 크고 투자효과가 장기에 걸쳐서 나타나는 투자결정을 자본예산(capital budgeting)이라고 한다. 즉, 자본예산은 주로 토지, 건물 및 설비, 기계장치 등 고정자산 취득과 같은 자본적 지출(capital expenditure)에[1] 관한 의사결정을 말한다.

기업의 두 가지 중요한 의사결정은 필요한 자금을 어떻게 조달하고 조달된 자금을 어떤 자산으로 운용하느냐 하는 것이다. 물론 자금의 조달도 매우 중요한 문제이긴 하지만, 기업의 사업성격을 드러내는 것은 그 기업이 갖고 있는 고정자산이다. 예컨대, 대한항공(주)이나 아시아나항공(주)은 자금을 어떻게 조달하였는지에 관계없이, 비행기를 운항하기 때문에 항공회사이다.

자본예산에서 다루는 주요 의사결정으로는 새로운 제품의 생산, 비용절감을 위한 생산설비의 교체, 생산량을 증대시키기 위한 새로운 공장의 설립 등을 들 수 있다. 또한, 그 효과가 장기에 걸쳐 나타나는 연구소의 설립, 마케팅 캠페인의 전개, 종업원 교육 등도 자본예산 의사결정에 포함되어야 한다. 기업은 늘 이러한

---

1) 자본적 지출(capital expenditure)은 지출의 규모가 크고 지출의 효과가 장기간에 걸쳐서 나타나는 지출을 말하고, 수익적 지출(revenue expenditure)은 경상적 영업활동을 위해 반복되는 지출로 그 효과가 단기간에 그치는 지출을 말한다.

여러 가지 의사결정, 다르게 말하면 투자안에 직면하게 된다. 자본예산은 각 투자안의 투자가치를 평가하고, 기업가치를 높일 수 있는 투자안을 채택하는 과정이라고도 말할 수 있다.

자본예산은 향후 수년간의 기업의 생산과 영업 활동을 규정한다. 왜냐하면 자본예산에 따른 투자는 대부분 그 수명이 길고 일단 이루어지면 쉽게 되돌릴 수 없기 때문이다. 따라서 자본예산은 기업의 장기적인 수익과 위험에 크나큰 영향을 미치며, 결과적으로 미래의 기업가치를 결정짓게 된다.

1.2 자본예산의 과정

일반적으로 자본예산은 [그림 5-1]과 같은 과정으로 이루어진다.

그림 5-1
자본예산의 과정

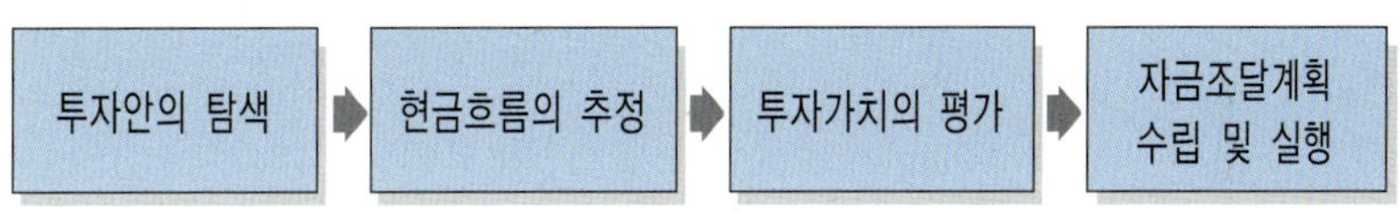

투자안의 탐색

자본예산의 첫 단계는 투자의 대상이 될 만한 투자안을 찾는 것이다. 투자안에 관한 착상은 고객, 시장조사, 연구개발부서, 생산부서, 회사 내의 제안제도, 경쟁회사와의 경쟁 등으로부터 얻게 된다. 투자안의 착상에 따라 투자안이 제기되면, 그 투자안이 기술적으로 가능한지를 검토하는 기술적 타당성 분석(technical feasibility analysis)과 시장수요를 예측하는 시장분석(market analysis)을 통해 투자안을 구체화한다.

현금흐름의 추정

자본예산의 두 번째 단계는 탐색된 투자안으로부터 얻을 수 있는 편익과 부담하여야 하는 비용을 측정하는 것이다. 편익과 비용을 측정하기 위해 투자안으로부터 예상되는 현금흐름(cash flow), 즉 현금유입(cash inflow)과 현금유출(cash outflow)을 추정한다. 수요 예측과 제품가격 예측에 의해 현금유입을 추정하고, 생산비와 운영비 등의 예측에 따라 현금유출을 추정할 수 있다.

투자가치의 평가

자본예산의 세 번째 단계는 전 단계에서 추정된 현금흐름을 바탕으로 자본예산 기법(capital budgeting techniques)이라고 부르는 투자가치 평가방법에 의해 투자안의 경제성, 즉 투자가치를 평가하는 것이다. 투자가치를 평가할 때는 추정된 현금흐름에 내재되어 있는 위험을 측정하고 위험의 크기를 투자가치의 평가에 반영하여야만 한다. 자본예산의 과정에 있어서 가장 핵심적인 단계로 투자안의 투자가치에 따라 투자안의 채택여부를 결정하게 된다.

자금조달계획 수립 및 실행

자본예산의 마지막 단계는 채택된 투자안에 소요되는 자금을 마련하기 위한 자금조달계획을 수립하고, 투자안을 실행하는 것이다. 투자안의 실행 후 투자안을 재평가하고 통제하는 사후관리가 뒤따라야 한다.

이러한 일련의 과정 중에서 우리가 초점을 맞추는 부분은 두 번째 단계와 세 번째 단계이다. 현금흐름의 추정에 대해서는 이어지는 2절, 투자가치의 평가에 대해서는 6장에서 살펴보기로 한다.

1.3 투자의 분류

올바른 투자결정을 위해서는 투자안의 성격을 이해할 필요가 있다. 투자목적이나 투자안 사이의 상호 연관성을 고려하지 않고 내리는 투자결정은 잘못될 수 있기 때문이다. 투자는 그 목적에 따라 제품투자, 대체투자, 확장투자, 그리고 전략적 투자로 나눌 수 있다. 또한 투자안 사이의 상호 연관성, 즉 한 투자안의 채택이 다른 투자안의 현금흐름에 어떤 영향을 미치는가에 따라 독립적 투자, 종속적 투자, 상호배타적 투자로 나눈다.[2)]

---

2) 다음 문헌 참고
지 청 · 장하성, 「재무학원론」, 학현사, 2001, 119-121쪽. 조 담, 「현대재무관리」, 무역경영사, 2006, 212-216쪽.

1.3.1 투자목적에 의한 분류

(1) 제품투자

제품투자(product investment)에는 제품개량투자와 신제품투자가 있다. 제품개량투자는 기존 제품의 품질 및 성능을 개선하여 기존 시장을 유지 또는 확장하기 위한 투자이다. 신제품투자는 새로운 제품개발을 통해 새로운 시장을 개척하려는 투자를 말한다.

(2) 대체투자

대체투자(replacement investment)는 기존의 생산설비를 새로운 설비로 바꾸는 투자를 말한다. 기존 설비의 물리적 노후화 또는 기술적 진부화로 인하여 필요한 투자이다.

(3) 확장투자

확장투자(expansion investment)는 제품의 수요 증가에 대응하기 위해 생산설비를 증설하는 데 필요한 투자이다. 경기가 호황이거나 판매제품의 수명주기가 성장기에 속한 기업에서 볼 수 있다.

(4) 전략적 투자

전략적 투자(strategic investment)는 기업의 전략적 목적을 달성하기 위해 이루어지는 투자이다. 안정적인 원재료 조달을 위한 원재료 생산회사와의 합병 등과 같은 위험경감투자(risk-reducing investment)와 지역사회 및 종업원 복지를 위한 복리후생투자(welfare investment) 등이 이에 해당된다.

1.3.2 투자안 사이의 상호 연관성에 의한 분류

(1) 독립적 투자

한 투자안의 채택이 다른 투자안의 현금흐름에 아무런 영향을 미치지 않는 경우 독립적 투자(independent investment)라고 한다. 투자안들 사이에 보완적 관계나 대체적 관계가 없는 투자이다.

(2) 종속적 투자

한 투자안의 채택이 다른 투자안의 현금흐름에 영향을 미치는 경우 종속적 투자(dependent investment)라고 하며, 보완적 투자와 대체적 투자로 나눌 수 있다. 보완적 투자(complementary investment)는 한 투자안의 채택이 다른 투자안의 현금흐름을 증가시키는 투자이고, 대체적 투자(substitute investment)는 한 투자안의 채택이 다른 투자안의 현금흐름을 감소시키는 투자이다.

(3) 상호배타적 투자

대체적 투자의 극단적인 경우로서, 여러 투자안이 있을 때 한 투자안을 채택하면 다른 투자안들은 채택할 수 없는 경우 상호배타적 투자(mutually exclusive investment)라고 한다. 둘 이상의 투자가 함께 이루어질 수 없다는 것을 말한다.

제2절 현금흐름의 추정

2.1 왜 현금흐름인가

투자결정에 있어서 가장 중요한 일은 투자안의 투자가치를 평가하는 것이다. 투자가치는 투자로부터 얻을 수 있는 편익(benefit)에서 부담하여야 하는 비용(cost)을 차감하면 구할 수 있다. 그렇다면 투자의 편익과 비용을 어떻게 측정할 것인가? 투자안의 현금흐름(cash flow)은 투자의 결과로 발생하는 모든 현금을 말한다. 이 중 투자로 인해 들어오는 현금인 현금유입(cash inflow)은 투자의 편익을, 투자로 인해 나가는 현금인 현금유출(cash outflow)은 비용을 나타낸다. 현금유입과 현금유출의 차이를 순현금흐름(net cash flow)이라고 하며, 이는 투자가치를 평가하는 바탕이 된다.

$$\text{순현금흐름} = \text{현금유입} - \text{현금유출} \tag{5-1}$$

현금흐름은 회계적 이익(accounting income)과는 다르다. 회계적 이익은 현금 발생시점과는 관계없이 회계처리기준에 근거하여 거래의 발생시점을 기준으로 구하지만, 현금흐름은 실제 현금유입 및 현금유출의 발생시점을 기준으로 구한다. 회계적 이익과 현금흐름의 차이를 살펴보자.

예컨대, 가나(주)가 지금 10억원의 현금을 지급하고 내용연수가 5년인 기계를 구입한다고 하자. 이 경우 현재시점에서 10억원의 현금유출이 발생한다. 그러나 회계적으로는 실제로 현금유출이 발생하는 현재시점에서의 비용으로 인식하지 않고, 기계의 구입비용 10억원을 기계의 내용연수 5년에 걸쳐 일정한 방법으로 배분하여 각 기간의 비용으로 처리하게 된다. 즉, 기계를 정액법에 의해 감가상각한다면,[3] 5년동안 매년 말에 2억원의 회계적 비용, 즉 감가상각비가 발생하게 되는 것이다. 실제로 발생하는 현금유출과 감가상각비를 비교하여 나타내면 다음과 같다.

	t=0	t=1	t=2	· · ·	t=5
현금유출	10억원				
감가상각비		2억원	2억원	· · ·	2억원

할인율이 5%인 경우 감가상각비 흐름의 현재가치는 8.66억원이며, 회계적 비용인 감가상각비와 실제 현금유출 사이에는 현재가치로 약 1.34억원의 상당한 차이가 있다.

$$\text{감가상각비의 현재가치} = \frac{2}{(1+0.05)^1} + \frac{2}{(1+0.05)^2} + \cdots + \frac{2}{(1+0.05)^5}$$
$$= 8.66(\text{억원})$$

위의 예에서 볼 수 있듯이, 투자가치의 평가에 있어서는 투자안의 현금흐름이 어느 시점에서 발생하였는지가 매우 중요하다. 시점이 달라지면 화폐의 시간가치로 인해 현금흐름의 경제적 가치가 달라지고, 결과적으로 투자안의 경제적 가치도 달라지기 때문이다. 따라서 실제 현금 발생시점을 기준으로 하는 현금흐름을 바탕으로 투자가치를 평가하여야 한다.[4]

---

3) 감가상각방법에는 정액법, 정률법, 연수합계법, 이중상각법 등의 방법이 있다. 정액법과 정률법에 의한 감가상각비 계산방법은 다음과 같다. 연수합계법과 이중상각법에 대해서는 회계학 서적을 참고하기 바란다.

정액법 : 매년의 감가상각비 = (취득원가 − 잔존가치) / 내용연수

정률법 : 매년의 감가상각비 = (취득원가 − 누적감가상각비) × 정률

$$\text{정률} = 1 - \left(\frac{\text{잔존가치}}{\text{취득원가}}\right)^{\frac{1}{\text{내용연수}}}$$

4) 실제 현금이 오간 시점이 아니라 현금의 수입과 지출이 일어나게 된 근원적인 거래가 발생한 시점에서 수익과 비용을 인식하는 회계적 이익은 일정 회계기간 동안의 성과를 보다 합리적으

2.2 현금흐름 추정의 원칙

투자안의 현금흐름은 다음의 원칙에 따라 추정한다.

- 증분현금흐름을 사용한다.
- 세금효과를 고려한다.
- 금융비용을 제외한다.
- 순운전자본의 변동을 고려한다.

2.2.1 증분현금흐름을 사용한다

투자안의 현금흐름을 추정할 때는 반드시 증분현금흐름을 사용하여야 한다. 증분현금흐름(incremental cash flow)이란 새로운 투자안으로 인하여 발생하게 되는 기업 전체 현금흐름의 변화, 즉 새로운 투자안을 채택할 때와 채택하지 않을 때의 기업 전체 현금흐름의 차이를 말한다.

한편 증분현금흐름을 추정할 때 매몰원가(sunk cost)는 투자안의 현금흐름에 포함시키지 않는다. 왜냐하면 매몰원가는 이미 지출되어 회수할 수 없는 비용으로, 새로운 투자안의 채택여부와는 무관하기 때문이다. 예컨대, 가나(주)가 새로운 제품의 수요조사에 5천만원의 자금을 지출하였다고 하자. 그러나 이 조사비용은 새로운 제품을 생산하는 투자안을 평가하기 위한 현금유출에 포함시키지 않아야 옳다.[5)]

반대로, 현재 기업이 보유하고 있는 자산을 새로운 투자에 사용할 경우, 그 자산의 기회비용(opportunity cost)은 현금유출에 포함시켜야 한다. 예컨대, 현재 운영하고 있는 유료주차장에 공장을 설립한다면, 주차장 수입은 공장설립에 따라 잃어버리는 이득, 즉 기회비용이므로 공장설립 투자안의 현금유출에 포함되어야만 한다.

로 측정할 수 있다는 장점을 갖는다. 그러나 투자안의 정확한 경제적 가치를 구하는 데는 적절하지 않다.

5) 초음속 여객기인 콩코드 개발 사업에서 영국과 프랑스는 이미 많은 돈을 투입하였다는 이유로 사업을 계속 진행하였지만 결국 엄청난 손실을 보았다. 이미 투입된 매몰비용을 생각하면 합리적인 의사결정을 내릴 수 없게 된다.

예제 5-1

제과회사인 가나(주)는 한시적인 프로농구 팀 창설을 고려하고 있다. 농구 팀을 창설하여 운영할 경우 예상되는 현금흐름은 다음과 같다.

(단위 : 억원)

연도	0	1	2	3
현금흐름	-300	40	40	40

한편 제과회사의 현금흐름은 농구 팀을 운영할 때(A)와 운영하지 않을 때(B) 각각 다음과 같이 추정된다.[6)]

(단위 : 억원)

연도	0	1	2	3
A의 현금흐름		600	600	600
B의 현금흐름		500	500	500

농구 팀 투자에 따른 증분현금흐름을 구하라.

▶▶▶ **풀이**

증분현금흐름은 제과회사와 농구 팀을 함께 운영할 때의 현금흐름에서 제과회사만 운영할 때의 현금흐름을 차감하여 구한다.

(단위 : 억원)

연도	0	1	2	3
제과회사 + 농구 팀	-300	640	640	640
제과회사		500	500	500
증분현금흐름	**-300**	**140**	**140**	**140**

2.2.2 세금효과를 고려한다

투자안의 실질적인 가치를 평가하기 위해서는 세후현금흐름(after-tax cash flow)을 추정하여야 한다. 세금, 즉 법인세(corporate tax)는 현금흐름을 대상으

6) 대규모 기업집단이 적자인 프로야구단을 운영하는 중요한 이유는 야구단의 홍보효과 등으로 인해 계열사의 매출을 증가시킬 수 있기 때문이다. 반대로 가솔린 자동차를 판매하는 기업이 하이브리드 자동차를 추가로 판매하게 되면 기존의 가솔린 자동차 판매수익이 감소하게 될 것이다. 이와 같이 한 투자안의 채택이 기업의 다른 부분의 현금흐름에 영향을 미치는 부수적 효과(side effect)를 고려하여야 한다.

로 하지 않고 회계수치인 순이익을 대상으로 하여 부과된다. 순이익은 수익에서 비용을 차감하여 구하며, 따라서 비용에 포함되는 감가상각비와 같은 비현금지출 비용에 대한 세금효과(tax effect)를 고려하여야 한다. 왜냐하면 감가상각비는 실제로 현금이 지출되지는 않아 현금유출은 아니지만, 비용으로 처리되므로 과세 대상이 되는 순이익을 줄여 세금을 감소시키는 세금절감효과(tax shield effect)를 가져다주기 때문이다.

세금효과를 고려할 경우 순이익과 순현금흐름의 관계를 살펴보자.

$$\text{세전순이익}(NI) = \text{수익}(R) - \text{비용}(E)$$
$$\text{(세후)순이익}(NI^t) = R - E - \text{법인세}(T)$$
$$\text{여기서, } T = (R - E) \times \text{법인세율}(t)$$

$$\text{세전순현금흐름}(NCF) = \text{현금유입}(CI) - \text{현금유출}(CO)$$
$$\text{(세후)순현금흐름}(NCF^t) = CI - CO - T$$
$$= CI - CO - (R - E)\,t$$

수익(R)은 현금유입(CI)과 동일하다. 비용(E)은 실제 현금으로 지출되는 비용, 즉 현금유출(CO)과 비현금지출비용인 감가상각비(D)로 구성되어 있다. 따라서 순현금흐름은 다음과 같이 구할 수 있다.

$$NCF^t = CI - CO - [\,CI - (CO + D)\,]\,t$$

$$NCF^t = (CI - CO)(1 - t) + D \cdot t \qquad (5\text{-}2)$$

식 (5-2)에서 명확하게 볼 수 있듯이, 순현금흐름(NCF^t)은 현금유입에서 현금유출을 차감한 세전순현금흐름에서 법인세율에 해당하는 만큼 덜어내고, 비현금지출비용인 감가상각비에 법인세율을 곱한 세금절감액($D \cdot t$)을 더하여 구한다. 이와 같이 투자안의 순현금흐름을 추정할 때는 비현금지출비용에서 세금절감액이 발생하는 세금절감효과를 고려하여야 한다.

예제 5-2

가나(주)는 새로운 스마트폰을 생산하는 투자안 A를 고려하고 있다. 스마트폰 생산을 위해 설치될 기계장치의 내용연수는 3년이며 소요되는 투자액은 12,000만원이다. 기계장치의 감가상각은 정액법으로 하며 잔존가치는 없다. 투자안 A를 실행할 경우 3년간에 걸쳐 매년 9,000만원의 매출수익, 그리고 매년 3,000만의 현금지출 운영비가 발생할 것으로 예상된다. 법인세율은 20%이다. 투자안 A의 순현금흐름을 추정하라.

▸▸▸ 풀이

(단위 : 만원)

연도	0	1	2	3
현금유입(CI)		9,000	9,000	9,000
현금유출(CO)		3,000	3,000	3,000
$(CI-CO)(1-t)$		4,800	4,800	4,800
감가상각비(D)		4,000	4,000	4,000
세금절감액($D \cdot t$)		800	800	800
최초투자액*	-12,000			
순현금흐름(NCF^t)**	**-12,000**	**5,600**	**5,600**	**5,600**

* 최초투자액은 12,000만원이지만 현금유출임을 나타내기 위해 -12,000만원으로 씀
** 순현금흐름 $NCF^t = (CI - CO)(1-t) + D \cdot t$

2.2.3 금융비용을 제외한다

투자안의 현금흐름을 추정할 때 이자나 배당 등의 금융비용은 현금흐름에 포함시키지 않아야 한다. 기업의 입장에서 이자나 배당은 말할 것도 없이 현금유출이다. 그러나 투자안의 투자가치를 평가하기 위하여 미래 현금흐름을 현재가치로 할인하게 되며, 이는 채권자와 주주에게 지급하는 이자와 배당 등의 금융비용을 차감하는 것과 동일한 의미를 갖는다. 따라서 이자나 배당 등을 현금유출에 포함시키면 금융비용을 이중계산하는 결과를 불러오게 된다.

예제 5-3

가나(주)는 1,000만원을 투자하여 1년 후에 1,100만원의 수익을 실현할 수 있는 투자안 B를 갖고 있다. 투자에 필요한 자금은 다라은행으로부터 연 7%의 이자율로 차입한다고 할 때 이 투자안의 가치는 얼마인가?

▸▸▸ 풀이

투자안의 가치는 투자안으로부터 발생하는 현금흐름의 현재가치이다.
만일 이자를 현금유출에 포함시키면,

$$\text{투자안의 가치} = -1{,}000 + \frac{1{,}100-70}{(1+0.07)^1} = -37.38(\text{만원})$$

이자를 현금유출에 포함시키지 않으면,

$$\text{투자안의 가치} = -1{,}000 + \frac{1{,}100}{(1+0.07)^1} = 28.04(\text{만원})$$

가나(주)는 투자안 B를 실행한 1년 후 다라은행에 원리금 1,070만원을 지급하고도 30만원을 얻을 수 있다. 즉, 투자안 B는 투자가치가 있다. 그러나 이자를 현금유출에 포함시키면 이자의 이중계산으로 인해 투자안의 가치가 −37.38만원으로 평가되는 그릇된 결과를 가져오게 된다.

2.2.4 순운전자본의 변동을 고려한다

투자안의 현금흐름을 추정할 때 순운전자본의 변동을 고려하여야 한다. 순운전자본(net working capital)은 영업활동을 수행하는 데 쓰이는 운영자금으로 유동자산에서 유동부채를 차감한 금액을 말한다. 새로운 투자안에 의해 순운전자본이 변동할 수 있다. 만일 순운전자본이 증가하게 되면 증가한 만큼 현금유출이 되고, 감소하게 되면 감소한 만큼 현금유입이 된다. 투자안의 사업기간이 끝나 순운전자본이 회수되면 이는 현금유입에 포함되어야 할 것이다. 이러한 순운전자본의 변동은 회계적 수익이나 비용이 아니며, 따라서 법인세에는 영향을 미치지 않는다.

예제 5-4

가나(주)는 4년간에 걸쳐 다음과 같은 수익이 예상되는 투자안 C를 고려하고 있다. 투자안 C를 실행할 경우 투자가 이루어지는 시점에서 900만원의 운전자본이 소요되며, 이후 매년 순운전자본은 수익의 15% 수준을 유지할 것으로 예상된다. 투자안 C의 운전자본의 변동에 따른 현금흐름을 구하라.

(단위 : 만원)

연도	0	1	2	3	4
수익		7,000	6,500	8,000	9,000

▸▸▸ 풀이

(단위 : 만원)

연도	0	1	2	3	4
수익		7,000	6,500	8,000	9,000
순운전자본	900	1,050	975	1,200	1,350
순운전자본 변동액	900	150	−75	225	150
현금흐름	**−900**	**−150**	**75**	**−225**	**1,200***

* 4차년도의 순운전자본의 증가에 따른 현금유출 150만원과 마지막 년도의 순운전자본 회수액 1,350만원을 더한 값, 즉 −150만원 + 1,350만원이다.

2.3 현금흐름 추정의 사례

가나(주)는 웨어러블 컴퓨터를 생산하는 투자안 D를 고려하고 있다. 이 컴퓨터의 생산을 위한 기계설비의 가격은 40억원이고 내용연수는 4년이다. 기계설비에 대한 감가상각은 정액법으로 하며 잔존가치는 없으나, 투자가 끝난 후 3억원에 매각할 수 있다. 컴퓨터의 생산은 현재 연간 5,000만원의 임대료를 받고 임대하고 있는 가나(주) 소유의 대구공장을 이용할 계획이다.

컴퓨터 판매로부터 얻을 수 있는 4년간의 수익은 첫 번째와 두 번째 해는 80억원, 세 번째와 네 번째 해는 90억원으로 예상된다. 현금지출 운영비용은 첫 해에 60억원이며, 이후 매년 5%씩 증가할 것으로 추정된다. 영업활동에 투자되는 순운전자본은 이 투자가 시행되는 시점에서 7억원이 소요되며, 이후 매년 순운전자본은 수익의 10% 수준이 유지되어야 한다.

한편, 웨어러블 컴퓨터가 판매되면 가나(주)의 기존 컴퓨터는 판매가 감소하며, 이러한 판매감소로 인한 손실은 매년 4억원으로 예상된다. 웨어러블 컴퓨터의 연구개발비용으로 12억원이 지출되었으며, 가나(주)의 법인세율은 20%이다.

이 투자안의 순현금흐름을 추정하면 [표 5-1]과 같다.

표 5-1
투자안 D의 순현금흐름

(단위 : 백만원)

연도	0	1	2	3	4
현금유입(CI)		8,000	8,000	9,000	9,000
현금유출(CO)		6,000	6,300	6,615	6,946
$(CI-CO)(1-t)$		1,600	1,360	1,908	1,643
감가상각비(D)		1,000	1,000	1,000	1,000
세금절감액($D \cdot t$)		200	200	200	200
$(CI-CO)(1-t)+D \cdot t$		1,800	1,560	2,108	1,843
기계설비(1)	−4,000				240
부수적 효과(2)		−320	−320	−320	−320
순운전자본(3)	−700	−100	0	−100	900
기회비용(4)		−40	−40	−40	−40
순현금흐름(NCF^t)	**−4,700**	**1,340**	**1,200**	**1,648**	**2,623**

(1) 기계설비의 4년째 현금유입 : 매각가격 − 자산처분이익에 대한 세금
= 매각가격 − (매각가격 − 잔존가치) × 법인세율
= 300 − (300 − 0) × 0.20
= 240

(2) 부수적 효과 : 기존 컴퓨터 판매감소에 따른 세후 손실액
= 400 × (1 − 0.20)
= 320

(3) 순운전자본 변동에 따른 현금흐름

연도	0	1	2	3	4
순운전자본	700	800	800	900	900
순운전자본 변동액	700	100	0	100	0
변동에 따른 현금흐름	−700	−100	0	−100	900*

* 투자가 끝나는 4년째에 순운전자본은 모두 회수됨

(4) 기회비용 : 대구소재 공장을 사용함으로써 잃어버리는 세후 임대료

$$= 50 \times (1 - 0.20) = 40$$

여기서, 연구개발비용은 매몰비용이므로 현금흐름에 포함시키지 않음

정리하는 문제

1. 자본예산의 의의를 설명하시오.

2. 자본예산의 과정을 설명하시오.

3. 투자안 사이의 상호 연관성에 따라 투자안을 분류하시오.

4. 투자안의 현금흐름을 추정하는 이유를 설명하시오.

5. 현금흐름 추정에 있어서 증분현금흐름을 사용하는 이유는 무엇인가?

6. 현금흐름 추정에 있어서 매몰원가와 기회비용은 어떻게 처리해야 하는가?

7. 현금흐름 추정에 있어서 금융비용을 제외하는 이유는 무엇인가?

8. 가나(주)는 투자안 A를 계획하고 있다. 투자안 A의 내용연수는 3년이며 투자설비에 소요되는 최초의 투자지출액은 60억원이다. 투자설비는 정액법으로 감가상각하며 잔존가치는 없다. 투자안 A가 실행될 경우 앞으로 3년간의 매출은 50억원, 70억원, 90억원으로 기대되며, 3년간의 현금지출비용은 30억원, 40억원, 50억원으로 추정된다. 법인세율은 20%이다. 투자안 A의 순현금흐름을 추정하시오.

9. 다라(주)는 고성능 드론을 생산하는 투자안 B를 검토하고 있다. 드론의 생산을 위한 기계설비의 가격은 20억원이고 내용연수는 4년이다. 기계설비는 정액법으로 감가상각하며 잔존가치는 없지만 투자가 끝이 나면 3억원에 매각할 수 있다. 드론 판매로부터 얻을 수 있는 수익은 첫 해 8억원이고 이후 매년 3%씩 증가할 것으로 기대되며, 현금지출 운영비용은 첫 해에 2억원이며 이후 매년 5%씩 증가할 것으로 추정된다. 이 투자가 시행되는 시점에서 순운전자본으로 3억원이 소요되며, 새로운 드론의 수요를 파악하기 위한 시장조사비용으로 2억원이 지출되었다. 법인세율은 20%이다. 투자안 B의 순현금흐름을 추정하시오.

10. 마바(주)는 사용하고 있는 기계를 내용연수 4년의 새로운 기계로 대체하려고 한다. 현재의 기계는 4년 더 사용할 수 있으며 장부가격은 2,000만원이지만 4,000만원에 처분할 수 있다. 새로운 기계의 가격은 2억원이며, 이를 사용하면 앞으로 4년간 매출액이 연 3,500만원 증가하고 생산비용은 연 3,000만원 감소할 것으로 기대된다. 두 기계 모두 잔존가치는 없으며 감가상각은 정액법으로 한다. 법인세율은 20%이다. 기계 대체에 따른 순현금흐름을 추정하시오.

제 6 장
투자가치의 평가

제6장 투자가치의 평가

제1절 투자가치 평가방법

1.1 자본예산기법

투자안의 채택여부를 결정하기 위해서는 투자안의 경제적 가치를 평가하여야 한다. 투자가치의 평가방법을 자본예산기법(capital budgeting techniques)이라고 하며, 다음 다섯 가지 기법이 널리 사용되고 있다. 평균이익률법과 회수기간법은 전통적 방법이라고 하고, 순현재가치법, 내부수익률법, 수익성지수법은 화폐의 시간가치를 고려하는 현금흐름할인법(discounted cash flow valuation : DCF)이라고 한다.

- 평균이익률법(average rate of return method)
- 회수기간법(payback period method)
- 순현재가치법(net present value method)
- 내부수익률법(internal rate of return method)
- 수익성지수법(profitability index method)

투자안의 경제적 가치를 올바르게 평가하지 못하면 기업의 목표인 기업가치 극대화를 저해하게 될 것이다. 이상적인 자본예산기법이 되기 위해서는 다음과 같은 조건을 갖추어야 한다.[1)]

---

1) 다음 문헌 참고
Copeland, T., J. Weston, and K. Shastri, *Financial Theory and Corporate Policy*, 4th ed., Addison Wesley, 2005, pp. 24-25.

첫째, 투자로부터 발생하는 모든 현금흐름을 고려하여야 한다. 즉, 투자로부터 얻는 편익과 부담하는 비용을 나타내는 현금유입과 현금유출을 바탕으로 투자가치를 평가하여야 한다.

둘째, 현금흐름을 할인하여 현재가치로 바꾸어야 한다. 여러 기간에 걸친 현금흐름을 적절한 할인율로 할인함으로써 화폐의 시간가치와 위험을 반영하여야 한다.

셋째, 기업가치를 극대화하는 투자안을 선택할 수 있어야 한다. 기업의 목표는 기업가치의 극대화에 있으며, 따라서 투자안이 기업가치에 어느 정도의 영향을 미치는지 정확하게 측정할 수 있으면 좋을 것이다.

넷째, 여러 가지 독립적 투자안들을 고려할 경우, 각 투자안의 가치를 다른 투자안의 채택여부와 관계없이 개별적으로 평가할 수 있어야 한다. 가치가산의 원리(value-additivity principle)가[2] 성립하게 되면 여러 가지 독립적 투자안들을 묶어서 투자가치를 평가하는 결과와 투자안의 가치를 제각기 따로 평가하는 결과가 동일하게 된다.[3]

1.1.1 평균이익률법

(1) 정의

평균이익률(average rate of return : ARR)은 연평균 순이익을 연평균 투자액으로 나눈 값으로 회계적 이익률(accounting rate of return)이라고도 한다. 투자안의 연평균 순이익은 투자기간 동안 매년의 세후 순이익의 합을 기간 수로 나누어 구하며, 연평균 투자액은 최초투자액과 잔존가치의 합을 2로 나누어 구하면 된다.[4]

---

2) 가치가산의 원리(value-additivity principle)란 기업이 갖고 있는 N개 투자안의 가치 $V_j (j=1, 2, \cdots, N)$를 모두 더한 값은 기업가치 V와 같다는 것이다.

$$V = \sum_{j=1}^{N} V_j$$

3) 1.2 순현재가치법과 내부수익률법의 비교 참고

4) 투자설비가 일정하게 감가상각 된다면 투자기간 동안의 연평균 투자액은 (최초투자액+잔존가치)/2가 된다.

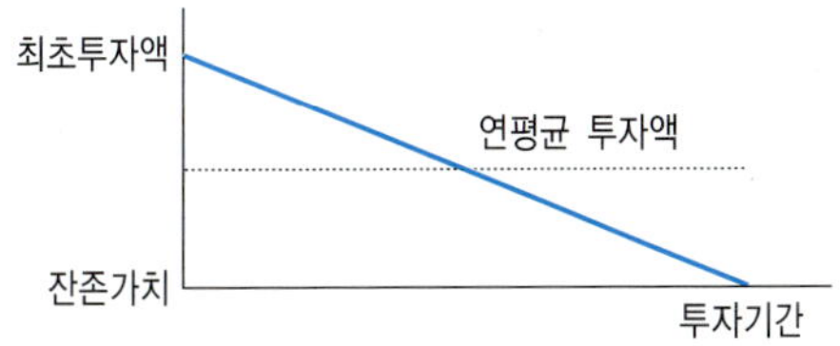

$$\text{평균이익률} = \frac{\text{연평균 순이익}}{\text{연평균 투자액}} \qquad (6\text{-}1)$$

(2) 의사결정기준

투자안의 평균이익률이 기업이 설정한 목표이익률(target rate of return)보다 높으면 그 투자안을 채택하고 낮으면 기각한다. 또한 여러 개의 투자안을 선택할 경우에는 평균이익률이 높은 투자안부터 차례대로 채택하면 된다.

예제 6-1

가나(주)는 투자안 A와 B를 고려하고 있다. 투자액은 잔존가치 없이 정액법에 의해 감가상각된다. 목표이익률이 15%일 때 평균이익률법을 사용하여 두 투자안의 채택여부를 결정하라.

(단위 : 만원)

	연도	투자안 A	투자안 B
투자액	0	9,000	6,000
순이익	1	600	320
	2	700	450
	3	800	550

▸▸▸ 풀이

$$\text{투자안 A의 연평균 순이익} = \frac{600+700+800}{3} = 700(\text{만원})$$

$$\text{연평균 투자액} = \frac{9,000}{2} = 4,500(\text{만원})$$

$$\therefore ARR_A = \frac{700}{4,500} = 15.56\%$$

$$\text{동일한 방법으로} \quad ARR_B = \frac{440}{3,000} = 14.67\%$$

따라서 평균이익률이 목표이익률보다 큰 투자안 A는 채택하고 그렇지 않은 투자안 B는 기각한다.

(3) 장점과 단점

평균이익률은 쉽게 얻을 수 있는 회계자료를 사용하여 구할 수 있다. 또한 계산이 간단하고 이해하기 쉽다는 장점을 갖는다.

그러나 평균이익률법은 다음과 같은 상당한 단점을 가지고 있기 때문에 합리적인 투자가치 평가방법이라고 할 수 없다. 첫째, 현금흐름이 아닌 회계적 이익에 기초하여 구해진다. 회계적 이익은 회계처리방법에 따라 달라질 수 있다. 둘째, 화폐의 시간가치를 고려하지 않고 있다. 즉, 평균이익률에서는 1년 후의 순이익 1원과 2년 후의 순이익 1원이 동일한 가치를 갖는 것으로 평가하고 있다. 셋째, 목표이익률의 설정이 자의적이다. 목표이익률을 어떻게 설정하느냐에 따라 투자안의 채택여부가 다르게 된다.

1.1.2 회수기간법

(1) 정의

투자안을 평가할 때 투자원금을 얼마나 빨리 회수할 수 있는지에 관심을 갖게 된다. 회수기간(payback period)이란 투자안의 현금흐름에 의해 최초투자액을 회수하는데 걸리는 기간을 말한다. 다시 말하면 회수기간은 매년의 순현금흐름을 누적한 금액이 최초투자액과 같아질 때까지의 기간이다.

(2) 의사결정기준

투자안의 회수기간이 기업이 설정한 목표회수기간보다 짧을 경우 그 투자안을 채택하고, 길 경우에는 기각한다. 여러 개의 투자안을 선택할 때에는 회수기간이 짧은 투자안부터 차례대로 채택하면 된다.

예제 6-2

세 가지 투자안의 현금흐름은 다음과 같다. 각 투자안의 회수기간을 구하고 채택여부를 결정하라. 목표회수기간은 2.7년이다.

(단위 : 만원)

연도	투자안 A	투자안 B	투자안 C
0	−5,000	−3,000	−8,000
1	2,500	1,500	3,000
2	2,500	1,000	3,000
3	1,000	1,000	2,500
4	−	−4,000	5,000

▶▶▶ 풀이

투자안 A의 회수기간 = 2년

투자안 B의 회수기간 = $2\frac{5}{10}$년 = 2.5년

투자안 C의 회수기간 = $2\frac{20}{25}$년 = 2.8년

따라서 회수기간이 목표회수기간보다 짧은 투자안 A와 B를 채택하고 투자안 C는 기각한다. 그러나 투자안 B보다 C의 투자가치가 더 크다는 것을 직관적으로 알 수 있다. 이와 같이 회수기간은 회수기간 이후의 현금흐름을 고려하지 않는다는 결정적인 단점을 갖고 있다.

(3) 장점과 단점

회수기간은 매우 이해하기 쉽고, 현금흐름에 기초하여 구해진다는 장점을 갖는다. 또한 최초투자액을 빨리 회수하는 투자안을 채택하게 함으로써 기업의 유동성을 향상시키고 투자의 불확실성을 감소시키게 한다.

그러나 회수기간은 간과할 수 없는 단점도 가지고 있다. 첫째, 의사결정기준인 목표회수기간의 설정이 자의적이다. 목표회수기간을 어떻게 설정하느냐에 대한 합리적인 근거를 찾기가 어렵기 때문이다. 둘째, 평균이익률처럼 화폐의 시간가치를 고려하지 않고 있다. 이 문제는 할인회수기간을 사용하면 해결할 수 있다. 할인회수기간(discounted payback period)은 투자안의 현금흐름을 할인하여 현재가치로 바꾼 후 할인된 현금흐름에 기초하여 구한 회수기간을 말한다. 셋째, 결정적인 단점은 회수기간 이후의 현금흐름을 고려하지 않는다는 데 있다. 따라서 회수기간만으로는 투자안의 경제적 가치를 올바르게 평가할 수 없다. 이러한 장점과 단점 때문에 회수기간은 다른 투자가치 평가방법을 보완하는 방법으로 많이 사용된다.

1.1.3 순현재가치법

(1) 정의

순현재가치법은 자본예산기법 중 가장 합당한 투자가치 평가방법이다. 순현재가치(net present value : NPV)는 현금유입의 현재가치에서 현금유출의 현재가치를 차감한 값이다.

$$\text{순현재가치} = \text{현금유입의 현재가치} - \text{현금유출의 현재가치} \tag{6-2}$$

$$= \sum_{t=o}^{n} \frac{CI_t}{(1+k)^t} - \sum_{t=o}^{n} \frac{CO_t}{(1+k)^t}$$

여기서, CI_t : t기의 현금유입
CO_t : t기의 현금유출
n : 투자기간
k : 할인율(투자안의 자본비용)

식 (6-2)에서 현금유입과 현금유출의 현재가치를 구하기 위해 사용되는 할인율은 투자안의 자본비용(cost of capital)이다.[5] 이는 그 투자로부터 얻어져야 할 최소한의 수익률, 즉 투자에 사용된 자본의 기회비용(opportunity cost of capital)을 말한다.

부(wealth)는 현재 및 미래에 얻을 수 있는 현금흐름의 현재가치로 정의되며, 따라서 투자안의 순현재가치는 부의 순 변화량을 나타낸다. 어떤 투자안을 채택할 경우 그 투자안의 순현재가치만큼 주주의 부, 즉 기업가치를 변화시키게 된다. 그러므로 순현재가치의 극대화는 기업의 목표인 기업가치 극대화의 필요조건이 된다.

(2) 의사결정기준

투자안의 순현재가치가 0보다 크면 그 투자안은 채택하고 0보다 작으면 기각한다. 여러 개의 투자안을 선택할 때에는 순현재가치가 큰 투자안부터 차례대로 채택하면 된다.

5) 자본비용(cost of capital)이란 자본사용에 대한 대가로 자본제공자에게 지불하는 비용을 말하며, 이에 대해서는 7장에서 살펴보게 될 것이다.

예제 6-3

투자안 A와 B의 현금흐름은 다음과 같다. 두 투자안의 순현재가치를 구하고 채택여부를 결정하라. 투자안의 자본비용은 9%이다.

(단위 : 만원)

연도	투자안 A	투자안 B
0	−3,000	−6,000
1	1,000	1,800
2	1,500	2,800
3	2,000	3,800

▸▸▸ **풀이**

투자안 A의 순현재가치(NPV_A)

$$= -3{,}000 + \frac{1{,}000}{(1+0.09)^1} + \frac{1{,}500}{(1+0.09)^2} + \frac{2{,}000}{(1+0.09)^3} = 724(\text{만원})$$

투자안 B의 순현재가치(NPV_B)

$$= -6{,}000 + \frac{1{,}800}{(1+0.09)^1} + \frac{2{,}800}{(1+0.09)^2} + \frac{3{,}800}{(1+0.09)^3} = 942(\text{만원})$$

두 투자안 모두 순현재가치가 0보다 크므로 채택한다. 만일 두 투자안이 상호배타적이라면 기업가치를 218만원($= NPV_B - NPV_A$) 더 증가시키는 투자안 B를 채택하여야 할 것이다.

(3) 장점과 단점

순현재가치는 앞에서 기술한 이상적인 자본예산기법이 되기 위한 4가지 조건을 모두 충족시킨다. 즉, 순현재가치는 투자안의 현금흐름을 기초로 투자가치를 평가하고, 현금흐름을 적절한 할인율로 할인함으로써 화폐의 시간가치와 위험을 반영하며, 투자안이 기업가치에 어느 정도의 영향을 미치는지를 정확하게 알려준다. 또한 순현재가치는 가치가산의 원리를 따른다. 이는 〈예제 6-3〉에서 투자안 A와 B를 함께 할 때 현금흐름의 순현재가치가[6] 투자안 A와 B의 순현재가치를 더한 값과 같다는 결과에서 확인할 수 있다. 즉, $NPV_{A+B} = NPV_A + NPV_B$ 이다.

---

6) $NPV_{A+B} = -9{,}000 + \frac{2{,}800}{(1+0.09)^1} + \frac{4{,}300}{(1+0.09)^2} + \frac{5{,}800}{(1+0.09)^3} = 1{,}666(\text{만원})$

이와 같이 순현재가치는 논리적으로 가장 합당한 투자가치 평가방법이다. 그렇지만 순현재가치보다는 이어서 설명할 내부수익률이 현실적으로 가장 많이 사용되는 것으로 알려져 있다. 그 이유에 대해서는 내부수익률법에서 기술하기로 한다.

1.1.4 내부수익률법

(1) 정의

예컨대, 100만원을 투자해서 1년 후 110만원을 얻을 수 있다면 수익률은 얼마인가? 다음 식에서 수익률 10%를 구할 수 있으며, 이는 1년 후 110만원의 현재가치와 최초투자액 100만원을 동일하게 만드는 할인율이다.

$$100(1+r)^1 = 110 \quad \text{또는} \quad 100 = \frac{110}{(1+r)^1}$$

내부수익률(internal rate of return : IRR)은 현금유입의 현재가치와 현금유출의 현재가치를 동일하게 만드는 할인율, 즉 투자안의 순현재가치를 0으로 만드는 할인율이다.7)

$$NPV = \sum_{t=o}^{n} \frac{CI_t}{(1+IRR)^t} - \sum_{t=o}^{n} \frac{CO_t}{(1+IRR)^t} = 0 \qquad (6\text{-}3)$$

(2) 의사결정기준

투자안의 내부수익률이 그 투자안의 자본비용, 즉 투자에 사용된 자본의 기회비용보다 크면 그 투자안을 채택하고, 내부수익률이 자본비용보다 작으면 기각한다. 여러 개의 투자안을 선택할 경우 내부수익률이 높은 투자안부터 차례대로 채택하면 된다.

(3) 순현재가치와의 관계

〈예제 6-3〉의 투자안 A의 경우 할인율에 따른 순현재가치는 [표 6-1]과 같다. 각각의 할인율에 대응하는 순현재가치를 그린 [그림 6-1]은 순현재가치와 내

7) 내부수익률은 투자안의 현금흐름에 의해서 투자안 자체적으로 결정되는 수익률이기 때문에 '내부'(internal)라는 표현이 붙는다.

부수익률의 관계를 잘 나타내고 있다.

표 6-1
할인율과 순현재가치

할인율	순현재가치(만원)
0%	1,500
9%	724
15%	319
20.61%	0
25%	-216

그림 6-1
순현재가치와
내부수익률

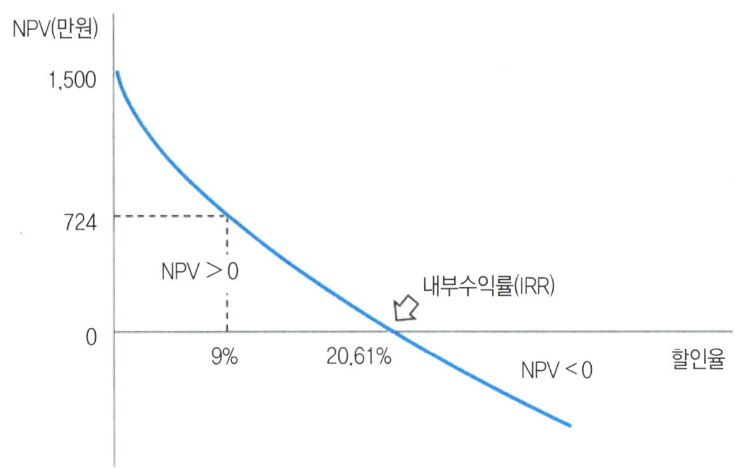

투자안 A처럼 현금흐름이 처음에는 음(-)이고 나머지는 양(+)으로 나타나는 전형적인 투자안의 경우 할인율이 클수록 순현재가치는 작아지며, 순현재가치가 0이 되는 할인율 20.61%가 내부수익률이다. 투자안의 내부수익률이 할인율인 자본비용보다 크면 순현재가치는 0보다 크게 되며, 내부수익률이 자본비용보다 작으면 순현재가치는 0보다 작게 된다.

내부수익률법과 순현재가치법에 의한 투자가치의 평가 결과는 항상 동일한가? 다음 두 가지 조건하에서는 동일하다. 첫째, 현금흐름이 전형적인 투자안이어야 한다. 둘째, 각 투자안이 독립적이어야 한다. 만일 두 조건 중 하나라도 충족되지 않으면 내부수익률법과 순현재가치법의 결과는 달라질 수도 있다. 이에 대해서는 1.2의 순현재가치법과 내부수익률법의 비교에서 살펴보기로 한다.

예제 6-4

<예제 6-3>의 투자안 A와 B의 내부수익률을 구하고 채택여부를 결정하라.

▸▸▸ 풀이

투자안 A의 내부수익률

$$-3,000+\frac{1,000}{(1+IRR_A)^1}+\frac{1,500}{(1+IRR_A)^2}+\frac{2,000}{(1+IRR_A)^3}=0$$

시행착오법(method of trial and error)을 사용하여 구하면[8)]

$$IRR_A = 20.61\%$$

투자안 B의 내부수익률

$$-6,000+\frac{1,800}{(1+IRR_B)^1}+\frac{2,800}{(1+IRR_B)^2}+\frac{3,800}{(1+IRR_B)^3}=0$$

$$IRR_B = 16.60\%$$

두 투자안 모두 내부수익률이 자본비용 9%보다 크므로 채택한다. 이는 순현재가치법에 의한 평가결과와 동일하다. 그러나 두 투자안이 상호배타적이라면, 내부수익률법은 순현재가치법에 의한 결과와는 다르게 투자안 A를 채택하게 한다. 투자안 A를 채택하는 것은 기업의 목표가 기업가치의 극대화에 있는 한 그릇된 결정이다. 이처럼 상호배타적인 투자안의 경우 내부수익률법과 순현재가치법에 의한 평가 결과는 일치하지 않을 수도 있음에 유의하여야 한다.

(4) 장점과 단점

내부수익률법은 현금흐름에 기초하고, 할인하여 현재가치로써 투자가치를 평가하는 장점을 갖고 있다. 특히 내부수익률법은 순현재가치법보다 논리적으로 우월하지 않음에도 불구하고 현실적으로 가장 많이 사용되는 것으로 알려져 있다. 그 이유는 우리가 투자가치를 평가할 때 금액보다는 수익률로 표현하는 것을 더 선호하며, 투자정보를 더 간단하게 전달할 수 있다고 여기기 때문이다. 예컨대, "공간 개선에 의해 20%의 수익률을 얻을 수 있다"고 말하는 것이 "10%의 할인율에서 순현재가치가 4천만원이 된다"고 말하는 것보다 훨씬 익숙하고 간단하게 들린다.[9)] 또한 순현재가치를 구하기 위해서는 반드시 자본비용을 알아야만 하지만

---

8) 내부수익률(IRR)은 엑셀에서 쉽게 구할 수 있다. 엑셀의 스프레드시트에 투자안의 현금흐름, 즉 −3,000, 1,000, 1,500, 2,000을 순서대로 입력한 후, 수식 〉 함수삽입 〉 재무 〉 IRR을 선택하여 구하면 된다.

9) Ross, S., R. Westerfield, B. Jordon, J. Lim, and R. Tan, *Fundamentals of Corporate Finance*, 9th ed., McGraw-Hill, 2012, p. 315.

내부수익률은 자본비용 없이도 구할 수 있다. 물론 투자안의 채택여부를 결정하기 위해서는 내부수익률법도 자본비용을 알아야만 한다. 그러나 어떤 투자안의 내부수익률이 40%라면 설령 자본비용을 알지 못하더라도 그만큼 자본비용이 클 것이라고는 생각하기 어렵기 때문에 투자안을 채택할 수 있을 것이다.

한편, 내부수익률은 재투자수익률에 대한 불합리한 가정, 한 투자안의 내부수익률이 여러 개 존재하거나 존재하지 않을 수도 있다는 점, 상호배타적인 투자안의 선택에 있어서 기업가치의 극대화와 일치하지 않는 평가 결과를 가져올 수도 있다는 문제 등을 갖고 있다. 이러한 단점에 대해서는 1.2의 순현재가치법과 내부수익률법의 비교에서 살펴볼 것이다.

1.1.5 수익성지수법

(1) 정의

수익성지수(profitability index : PI)는 현금유입의 현재가치를 현금유출의 현재가치로 나눈 값으로, 현재가치지수(present value index : PVI)라고도 한다. 이는 현금유입과 현금유출을 현재가치로 나타낼 때 1원의 현금유출로 얼마만큼의 현금유입을 얻을 수 있는지를 말해주는 척도로써, 투자규모가 다른 투자안들의 상대적 수익성을 비교할 수 있게 해준다.

$$\text{수익성지수} = \text{현금유입의 현재가치} / \text{현금유출의 현재가치} \qquad (6\text{-}4)$$
$$= \sum_{t=o}^{n} \frac{CI_t}{(1+k)^t} / \sum_{t=o}^{n} \frac{CO_t}{(1+k)^t}$$

(2) 의사결정기준

투자안의 수익성지수가 1보다 크면 그 투자안은 채택하고 1보다 작으면 기각한다. 투자안의 순현재가치가 0보다 크면 수익성지수는 1보다 크고, 순현재가치가 0보다 작으면 수익성지수는 1보다 작다. 따라서 독립적인 투자안을 평가할 경우 수익성지수법과 순현재가치법은 동일한 결과를 가져다준다. 그러나 투자안의 우선순위를 정할 때에는 두 평가방법의 결과가 항상 일치하지는 않는다. 이러한 경우 기업의 목표가 기업가치의 극대화이므로 순현재가치법에 의한 평가 결과를 따르는 것이 옳다.

예제 6-5

<예제 6-3>의 투자안 A와 B의 수익성지수를 구하고 채택여부를 결정하라.

▸▸▸ 풀이

투자안 A의 수익성지수

$$= [\frac{1{,}000}{(1+0.09)^1} + \frac{1{,}500}{(1+0.09)^2} + \frac{2{,}000}{(1+0.09)^3}] / 3{,}000 = 1.24$$

투자안 B의 수익성지수

$$= [\frac{1{,}800}{(1+0.09)^1} + \frac{2{,}800}{(1+0.09)^2} + \frac{3{,}800}{(1+0.09)^3}] / 6{,}000 = 1.16$$

(현가와 순현재가치의 단위 : 만원)

	현금유입 현가	현금유출 현가	순현재가치	수익성지수
투자안 A	3,724	3,000	724	1.24
투자안 B	6,942	6,000	942	1.16

두 투자안 모두 수익성지수가 1보다 크므로 채택한다. 이는 순현재가치법에 의한 평가결과와 당연히 동일하다. 그러나 두 투자안이 상호배타적이라면, 수익성지수법은 순현재가치법에 의한 결과와는 다르게 투자안 A를 채택하게 한다. 투자안 A를 채택하는 것은 기업가치의 극대화에 부합하지 않는 그릇된 결정임을 〈예제 6-3〉에서 설명한 바 있다. 만일 투자안 A에 중복투자가 가능하다면, 물론 투자안 B 대신 투자안 A에 중복투자하여 1,448만원($= NPV_A \times 2$)의 순현재가치를 얻어야 한다.

(3) 장점과 단점

수익성지수법 역시 현금흐름에 기초하고, 할인하여 현재가치로써 투자가치를 평가하고 있다. 또한 투자규모가 다른 투자안들의 상대적 수익성을 비교할 수 있는 장점을 갖는다. 그러나 수익성지수법은 내부수익률법과 마찬가지로 상호배타적인 투자안을 평가할 때 기업가치 극대화에 부합되지 않는 평가 결과를 가져올 수 있다는 단점을 갖고 있다.

1.1.6 자본예산기법의 현실적 사용

이상에서 살펴본 자본예산기법들을 기업은 실제로 얼마나 많이 사용하는가? 그레이엄과 하비(J. Graham and C. Harvey)는 미국과 캐나다의 최고재무책임자(CFO)를 대상으로 이에 대한 설문조사를 하였다.[10] [표 6-2]는 전체 기업의 약 75%가 내부수익률법과 순현재가치법을 사용한다는 조사결과를 보여주고 있다.

표 6-2
자본예산기법의 실제 사용빈도

자본예산기법	항상 또는 거의 항상 사용
내부수익률법	75.61%
순현재가치법	74.93%
회수기간법	56.74%
할인회수기간법	29.45%
평균이익률법	20.29%
수익성지수법	11.87%

설문응답자는 미국과 캐나다의 392명의 최고재무책임자(CFO)
자료 : Graham, J. and C. Harvey, "The Theory and Practice of Corporate Finance: Evidence from the Field," *Journal of Financial Economics*, May 2001.

1.2 순현재가치법과 내부수익률법의 비교

순현재가치법과 내부수익률법은 대표적인 투자가치 평가방법이다. 그러나 순현재가치법과는 다르게 내부수익률법은 때로 잘못된 의사결정으로 이끌 수도 있기 때문에 조심스럽게 사용하여야 한다. 여기서는 순현재가치법과 내부수익률법의 차이를 알아보자.

1.2.1 재투자수익률에 대한 가정

예컨대, 이자율 4%일 때 현재 100만원의 1년 후의 미래가치는 104만원, 2년 후의 미래가치는 108.16만원, 3년 후의 미래가치는 112.49만원이 된다. 미래가치를 구하기 위한 복리계산에서 매년 발생한 이자가 그 이후에도 매년 4%로 재투자된다고 가정하는 것이다. 반대로 1년 후의 104만원, 2년 후의 108.16만원, 3년 후의 112.49만원의 현재가치는 100만원이며, 이는 할인율 4%로 할인하여 구할 수 있다. 현재가치를 구하기 위한 할인율은 이자율, 즉 수익률과 동일하다는 것이다.

10) Graham, J. and C. Harvey, "The Theory and Practice of Corporate Finance : Evidence from the Field," *Journal of Financial Economics*, May 2001.

순현재가치법과 내부수익률법은 현금흐름을 재투자하여 얻게 될 수익률, 즉 재투자수익률(reinvestment rate of return)을 다르게 가정하고 있다. 순현재가치를 구하는 식 (6-2)를 보면 알 수 있듯이, 순현재가치법은 현금흐름을 자본비용으로 할인하여 현재가치를 구하며, 이는 투자안으로부터 얻는 현금흐름이 자본비용과 동일한 수익률로 재투자된다는 것을 뜻한다. 즉, 자본비용을 재투자수익률로 가정하고 있다. 그러나 내부수익률을 구하는 식 (6-3)에서, 내부수익률법의 경우 그 투자안의 내부수익률을 재투자수익률로 가정하고 있음을 볼 수 있다.

재투자수익률을 어떻게 가정하는 것이 합리적인가? 투자에 따른 한계수익률은 체감하며, 현금흐름이 어떤 투자안의 높은 내부수익률로 지속적으로 재투자되기는 매우 어렵다. 또 다른 투자안의 아주 낮은 내부수익률로 재투자되지도 않을 것이다. 현금흐름은 자본비용으로 재투자된다고 가정하는 것이 타당하다. 왜냐하면 자본비용은 투자로부터 얻어져야 할 최소한의 수익률, 즉 자본의 기회비용이며 새로운 투자는 그 수익률이 자본비용보다 클 경우 이루어질 것이기 때문이다. 따라서 재투자수익률에 대한 가정에서 순현재가치법이 내부수익률법보다 합리적이라고 할 수 있다.

1.2.2 복수의 내부수익률

내부수익률은 투자안의 현금흐름의 형태에 따라 하나가 아니라 여러 개가 존재할 수도 있고 때로는 존재하지 않을 수도 있다. 투자안의 현금흐름의 부호가 양(+)과 음(−)으로 뒤섞여있는 [표 6-3]을 보라.[11]

표 6-3
투자안 '복수'와 투자안 '허수'의 현금흐름

(단위 : 만원)

연도	투자안 '복수'	투자안 '허수'
0	-2,500	-1,000
1	7,000	2,500
2	-4,800	-2,000

자본비용은 9%

아래에서 보듯이 [표 6-3] 투자안 '복수'의 내부수익률은 두 개가 존재한다.

11) 예컨대, 채광이 끝나고 환경을 원상복구 하여야 하는 광산업 등에서 [표 6-3]과 같은 현금흐름이 나타난다.

$$-2,500+\frac{7,000}{(1+IRR)^1}+\frac{-4,800}{(1+IRR)^2}=0$$

$$\therefore\ IRR=20\%\ \text{또는}\ 60\%$$ [12]

어떤 것이 투자안 '복수'의 투자가치를 나타내는가? 상대적으로 낮은 20%를 내부수익률이라고 간주하더라도 자본비용 9%보다 크므로 내부수익률법은 투자안 '복수'를 채택하도록 한다. 그러나 이 투자안의 순현재가치는 −118만원이다.[13] 즉, 이 투자안을 채택할 경우 기업가치를 118만원만큼 감소시키게 될 것이다. 내부수익률에 의한 투자가치의 평가가 옳지 않은 결과를 초래하게 되며, 이러한 순현재가치와 내부수익률의 관계는 [그림 6-2]에 잘 나타나 있다. 한편, 투자안 '허수'의 내부수익률은 존재하지 않는다.[14]

그림 6-2
복수의 내부수익률

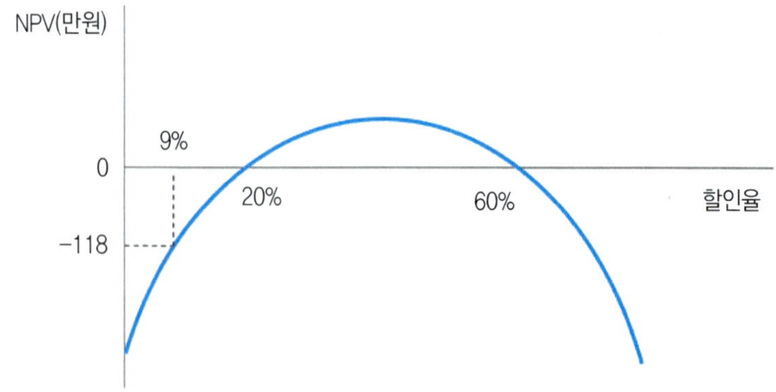

12) $-2,500+\frac{7,000}{(1+IRR)^1}+\frac{-4,800}{(1+IRR)^2}=0$

$25\cdot IRR^2-20\cdot IRR+3=0$

$(5\cdot IRR-1)(5\cdot IRR-3)=0$

$\therefore\ IRR=\frac{1}{5}$ 또는 $\frac{3}{5}$

13) $NPV=-2,500+\frac{7,000}{(1+0.09)^1}+\frac{-4,800}{(1+0.09)^2}=-118$(만원)

14) $-1,000+\frac{2,500}{(1+IRR)^1}+\frac{-2,000}{(1+IRR)^2}=0$

$2\cdot IRR^2-IRR+1=0$

$\therefore\ IRR=\frac{-(-1)\pm\sqrt{(-1)^2-4\cdot 2\cdot 1}}{2\cdot 2}$ 즉, 허수

이와 같이 투자안의 현금흐름의 부호가 양(+)에서 음(−) 또는 음(−)에서 양(+)으로 두 번 이상 바뀌면 내부수익률은 여러 개가 존재할 수도 있고 존재하지 않을 수도 있다. 가장 많이 존재할 수 있는 내부수익률의 수는 현금흐름의 부호가 바뀌는 숫자와 같다.[15)]

1.2.3 상호배타적인 투자안

앞의 〈예제 6-3〉에서 보았듯이 상호배타적인 투자안의 경우 순현재가치법과 내부수익률법에 의한 투자가치의 평가 결과는 일치하지 않을 수도 있음에 유의하여야 한다. 이러한 결과가 나타나는 이유를 살펴보자.

표 6-4
상호배타적인 투자안의 순현재가치와 내부수익률

(단위 : 만원)

연도	투자안 A	투자안 B
0	−1,000	−1,000
1	200	550
2	550	400
3	600	350
NPV	182	169
IRR	14.19%	15.71%

자본비용은 6%

순현재가치와 내부수익률 모두 두 투자안 A와 B는 투자가치가 있음을 보여주고 있다. 만일 두 투자안이 상호배타적이라면 내부수익률법은 순현재가치법과는 다르게 투자안 B를 채택하게 하며, 이는 옳은 결정이 아니다. [그림 6-3]을 보자. 두 투자안 모두 현금흐름이 처음에는 음(−)이고 나머지는 양(+)인 전형적인 형태이므로 할인율이 커지면 순현재가치는 감소한다. 자본비용이 6%일 때 투자안 A와 B의 순현재가치는 182만원과 169만원이다. 그리고 순현재가치가 0이 되는 할인율인 투자안 A와 B의 내부수익률은 14.19%와 15.71%이다. 두 투자안의 순현재가치를 동일하게 하는 할인율을 피셔의 수익률(Fisher's rate of return) 또는 교차율(crossover rate)이라고 한다. 여기서 피셔의 수익률을 구하면 8.62%이다.[16)]

---

15) 프랑스의 철학자이자 수학자인 데카르트(R. Descartes)의 부호법칙(rule of sign)에 따르면 −100%보다 큰 내부수익률의 수는 부호가 바뀌는 수와 같거나 그 수보다 짝수만큼 적어질 수 있다.

할인율인 자본비용이 피셔의 수익률보다 클 때는 항상 투자안 A보다 B의 순현재가치가 크다. 이러한 경우 순현재가치법과 내부수익률법은 동일한 평가 결과를 가져온다. 그러나 이 예처럼 자본비용이 피셔의 수익률보다 작을 때는 항상 투자안 B보다 A의 순현재가치가 크며, 따라서 순현재가치법과 내부수익률법은 서로 다른 평가 결과를 나타내게 된다. 상호배타적인 투자안의 경우 내부수익률법을 사용할 때에는 기업가치를 감소시키는 결정을 하지 않도록 유의하여야 한다.

그림 6-3
상호배타적인 투자안의 순현재가치와 내부수익률

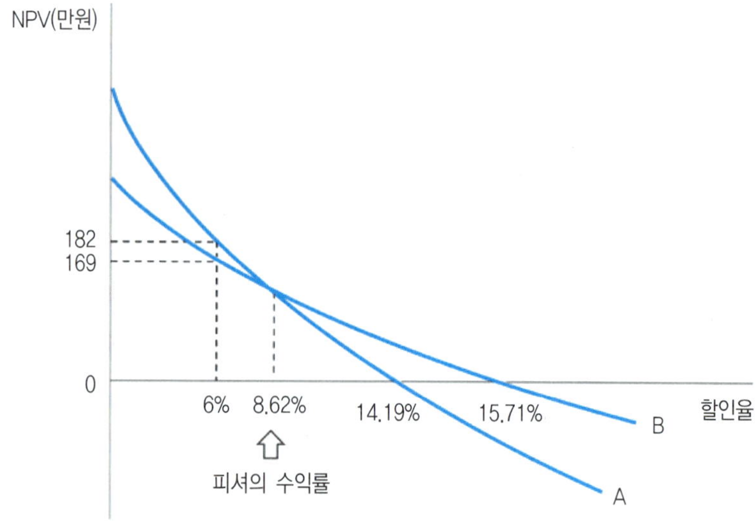

1.2.4 가치가산의 원리

순현재가치는 가치가산의 원리(value-additivity principle)를 따르지만 내부수익률은 그렇지 않다. [표 6-5]를 보자.

16) $NPV_A = NPV_B$인 할인율로 다음 식에서 구할 수 있다.

$$-1,000+\frac{200}{(1+r_{Fisher})^1}+\frac{550}{(1+r_{Fisher})^2}+\frac{600}{(1+r_{Fisher})^3}$$
$$=-1,000+\frac{550}{(1+r_{Fisher})^1}+\frac{400}{(1+r_{Fisher})^2}+\frac{350}{(1+r_{Fisher})^3}$$

(단위 : 만원)

표 6-5
가치가산의 원리

연도	투자안 A	투자안 B	투자안 C	A+C	B+C
0	−1,000	−1,000	−1,000	−2,000	−2,000
1	0	900	880	880	1,780
2	1,800	800	330	2,130	1,130
NPV	515	499	85	600	584
IRR	34%	45%	16%	28%	32%

자본비용은 9%

세 가지 투자안 모두 투자가치가 있다. 만일 A와 B가 상호배타적이고 C는 독립적인 투자안이라면 어떤 선택이 가능할까? A와 C 또는 B와 C를 선택할 수 있을 것이다. 투자안 A와 C를 선택할 때 현금흐름의 순현재가치(NPV_{A+C})는 600만원으로 투자안 A의 순현재가치(NPV_A) 515만원과 C의 순현재가치(NPV_C) 85만원을 더한 값과 같다. 그러나 내부수익률(IRR_{A+C})은 투자안 A의 내부수익률(IRR_A)과 C의 내부수익률(IRR_C)을 더하거나 평균한 값과는 다르다. 투자안 B와 C를 선택할 때도 마찬가지다. 이와 같이 내부수익률은 그렇지 않지만 순현재가치는 가치가산의 원리를 따르기 때문에 투자안의 가치를 제각기 따로 평가하여도 여러 가지 독립적인 투자안들을 묶어서 투자가치를 평가하는 것과 같은 결과를 얻을 수 있다. 한편, 1.2.3의 상호배타적인 투자안에서 보았듯이 이 예에서도 내부수익률법은 순현재가치법과는 다르게 투자안 B와 C를 선택하라는 그릇된 결정을 유도하고 있다.

제2절 투자가치 평가의 현실적 문제

2.1 자본할당

투자가치가 있는 투자안이라고 해서 모두 채택할 수는 없다. 기업이 사용할 수 있는 자금은 한정되어 있으므로 투자지출에 제약이 따르기 때문이다. 기업은 자본제약하에서 기업가치를 극대화하는 투자안의 조합을 선택하여야 하며, 이와 같이 한정된 자본을 투자안에 합리적으로 배분하는 것을 자본할당(capital rationing)이라고 한다.

표 6-6
자본할당

(단위 : 만원)

투자안	A	B	C	D
현금유입의 현가	6,900	2,300	5,700	5,000
현금유출의 현가	6,000	2,000	5,000	4,500
NPV	900	300	700	500
PI	1.15	1.15	1.14	1.11

투자가능액은 7,000만원

[표 6-6]의 네 개 투자안은 순현재가치가 0보다 크므로 – 수익성지수가 1보다 크므로 – 모두 채택하여야 기업가치를 극대화할 수 있다. 그러나 자본제약으로 인해 투자안 A만 선택하거나 투자안 B와 C의 조합 또는 투자안 B와 D의 조합을 선택할 수밖에 없다. 세 가지 가운데 어떤 투자안의 조합을 선택하여야 하는가? 이러한 자본할당의 문제는 가중평균수익성지수를 사용하여 해결할 수 있다.

가중평균수익성지수(weighted average profitability index : WAPI)는 각 투자안의 투자규모를 가중치로 삼아 각 투자안의 수익성지수를 평균한 값이다. 이 때 전체 투자가능액 중 투자에 쓰이지 않은 자본은 단지 기업의 자본비용과 동일한 수익률을 가져다주게 되며, 따라서 순현재가치는 0이고 수익성지수는 1로 기업가치에 어떤 영향도 미치지 않게 된다. 세 가지 투자안 조합의 가중평균수익성지수를 구하면 다음과 같고, 이 결과는 투자안 B와 C의 조합을 선택하게 한다.

$$WAPI_A = \frac{6,000}{7,000}(1.15) + \frac{1,000}{7,000}(1.0) = 1.1286$$

$$WAPI_{B+C} = \frac{2,000}{7,000}(1.15) + \frac{5,000}{7,000}(1.14) = 1.1429$$

$$WAPI_{B+D} = \frac{2,000}{7,000}(1.15) + \frac{4,500}{7,000}(1.11) + \frac{500}{7,000}(1.0) = 1.1136$$

자본할당의 문제는 순현재가치법을 사용하여도 당연히 해결할 수 있다. 앞의 세 가지 투자안 조합의 순현재가치 중 투자안 B와 C 조합의 순현재가치가 1,000만원으로 가장 크다. 자본제약의 조건을 충족시키면서 순현재가치를 극대화하는 투자안의 조합을 찾으면 이는 기업가치의 극대화로 이어지게 된다. 자본할당에 있어서 가중평균수익성지수법과 순현재가치법은 항상 동일한 평가 결과를 가져다준다.

2.2 내용연수가 다른 투자안의 평가

투자안들마다 내용연수, 즉 투자수명은 다른 것이 일반적이다. 내용연수가 다른 투자안들의 가치를 비교해 보자.

표 6-7
내용연수가 다른 투자안

(단위 : 만원)

연도	투자안 A	투자안 B
0	−1,000	−1,000
1	700	400
2	700	500
3	−	600
NPV	231	251

자본비용은 9%

[표 6-7]에서 내용연수가 2년인 투자안 A와 3년인 투자안 B는 모두 투자가치가 있지만, 두 투자안이 상호배타적이라면 기업가치를 20만원 더 높일 수 있는 투자안 B를 채택하여야 한다. 그러나 두 투자안이 반복해서 재투자된다면[17] 두 투자안의 가치는 어떻게 될까?

내용연수가 n인 투자안의 순현재가치를 $NPV(n)$이라고 할 때, 이 투자안이 영구적으로 반복해서 재투자된다면 n년마다 $NPV(n)$씩 다음과 같은 순현재가치의 흐름을 얻을 수 있을 것이다.

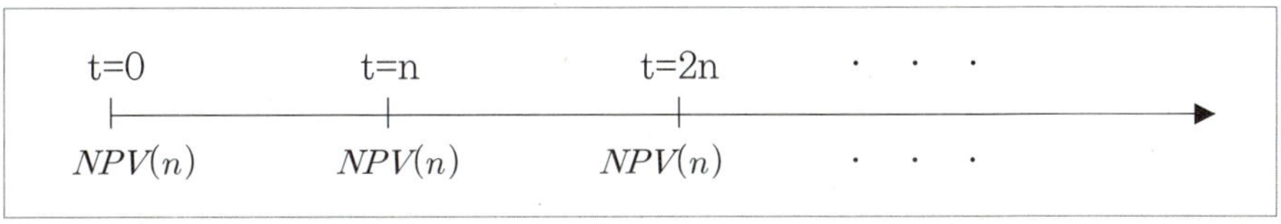

17) 나무를 키워 벌목하여 수익을 실현한 후 다시 나무를 심는다든지, 숙성실에서 일정기간 포도주를 숙성시켜 판매한 후 다시 새로운 포도주를 숙성시키는 것은 동일한 규모로 반복해서 재투자하는 예가 된다.

따라서 영구적으로 반복 재투자될 때의 순현재가치 $NPV(n, \infty)$는 다음과 같다.

$$NPV(n, \infty) = NPV(n) + \frac{NPV(n)}{(1+k)^n} + \frac{NPV(n)}{(1+k)^{2n}} + \cdots$$ 18)

$$NPV(n, \infty) = NPV(n)\ \frac{(1+k)^n}{(1+k)^n - 1} \qquad (6\text{-}5)$$

[표 6-7]의 내용연수가 다른 투자안 A와 B가 영구적으로 반복 재투자될 때의 순현재가치는 다음과 같고, 이 결과는 투자안 A의 투자가치가 더 크다는 것을 보여준다.

$$NPV(2, \infty) = 231 \cdot \frac{(1+0.09)^2}{(1+0.09)^2 - 1} = 1{,}459(\text{만원})$$

$$NPV(3, \infty) = 251 \cdot \frac{(1+0.09)^3}{(1+0.09)^3 - 1} = 1{,}102(\text{만원})$$

2.3 인플레이션과 자본예산

투자효과가 장기에 걸쳐서 나타나는 투자결정인 자본예산은 인플레이션(inflation)의 영향을 받을 수 있다. 인플레이션은 투자안의 현금흐름과 자본비용에 영향을 미치게 되며, 따라서 이를 반영하여야 그릇된 결정을 내리지 않게 된다.

만일 이자율이 연 4%라면, 10,000원을 예금할 경우 1년 후 10,400원을 얻을 수 있으며 가격이 100원인 제품 A를 104개 구매할 수 있을 것이다. 이제 인플레이션율이 연 2%이며 모든 제품에 동일하게 영향을 미친다고 하자. 1년 후 제품 A의 가격은 102원이 될 것이며 그 때 10,400원으로 구매할 수 있는 제품 A의 수량은 101.96개가 된다. 제품의 가격이 2% 상승하기 때문에 예금함으로써 구매력은 1.96%가 증가하는 셈이다. 즉, 인플레이션율을 고려할 때 예금으로 얻을

---

18) 초항 $NPV(n)$, 공비 $\frac{1}{(1+k)^n}$인 무한등비수열의 합이다. 무한등비수열의 합을 구하는 공식은 $\frac{\text{초항}}{1-\text{공비}}$이며, 따라서 $\frac{NPV(n)}{1-\frac{1}{(1+k)^n}} = NPV(n)\ \frac{(1+k)^n}{(1+k)^n - 1}$이 된다.

수 있는 실질적인 수익률은 4%가 아니라 1.96%이다. 이와 같이 인플레이션율이 반영된 1.96%를 실질이자율(real interest rate)이라고 하고, 인플레이션율이 반영되지 않은 4%를 명목이자율(norminal interest rate)이라고 한다.

일반적으로 명목이자율과 실질이자율, 그리고 인플레이션율 사이에는 다음과 같은 관계가 성립한다.[19)]

$$(1+R)=(1+r)(1+\pi) \tag{6-6}$$

여기서, R은 명목이자율
r은 실질이자율
π는 인플레이션율

투자가치를 평가할 때 인플레이션을 현금흐름과 자본비용에 일관성 있게 반영하여야 한다. 즉, 매기의 경상가격(current price)으로 나타낸 명목현금흐름은 명목자본비용으로 할인하고, 투자시점에서의 불변가격(constant price)으로 나타낸 실질현금흐름은[20)] 실질자본비용으로 할인해야 한다.

예제 6-6

가나(주)는 새로운 스마트폰을 생산하는 투자안 A를 고려하고 있다. 스마트폰 생산을 위해 설치될 기계장치의 내용연수는 3년이며 소요되는 투자액은 12억원이다. 기계장치의 감가상각은 정액법으로 하며 잔존가치는 없다. 투자안 A를 실행할 경우 3년간에 걸쳐 매년 8억원의 매출수익, 그리고 매년 3억원의 현금지출비용이 발생할 것으로 예상된다. 한편, 현금유입과 현금유출에 미치는 지속적인 물가상승율 π_i와 π_o는 각각 3%와 5%이고, 실질자본비용은 9%이며 이에 영향을 미치는 인플레이션율은 4%이다. 법인세율은 20%이다. 투자안 A의 채택여부를 결정하라.

---

19) 이러한 관계를 피셔효과(Fisher effect)라고 한다.

20) 실질현금흐름은 인플레이션 효과를 제거하여 투자시점의 구매력으로 환산한 현금흐름이다. 매기의 인플레이션율을 π라고 하면, t기의 명목현금흐름 CF_t와 실질현금흐름 cf_t의 관계는 다음과 같다.

$$cf_t=\frac{CF_t}{(1+\pi)^t}$$

▸▸▸ 풀이

투자안 A의 명목순현금흐름을 구하면

(단위 : 억원)

연도	0	1	2	3
① 유입[$CI(1+\pi_i)^t$]		$8(1+0.03)^1$	$8(1+0.03)^2$	$8(1+0.03)^3$
② 유출[$CO(1+\pi_o)^t$]		$3(1+0.05)^1$	$3(1+0.05)^2$	$3(1+0.05)^3$
③ (① − ②)$(1-t)$		4.0720	4.1438	4.2152
감가상각비(D)*		4	4	4
④ 세금절감액($D\cdot t$)		0.8	0.8	0.8
⑤ 최초투자액	−12			
⑥ 순현금흐름**	**−12**	**4.8720**	**4.9438**	**5.0152**

* 감가상각비는 취득원가에 의해 계산되는 명목현금흐름이다.
** ⑥ = ③ + ④ + ⑤

$(1+0.09)(1+0.04)=(1+0.1336)$으로부터 명목자본비용은 13.36%

$$NPV = -12 + \frac{4.8720}{(1+0.1336)^1} + \frac{4.9438}{(1+0.1336)^2} + \frac{5.0152}{(1+0.1336)^3}$$
$$= -0.4122(\text{억원}) < 0$$

따라서 투자안 A를 기각한다.

제3절 위험하의 투자가치 평가방법

3.1 위험조정할인율법

지금까지 투자가치의 평가문제를 다루면서 확실성, 즉 투자안의 현금흐름을 정확하게 알 수 있다고 가정하였다. 그러나 우리는 완전하지 않은 정보에 기초하여 투자안의 현금흐름을 추정할 수밖에 없으며, 추정된 현금흐름에는 위험이 내재되어 있다. 따라서 투자안의 현금흐름에 내재된 위험을 고려하여 투자가치를 평가해야만 한다.

위험조정할인율(risk-adjusted discount rate)은 시간가치의 척도인 무위험 수익률에 투자안의 위험을 반영한 위험프리미엄을 더한 할인율이다. 3장 3.2의 자본자산가격결정모형의 활용에서 살펴보았듯이 위험조정할인율은 식 (6-7)과 같다.

$$k = R_f + R_p \tag{6-7}$$
$$= R_f + [E(\tilde{R}_M) - R_f]\beta_j$$

여기서, k : 위험조정할인율
R_f : 무위험수익률
R_p : 위험프리미엄
$E(\tilde{R}_M)$: 시장포트폴리오의 기대수익률
β_j : 투자안 j의 베타계수

투자안의 추정된 현금흐름을 위험조정할인율을 사용하여 할인함으로써 시간가치와 위험을 반영한 현금흐름의 현재가치를 구할 수 있다. 투자안의 위험, 보다 정확하게 말하면 체계적 위험을 나타내는 베타계수가 커지면 위험프리미엄이 커져 위험조정할인율도 높아지게 된다. 결과적으로 위험이 큰 투자안은 높은 할인율을, 위험이 작은 투자안은 낮은 할인율을 사용하여 할인하게 된다. 이와 같이 위험조정할인율을 사용하여 투자안의 순현재가치를 구한 후, 순현재가치가 0보다 크면 투자안을 채택한다. 또한 투자안의 내부수익률이 요구수익률인 위험조정할인율보다 크면 투자안을 채택하게 된다.

예제 6-7

투자안 A와 B의 추정된 현금흐름은 동일하다. 두 투자안의 베타계수는 0.7과 1.9이고 무위험수익률은 4%이며 시장포트폴리오의 기대수익률은 12%이다. 두 투자안의 순현재가치를 구하고 채택여부를 결정하라.

(단위 : 만원)

연도	투자안 A	투자안 B
0	−4,500	−4,500
1	1,000	1,000
2	2,000	2,000
3	3,000	3,000

▸▸▸ 풀이

투자안 A와 B의 위험조정할인율을 구하면

$$k_A = 0.04 + (0.12 - 0.04)(0.7) = 0.096$$

$$k_B = 0.04 + (0.12 - 0.04)(1.9) = 0.192$$

투자안 A와 B의 순현재가치는

$$NPV_A = -4{,}500 + \frac{1{,}000}{(1+0.096)^1} + \frac{2{,}000}{(1+0.096)^2} + \frac{3{,}000}{(1+0.096)^3} = 356(\text{만원})$$

$$NPV_B = -4{,}500 + \frac{1{,}000}{(1+0.192)^1} + \frac{2{,}000}{(1+0.192)^2} + \frac{3{,}000}{(1+0.192)^3} = -482(\text{만원})$$

따라서 투자안 A는 채택하고 투자안 B는 기각한다. 두 투자안의 추정된 현금흐름은 동일하지만 위험을 반영한 투자가치는 다르다.

3.2 민감도분석

투자안의 가치평가를 위해서는 현금흐름을 정확하게 추정하는 것이 더할 수 없이 중요하다. 현금흐름을 잘못 추정함으로써 잘못된 결정에 이를 수 있는 가능성을 예측위험(forecasting risk)이라고 한다. 예측위험의 정도를 평가하기 위해 상황이 달라지면 투자가치가 어떻게 변하는가를 분석하는 것이 시나리오분석(scenario analysis)이다.

시나리오분석의 변형인 민감도분석(sensitivity analysis)은 현금흐름의 결정요인 중 어떤 요인이 투자가치에 민감한 영향을 주는지를 분석하는 것이다. 즉, 다른 모든 요인들을 일정하게 두고 특정요인이 변할 때 순현재가치가 얼마나 크게 변하는가를 살펴보는 방법이다. 다음 예를 보자.

투자안 A는 최초투자액이 20억원, 내용연수는 4년이고 정액법으로 감가상각하며 잔존가치는 없다. 법인세율은 20%이고 자본비용은 9%이다.

표 6-8
기저상황에서의 순현재가치

(단위 : 억원)

① 매출	100	가격 : 10만원, 판매량 : 10만개
② 변동비	60	단위당 변동비 : 6만원
③ 고정비	25	
④ 감가상각비	5	
⑤ 순현금흐름	13	(①-②-③)(1-0.2) + ④ · 0.2
⑥ NPV	22.12	$-20+\frac{13}{(1+0.09)^1}+\frac{13}{(1+0.09)^2}+\frac{13}{(1+0.09)^3}+\frac{13}{(1+0.09)^4}$

[표 6-8]은 가장 현실성 있는 기대치인 기저상황(base case)에서의 순현금흐름과 이에 따른 순현재가치이다. 민감도분석을 위해 여러 가지 순현금흐름의 결정요인 중 판매량과 단위당 변동비의 낙관치와 비관치를 설정하고 이에 따른 순현금흐름과 순현재가치를 구하면 [표 6-9]과 같다. 판매량의 낙관치와 비관치에 따른 순현재가치를 구할 때 판매량을 제외한 다른 요인들은 기저상황에 고정시켰으며, 이는 단위당변동비의 경우도 동일하다.

표 6-9
판매량과 단위당 변동비의 민감도분석

(순현금흐름과 NPV 단위 : 억원)

	판매량	순현금흐름	NPV	단위당변동비	순현금흐름	NPV
낙관치	130,000	22.6	53.22	55,000	17	35.08
기저상황	100,000	13	22.12	60,000	13	22.12
비관치	70,000	3.4	-8.98	65,000	9	9.16

민감도분석의 결과는 투자안 A의 순현재가치가 단위당 변동비의 변화보다 판매량의 변화에 훨씬 민감하게 반응한다는 것이다. 이러한 경우에는 시장조사 등을 통해 판매량에 대한 충분한 정보를 수집하고 투자가치를 다시 평가할 필요가 있다. [그림 6-4]는 투자안 A의 판매량에 따른 순현재가치를 나타내고 있다. 직선의 기울기가 가파를수록 순현재가치가 민감하게 변한다는 것을 말한다.

그림 6-4
판매량에 대한 민감도분석

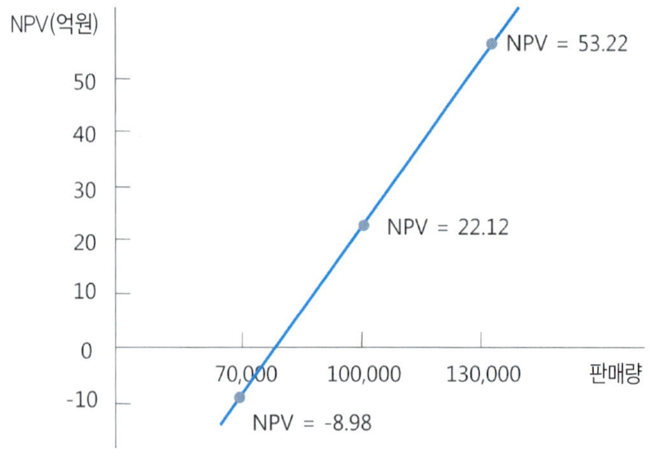

민감도분석은 어떤 요인과 관련된 예측위험이 가장 큰지, 즉 가장 유의해야 할 요인을 파악하는 데 유용하다. 그러나 민감도분석은 투자안의 채택여부에 대해서 명확한 결론을 가져다주지는 않는다.

3.3 실물옵션

옵션(option)은 미리 정해진 조건으로 특정자산을 사거나 팔 수 있는 권리를 말한다. 옵션소유자는 미래 상황에 맞추어 유리한 방향으로 그 권리를 행사하게 된다. 투자안은 실물옵션(real option)이라고 할 수 있다. 경영자들은 사업기간 중 상황변화에 대응하여 투자안의 현금흐름의 크기와 방향을 변경시키는 능동적 행동을 한다.

투자가치의 평가는 현금흐름할인법에 크게 의존하고 있다. 그러나 정태적 분석방법인 현금흐름할인법이 언제나 옳은 결정을 이끌어내지는 않는다. 왜냐하면 투자사업 착수 후 경영자가 취할 수 있는 선택적 의사결정의 영향을 고려하지 않기 때문이다. 즉, 투자안의 순현금흐름이 기대보다 적은 경우에는 투자안을 포기할 수 있을 것이고, 편익과 비용에 대한 더 많은 정보를 얻거나 더 큰 이익을 얻을 수 있을 때까지 투자안을 연기할 수도 있을 것이며, 예상한 것보다 수요가 훨씬 많아진다면 투자안의 규모를 확대할 수도 있다.

이와 같이 경영자는 포기옵션(option to abandon), 연기옵션(option to wait), 확장옵션(option to expand)을 가질 수 있다. 따라서 이러한 옵션이 행사될 가능성을 고려하지 않고 최초투자안에 대한 평가가 이루어진다면 그 투자안의 순현재가치는 과소평가될 수밖에 없다. 투자안의 보다 정확한 경제적 가치를 구하기 위해서는 최초투자안의 순현재가치에, 쉬운 일은 아니지만 경영자가 선택할 수 있는 옵션의 가치를 더해야만 한다.

정리하는 문제

1. 가나(주)는 투자안 A와 B를 검토하고 있다. 두 투자안 모두 최초투자액은 7,000만원이고 투자안 B의 자본비용은 12%이다.

(단위 : 만원)

연도	t=1	t=2	t=3
투자안 A의 세후 순이익	400	500	660
투자안 B의 순현금흐름	2,000	3,000	4,200

(1) 투자안 A의 평균이익률을 구하시오.
(2) 투자안 B의 자본회수기간을 구하시오.
(3) 투자안 B의 순현재가치를 구하시오.
(4) 엑셀을 활용하여 투자안 B의 내부수익률을 구하시오.
(5) 투자안 B의 수익성지수를 구하시오.

2. 평균이익률법의 장점과 단점은 무엇인가?

3. 자본회수기간법의 장점과 단점은 무엇인가?

4. 다라(주)가 계획하고 있는 투자안 C의 존속기간은 3년이며 투자설비에 대한 지출액은 6,000만원이다. 투자설비는 정액법으로 감가상각하며 잔존가치는 없다. 투자가 실행될 경우 앞으로 3년간의 매출은 4,000만원, 6,000만원, 8,000만원으로 기대되며, 3년간의 현금지출비용은 2,000만원, 3,000만원, 4,000만원으로 추정된다. 투자안의 자본비용은 14%로 알려져 있으며, 법인세율은 20%이다.
(1) 순현재가치법을 사용하여 투자안 C의 채택여부를 결정하시오.
(2) 내부수익률법을 사용하면 결과가 어떻게 되는가?

5. 순현재가치법이 내부수익률법보다 더 나은 이유를 설명하시오.

6. 마바(주)는 다음과 같은 5가지의 투자안을 고려하고 있다. 이 기업은 50억원의 투자자금을 갖고 있다.

투자안	현금유출의 현가	수익성지수(PI)
A	20억원	1.4
B	25억원	0.9
C	15억원	1.3
D	10억원	1.8
E	35억원	1.2

(1) 가중평균수익성지수를 사용하여 투자안의 최적 조합을 찾으시오.
(2) 각 투자안의 순현재가치를 구하고 투자안의 최적 조합을 찾으시오.

7. 사아(주)는 상호배타적인 투자안 D와 E를 검토하고 있다. 내용연수가 다른 두 투자안의 순현금흐름은 다음과 같고 자본비용은 모두 12%이다.

(단위 : 만원)

	t=0	t=1	t=2	t=3	t=4
투자안 D	−1,000	300	500	500	−
투자안 E	−1,000	200	300	400	510

(1) 순현재가치를 구하고 어떤 투자안을 선택할 것인지를 결정하시오.
(2) 12년간 반복해서 재투자된다면 어떤 투자안을 선택할 것인가?
(3) 두 투자안이 영구적으로 반복해서 재투자된다면 어떤 투자안을 선택할 것인가?

8. 자차(주)는 양질의 천연생수를 발견하고 이를 개발하기 위한 투자안 F를 계획 중이다. 개발에 필요한 설비투자에는 2억원이 소요된다. 설비는 정액법으로 감가상각하며 잔존가치는 없다. 천연생수가 개발되면 4년간에 걸쳐 매년 1,000톤의 생수가 얻어질 것으로 예상된다. 현재 생수의 톤당 가격은 20만원이고 생산비는 10만원이지만, 앞으로 가격 및 생산비는 각각 매년 7%와 6%씩 상승할 것으로 기대된다. 투자안 F의 실질자본비용은 9%이고 이에 영향을 미치는 인플레이션율은 5%이며 법인세율은 20%이다. 이 투자안을 채택할 것인가?

9. 카타(주)는 기대되는 순현금흐름이 다음과 같은 투자안 G를 고려하고 있다. 투자안 G의 베타계수는 1.25이고 무위험수익률은 4%이며 시장포트폴리오의 기대수익률은 12%이다.

(단위 : 만원)

연도	t=0	t=1	t=2	t=3
기대 순현금흐름	−7,200	2,000	3,000	4,000

(1) 투자안 G의 위험조정할인율은 얼마인가?
(2) 투자안 G의 순현재가치를 구하고 채택여부를 결정하시오.
(3) 투자안 G보다 1.6배 위험한 투자안 H가 투자가치가 있다면, 투자안 H의 내부수익률은 어떤 값인가?

10. 민감도분석이란 무엇인가?

11. 실물옵션을 설명하시오.

제 7 장
자본비용과 레버리지

제7장 자본비용과 레버리지

제1절 자본조달원천

기업은 조직을 운영하고 투자를 실행하기 위해 밑천, 즉 자본을 조달하여야 한다. 자본은 자본제공자의 법적 지위에 따라 주주의 지분인 자기자본과 채권자의 지분인 타인자본으로 나눌 수도 있고, 자본출처에 따라 기업 내부에서 조달한 내부금융자본과 외부 금융시장에서 조달한 외부금융자본으로 나눌 수도 있으며, 사용가능기간에 따라 1년 이상 사용할 수 있는 장기자본과 만기가 1년 미만인 단기자본으로 나누기도 한다. 여기서는 장기자본과 단기자본으로 구분하여 그 조달원천을 알아보자.

1.1 장기자본조달원천

1.1.1 보통주

보통주(common stock)는 주식회사가 자기자본을 조달하기 위해 발행하는 유가증권이다. 보통주 주주는 소유한 지분만큼 주주로서의 권리와 의무를 갖는다. 즉, 주주는 의결권의 행사 등을 통해 경영에 참여할 수 있으며, 이익배당과 기업을 청산할 때 남는 잔여재산에 대한 청구권을 갖게 된다. 주주가 지게 되는 유일한 의무는 주식인수액의 납입이며, 따라서 주주는 회사의 채무에 대해 납입액의 한도에서 유한책임을 진다. 보통주에 의한 자본조달은 회사설립시의 주식발행과, 신주를 발행하고 주금을 납입 받아 자본금을 증가시키는 유상증자 두 가지 방법

에 의해 이루어진다.[1)]

보통주 발행은 다음과 같은 장점을 갖는다. 첫째, 보통주는 상환부담이 없는 안정적이고 영구적인 자금이다. 둘째, 주주들에게 주어야 하는 배당은 부채사용에 따른 지급이자처럼 반드시 지급해야 하는 고정비용이 아니다. 셋째, 기업의 자기자본비율을 높여 재무적 곤경에 처할 가능성을 감소시킴으로써 대외신용도를 높인다. 그러나 보통주 발행에는 단점도 따른다. 첫째, 주주들이 미래 얻게 될 배당은 채권자들이 얻는 이자소득보다 불확실하므로 주주들의 요구수익률이 높을 뿐만 아니라 배당은 지급이자와는 다르게 세금절감효과가 없기 때문에 보통주는 부채보다 자본사용에 대한 대가로 부담하는 비용, 즉 자본비용이 높다. 둘째, 대주주 입장에서는 발행주식수가 증가하면서 지분율이 낮아지게 되어 경영권이 약화될 수 있다.

1.1.2 우선주

우선주(preferred stock)는 이익배당이나 잔여재산의 분배 등에 있어서 보통주보다 우선적 지위가 주어지는 주식이다. 그러나 대부분의 우선주는 보통주와는 다르게 의결권이 주어지지는 않는다. 이러한 우선주는 보통주와 함께 주식회사의 자기자본을 구성하지만, 채권에 대해 매기 확정된 이자가 지급되는 것처럼 매기 약정된 배당금이 지급된다는 점에서는 부채와 성격이 같다.

우선주에 의한 자본조달은 다음과 같은 장점을 갖는다. 첫째, 보통주처럼 만기가 없는 영구적인 자기자본이다. 둘째, 기업의 경영실적이 좋지 않으면 배당을 하지 않거나 연기할 수 있다. 우선주배당은 지급이자와는 다르게 지급하지 않더라도 채무불이행이 아니다. 셋째, 의결권이 없으므로 경영권을 침해하지 않는다. 그러나 우선주 발행에 따른 우선주배당은 지급이자와는 다르게 세금절감효과를 얻을 수 없다. 또한 우선주는 이익분배와 잔여재산에 대한 청구권에 있어 부채보다 그 순위가 늦기 때문에 우선주배당은 일반적으로 부채에 대한 지급이자보다 크다. 따라서 우선주는 부채보다 자본비용이 높다는 단점을 갖는다.

---

1) 적립된 준비금(이익준비금 및 자본준비금) 또는 자산재평가적립금을 자본금으로 전입하고 증가된 자본금만큼 기존주주들에게 무상으로 주식을 교부하는 무상증자는 계정과목 사이에 자본이동이 있을 뿐 실질적인 자본조달이 이루어지는 것은 아니며 발행주식수만 증가하게 된다.

1.1.3 내부금융

내부금융(internal financing)은 순이익 중 배당으로 지급하지 않은 유보이익 등 기업 내부에 축적된 자본을 사용하는 것을 말하며 자기금융이라고도 한다. 내부금융은 자본조달이 용이하고 조달비용이 발생하지 않으며 자본사용기간에 제약이 없는 건전한 자본조달원천이다. 그러나 현실적으로 대규모 자금조달이 어렵다는 한계가 있다.

1.1.4 회사채

회사채(corporate bond)는 기업이 자금을 차입하기 위해 발행하는 유가증권이다. 즉, 만기까지 정기적으로 약정된 이자를 지급하고 만기에 가서 원금을 상환할 것을 약속한 채무증서를 말한다.[2)] 회사채는 보통주와 함께 대표적인 장기자본조달원천이다.

회사채에 의한 자본조달은 주주의 소유권과 경영권에 영향을 주지 않고 대규모의 자금을 장기간 사용할 수 있으며, 지급이자는 세금절감효과가 있으므로 자본비용이 낮다는 장점을 갖는다. 그러나 자기자본과는 다르게 규모가 커지면 원리금상환의무를 다하지 못할 가능성을 증가시켜 기업을 재무적 곤경에 빠뜨릴 수 있다.

1.1.5 장기차입금

장기차입금(long-term borrowings)은 상환일이 1년 이후에 도래하는 차입금을 말한다. 간접금융인 금융기관 대출(loan)에 의해 주로 조달된다.[3)] 일반적으로 장기차입금에 의한 자본조달은 만기가 길어 이자율 변동에 따른 위험이 크기 때문에 변동금리가 적용되지만, 회사채와 동일하게 지급이자에 대한 세금절감효과로 인해 자본비용이 낮다. 또한 금융기관과 원만한 관계가 형성되면 계속해서 자본을 사용할 수 있는 장점을 가진다. 그러나 대출심사과정이 번거롭고, 차입규모가 커지면 기업의 신용도를 떨어뜨리며 기업을 재무적 곤경에 처하게 하는 문제가 발생한다.

---

2) 채권의 일반적인 형태이며 이표채(coupon bond)라고 한다. 이자지급 없이 만기에 원금만을 상환하는 순수할인채(pure discount bond)와 만기에 이자와 원금을 함께 지급하는 복리채(compounded bond)도 있다.

3) 관계회사와 주주, 임원, 종업원 등으로부터 차입할 수도 있다.

1.1.6 옵션부 증권

(1) 신주인수권부사채

신주인수권부사채(bond with warrants : BW)는 일정한 기간 내에 약정된 가격으로 정해진 수 또는 금액만큼 발행회사의 신주를 매입할 수 있는 권리, 즉 신주인수권을 부여한 회사채이다. 신주인수권부사채는 주가 상승으로 인한 자본이득을 기대하는 투자자들을 대상으로 낮은 이자율로 발행된다. 따라서 자본비용이 낮고 자본조달이 용이하다. 신주인수권이 행사되면 주주의 부가 신주인수권부사채 투자자에게 이전된다.

(2) 전환증권

전환증권(convertibles)은 일정한 기간 내에 약정된 조건으로 발행회사의 주식으로 전환할 수 있는 권리가 부여된 증권이다. 전환권이 부여된 회사채는 전환사채(convertible bond : CB), 전환권이 부여된 우선주는 전환우선주(convertible preferred stock)이다. 전환권이라는 옵션이 투자자에게 제공되기 때문에 낮은 자본비용으로 쉽게 자본을 조달할 수 있다. 전환증권의 전환권이 행사되면 발행회사로 추가적인 자본의 유입이 수반되지는 않고 회사채 또는 우선주가 보통주로 그 성격이 바뀌게 된다.

1.1.7 국제금융

(1) 주식예탁증서

주식을 발행하고 주금을 납입 받아 자본금을 늘리는 것을 유상증자라고 한다. 기업은 국내금융시장뿐만 아니라 국제금융시장에서 외국인투자자들을 대상으로 유상증자를 할 수 있다. 이러한 경우 유통 편의를 위해 외국의 금융기관에 주식을 예탁하고 예탁된 주식을 근거로 외국의 금융기관이 현지에서 유통시킬 주식대체증서인 주식예탁증서(depositary receipts : DR)를 발행하게 된다. 주식예탁증서를 미국시장에서 발행하면 ADR(American Depository Receipts), 유럽시장에서 발행하면 EDR(European Depository Receipts), 미국과 유럽 등 복수의 시장에서 동시에 발행할 경우 GDR(Global Depository Receipts)이라고 한다.

(2) 유로크레디트

유로크레디트(Eurocredits)는 유로통화로 이루어지는 은행대출을 말한다. 유로통화(Eurocurrency)는 통화발행국 바깥의 지역에 소재하는 은행에 예치되어 있는 통화이다. 예컨대, 가장 많이 사용되는 유로통화인 유로달러(Eurodollar)는 미국 밖의 다른 나라 은행에 예치된 달러이고, 유로파운드(Europound)는 영국 밖의 은행에 예치된 파운드를 말한다. 유로크레디트는 중장기대출이며 대부분의 차입자는 각국의 정부와 대기업이다. 이자율은 런던은행 간 대출금리(London Interbank Offered Rate : LIBOR)에 대출기간과 차입자의 신용도에 따른 가산금리, 즉 스프레드를 더하여 결정된다.

(3) 국제채

기업이 다른 나라에서 발행하는 채권을 국제채(international bond)라고 한다. 국제채에는 발행되는 국가의 현지 통화로 발행되는 외국채(foreign bond)와 발행되는 국가와는 다른 나라의 통화로 발행되는 유로본드(Eurobond)가 있다. 예컨대, 우리나라의 기업이 미국 시장에서 달러 표시로 발행하는 회사채는 외국채이고, 우리나라 기업이 미국이 아닌 다른 나라 시장에서 달러 표시로 발행하는 회사채는 유로본드이다.[4)]

1.1.8 리스금융

리스(lease)는 일정한 기간 동안 일정한 사용료를 지급하고 특정자산을 사용할 수 있는 수단이다. 임차인(lessee)인 기업은 사용료를 지급하고 임대인(lessor)인 리스회사로부터 자산사용권을 취득함으로써 자금을 차입하여 리스자산을 직접 구입한 것과 동일한 효과를 얻을 수 있다. 따라서 리스금융(lease financing)은 부채조달의 대체수단이 된다.

리스는 운용리스와 금융리스로 나눈다.[5)] 운용리스(operating lease)는 리스자산을 계약기간 동안 사용한 후 리스회사에 반환하는 단기리스이다. 리스자산에 대한 유지관리의 책임은 리스회사가 지며 임차인에게 중도해약의 선택권이 주어

---

4) 외국기업이 우리나라에서 원화로 발행하는 채권을 아리랑본드라고 한다. 아리랑본드는 미국의 양키본드, 일본의 사무라이본드 등과 같이 외국채이다. 외국 또는 국내 기업이 우리나라에서 달러나 유로화 등 원화 이외의 통화로 발행한 채권을 김치본드라고 한다. 김치본드는 일본의 쇼군본드, 홍콩의 딤섬본드 등과 같이 유로본드이다.

5) 운용리스는 서비스리스(service lease), 금융리스는 자본리스(capital lease)라고도 한다.

진다. 컴퓨터, 사무용 기계, 자동차 등과 같이 주로 기술혁신으로 인해 진부화의 위험이 큰 자산이 운용리스의 대상이 된다. 운용리스는 자본조달의 수단이라기보다는 자산을 효율적으로 사용한다는 성격이 더 강하다. 금융리스(financial lease)는 기업이 원하는 설비자산을 리스회사가 구입하고 기업은 리스회사로부터 그 자산에 대한 사용권을 취득하며 계약기간은 해당자산의 내용연수와 거의 일치하는 장기리스이다. 리스회사는 리스자산에 대한 소유권만을 갖게 되고 기업이 리스자산에 대한 유지관리의 책임을 지며 중도해약은 원칙적으로 허용되지 않는다. 리스회사는 자기책임하에 자산구입에 소요되는 자본을 지출하고 이를 사용료의 형식으로 기업으로부터 분할하여 회수하게 된다. 금융리스는 리스회사가 기업에게 자산구입을 위한 금융을 제공하는 형태이며, 기업입장에서는 부채를 조달하여 자산을 구입하는 방법의 대안이 된다.

리스금융의 장점은 다음과 같다. 첫째, 대규모 자금을 지출하지 않고도 기업이 필요로 하는 자산의 구입 효과를 누리게 한다. 둘째, 단기간만 사용하거나 진부화의 위험이 높은 자산의 경우 리스를 이용하는 것이 자산을 직접 구입하여 사용한 후 매각하는 것 보다 유리하다. 셋째, 리스사용료는 비용으로 처리되어 세금절감효과를 얻을 수 있다. 그러나 리스금융을 이용할 때 기업이 부담하는 리스사용료는 차입비용보다 높다는 단점도 있다. 리스사용료에는 차입에 따른 이자뿐만 아니라 리스자산의 감가상각비, 여러 가지 관리비와 리스회사의 이익이 포함되기 때문이다.

1.2 단기자본조달원천

1.2.1 매입채무

기업의 단기자본조달원천으로는 일상적인 거래로부터 발생하는 매입채무(account payable)를 들 수 있다. 매입채무는 기업이 물품을 구입하고 대금지급을 연기하여 발생하는 채무로서 거래신용(trade credit)이라고도 한다. 매입채무로는 외상매입금과 지급어음 등이 있다. 매입채무는 신용기간 동안 해당금액의 현금을 다른 용도로 이용할 수 있기 때문에 자금조달과 동일한 효과를 얻는다.

매입채무는 복잡한 절차를 거치지 않고 쉽게 이용할 수 있다는 장점을 가진다. 그러나 매입채무는 이자와 같은 명시적 비용은 없지만 상당히 높은 묵시적 비용을 수반한다. 왜냐하면 신용으로 구매할 경우 현금구매에 비하여 높은 가격을 치러야만 하기 때문이다.

1.2.2 단기차입금

단기차입금(short-term borrowings)은 1년 이내에 지급기일이 도래하는 단기성 차입금을 말한다. 단기차입금에 의한 자금조달 역시 장기차입금과 동일하게 주로 금융기관 대출(loan)에 의해 이루어진다. 대표적인 금융기관인 은행은 장·단기 금융업무를 함께 취급하고 있다.

은행의 대출이자율은 기업의 신용도에 따라 다르게 적용된다. 또한 대출이자율은 경제상황과 정부의 금융정책에 따라서도 바뀐다. 경제가 불황이라 대출수요가 많지 않고 인플레이션율도 낮아 경기부양을 위해 중앙은행이 자금을 충분히 공급하고자 할 때 대출이자율은 낮아진다. 그러나 경제가 활황이라 대출수요가 많고 인플레이션 압박으로 인해 중앙은행이 자금공급을 제한할 때에는 대출이자율이 높아지게 된다.

1.2.3 기업어음

기업어음(commercial paper : CP)은 기업이 단기자금을 조달하기 위해 발행하는 만기 1년 이내의 융통어음이다.[6] 기업어음은 발행절차가 간편하고 담보가 없이 신용으로 발행되기 때문에 신속한 단기자금조달원천으로 이용된다. 우량기업이 시중의 실세금리에 기초하여 발행하고 있다.

기업어음시장은 발행기업, 중개기관, 매수기관으로 구성된다. 신용이 좋은 대기업이 기업어음을 발행하면 증권회사와 종합금융회사 등의 중개기관이 이를 할인하여 매입한 후 보유하거나 다시 매수기관에 매출하게 된다. 주로 자산운용회사 및 은행에서 매입하여 단기자금의 운용수단으로 활용한다.

---

6) 기업어음(commercial paper)은 단기자금의 조달을 위해 발행되는 융통어음이고, 상업어음(commercial bill)은 상거래에서 외상매입을 위한 신용수단으로 발행되며 진성어음이라고 부른다.

제2절 자본비용

2.1 자본비용의 의의

2.1.1 자본비용의 개념

기업은 어떤 형태로 자본을 조달하든지 채권자와 주주 등 자본제공자에게 자본사용에 대한 적정한 대가를 지불하여야 한다. 부채를 사용하면 약정된 이자를 지급하여야 하고, 보통주를 발행하여 자본을 조달한 경우에도 순이익의 일부를 배당하여야 한다. 이와 같이 자본제공자에게 자본사용의 대가로 지불하는 비용을 자본비용(cost of capital)이라 한다.

자본제공자인 투자자의 입장에서 자본비용은, 투자로부터 얻어져야 할 최소한의 기대수익률 또는 최소한의 요구수익률(minimum required rate of return)이다.[7] 투자자는 적어도, 무위험수익률에 자신이 부담하는 위험에 상응하는 위험프리미엄을 더한 크기의 수익률을 요구할 것이다. 예컨대, 회사채와 보통주에 대해 투자자가 인식하는 위험은 다르며 두 자산에 대한 위험프리미엄이 다르므로 요구수익률도 달라진다. 따라서 기업의 자본비용은 자본조달원천에 따라 다를 수밖에 없다.

또한 자본비용은 기회비용(opportunity cost)을 뜻한다.[8] 만일 기업이 어떤 투자안에 자본을 사용하게 되면 동일한 위험을 갖는 다른 투자기회로부터 얻을 수 있는 수익률을 얻지 못하게 된다. 자본비용은 다른 투자기회를 포기함으로써 잃어버리는 가장 높은 수익률, 즉 자본의 기회비용이라고 할 수 있다. 그러므로 어떤 투자안이 정당화되려면 그 투자안의 기대수익률이 자본비용보다 커야만 한다. 6장의 투자가치의 평가에서 투자안의 순현재가치를 구할 때 자본비용을 할인율로 사용한 것을 상기하라. 자본비용은 미래의 현금흐름을 현재가치로 바꾸는

---

7) 균형상태에서 기대수익률과 요구수익률은 동일하다.

8) 기회비용(opportunity cost)은 이자와 배당 같은 명시적 비용(explicit cost)뿐만 아니라 암묵적 비용(implicit cost)까지 포함한다. 보통주비용을 생각해 보자. 설령 기업이 주주들에게 전혀 배당을 지급하지 않더라도 보통주비용은 0이 아니다. 왜냐하면 주주들은 배당소득이 아닌 주가상승으로 인한 자본이득으로부터도 수익률을 기대하기 때문이다. 이때 주주들이 기대하는 최소한의 수익률은, 동일한 위험을 갖는 다른 주식에 투자하였을 때 얻을 수 있는 수익률이다. 만일 기업이 주주들의 기대를 충족시키지 못하면 주주들은 더 이상 그 기업의 주식에 투자하지 않을 것이고, 그 결과 기업가치는 하락하게 될 것이다.

적절한 할인율(appropriate discount rate)이 된다.

자본비용은 기업의 총자본비용과 투자안의 자본비용으로 나눌 수 있다. 기업의 총자본비용(overall cost of capital)은 기업의 전체 자산으로부터 얻어져야 할 최소한의 기대수익률이고, 투자안의 자본비용은 어떤 투자안으로부터 얻어져야 할 최소한의 기대수익률이다. 또한 원천별 자본비용과 가중평균자본비용으로 나눌 수도 있다. 원천별 자본비용(component cost of capital)은 원천별 자본제공자들의 최소한의 기대수익률을 말하며, 부채비용, 우선주비용, 보통주비용 등이 있다. 가중평균자본비용(weighted average cost of capital : WACC)은 원천별 자본비용을 각 원천의 구성비를 가중치로 사용하여 가중평균한 자본비용이다. 기업이나 투자안은 자본을 여러 가지 원천으로부터 조달하므로 기업과 투자안의 자본비용으로는 가중평균자본비용을 사용한다.

2.1.2 자본비용의 기능

자본비용은 기업의 재무의사결정에 있어서 매우 중요하게 쓰인다. 그 주요한 기능은 다음과 같다.

첫째, 투자결정의 도구와 기준이 된다. 순현재가치법에 의해 투자안의 투자가치를 평가할 때, 투자안으로부터 발생하는 미래의 현금흐름을 그 투자안의 자본비용으로 할인하여 순현재가치를 구한다. 또한 내부수익률법을 사용할 때는 투자안의 내부수익률이 그 투자안의 자본비용보다 커야만 투자안을 채택하게 되며, 따라서 자본비용이 투자안의 채택여부를 결정하는 기준, 즉 절사율(cutoff rate)이 된다.

둘째, 자본구조결정의 기준이 된다. 기업이 어떻게 자본을 조달하느냐에 따라 부채와 자기자본의 구성, 즉 자본구조가 결정된다. 기업가치를 극대화하는 최적자본구조는 기업의 총자본비용이 극소화될 때 이루어진다. 그러므로 자본비용은 최적자본구조를 찾는 데 활용된다.

셋째, 성과평가의 기준이 된다. 경영성과의 평가를 위해서 유용하게 사용되는 것이 경제적 부가가치(economic value added : EVA)이다.[9] 만일 기업의 전체

---

9) 경제적 부가가치(EVA)는 한 회계기간 동안 영업활동을 통해 창출된 가치를 말하며 다음과 같이 구한다.

경제적 부가가치 = (투하자본수익률 − 자본비용) × 투하자본

자산이 1천억원이고 총자본비용이 12%라면 기업자산으로부터 얻는 현금흐름이 120억원을 넘어야 기업가치가 창출되는 것이다.

2.2 원천별 자본비용

2.2.1 부채비용

부채비용(cost of debt)은 부채사용에 대한 대가로 기업이 채권자에게 지불하여야 하는 비용으로, 채권자의 요구수익률이다. 세금효과를 고려하지 않을 경우 차입금에 대한 이자지급액의 비율, 즉 지급이자율이 부채비용 k_d가 된다.

$$k_d = \frac{C}{F} \tag{7-1}$$

여기서, C : 이자지급액
F : 차입금

기업이 회사채를 발행하여 자본을 조달할 경우, 채권자의 요구수익률은 그 채권의 만기수익률(yield to maturity)이다. 4장 1.3의 채권수익률에서 채권의 만기수익률은 채권으로부터 얻을 수 있는 현금흐름의 현재가치와 채권의 시장가격을 일치시키는 할인율이라는 것을 살펴보았다. 세금효과를 고려하지 않는다면 채권의 만기수익률이 부채비용이 된다.

$$k_d = R \tag{7-2}$$

$$P_B = \frac{C}{(1+R)^1} + \frac{C}{(1+R)^2} + \cdots + \frac{C}{(1+R)^n} + \frac{F}{(1+R)^n}$$

여기서, R : 채권의 만기수익률
P_B : 채권의 시장가격
C : 이자
F : 액면가
n : 만기

부채비용을 추정할 때 특히 유의하여야 할 점은, 부채사용에 따른 지급이자는 비용으로 처리되어 세금부과의 기준이 되는 과세표준을 줄여주므로 세금절감효과를 가져온다는 것이다. 예컨대, 가나(주)가 1,000만원을 12%의 이자율로 차입하여 사용하고 있으며, 영업이익은 500만원이고 법인세율은 20%라고 하자. 부채 사용에 따른 세금절감효과는 [표 7-1]과 같다.

표 7-1
부채사용에 따른 세금절감효과

(단위 : 만원)

지급이자가 비용으로 처리되지 않을 때		지급이자가 비용으로 처리될 때	
영업이익	500	영업이익	500
법인세	100	지급이자	120
세후이익	400	세전이익	380
지급이자	120	법인세	76
순이익	280	순이익	304

[표 7-1]에서 보듯이 지급이자가 비용으로 처리되면 법인세가 24만원 절감된다. 따라서 가나(주)가 부채를 사용함으로써 부담하는 실질적인 이자비용은 96만원(=120만원−24만원)이다. 이 경우 부채비용은 9.6%, 즉 12%×(1−0.2)가 된다. 그러므로 세금효과를 고려한 세후 부채비용 k_d^*는 식 (7-3)과 같이 구할 수 있다.

$$k_d^* = k_d(1-t) \tag{7-3}$$

여기서, t : 법인세율

예제 7-1

가나(주)의 표면이자율 연 8%, 액면가 100만원, 만기 3년인 회사채가 97.5만원에 발행되었다. 법인세율이 20%일 때 세후 부채비용은 얼마인가?

▸▸▸ 풀이

$$97.5 = \frac{8}{(1+R)^1} + \frac{8}{(1+R)^2} + \frac{8}{(1+R)^3} + \frac{100}{(1+R)^3}$$

만기수익률 $R = 8.99\%$

세후 부채비용 $k_d^* = 8.99\%(1-0.2) = 7.19\%$

2.2.2 우선주비용

매기 약정된 우선주배당금이 영구적으로 주어지는 우선주의 가격은 다음과 같다.

$$P_p = \frac{D_p}{(1+k_p)^1} + \frac{D_p}{(1+k_p)^2} + \cdots$$
$$= \frac{D_p}{k_p}$$

여기서, P_p = 우선주 가격
D_p = 우선주배당금
k_p = 우선주 주주의 요구수익률

따라서 우선주 주주의 요구수익률, 즉 우선주비용(cost of preferred stock) k_p는 식 (7-4)와 같이 구할 수 있다. 우선주배당은 부채사용에 따른 지급이자처럼 비용으로 인정되지 않아 세금절감효과가 없기 때문에 우선주비용은 일반적으로 부채비용보다 높다.

$$k_p = \frac{D_p}{P_p} \qquad (7\text{-}4)$$

예제 7-2

가나(주)의 주당배당이 1,800원인 우선주가 15,500원에 거래되고 있다. 우선주비용은 얼마인가?

▶▶▶ 풀이

$$k_p = \frac{1{,}800}{15{,}500} = 0.1161$$

2.2.3 보통주비용

보통주비용(cost of common stock)은 기업이 보통주를 발행하여 자본을 조달하고 그 대가로 주주에게 지불하여야 하는 비용으로, 주주의 요구수익률이다. 흔히 자기자본비용(cost of equity)이라고 한다. 일반적으로 보통주비용은 일정성장모형이나 자본자산가격결정모형을 이용하여 추정한다.

(1) 일정성장모형의 이용

4장 3.2의 주식가치평가모형에서 보았듯이 기업이 매기 일정한 성장률로 성장하고 이에 따라 기업의 배당도 매기 일정한 성장률 g로[10] 성장한다고 가정한 일정성장모형(constant growth model)에 따르면, 미래 배당흐름의 현재가치인 보통주가격 P_0은 다음과 같이 나타난다.

$$P_0 = \frac{D_0(1+g)}{k_e - g} = \frac{D_1}{k_e - g}$$

따라서 주주의 요구수익률, 즉 보통주비용 k_e는 식 (7–5)와 같이 구할 수 있다.

$$k_e = \frac{D_1}{P_0} + g \qquad (7\text{–}5)$$

보통주비용의 추정에 있어서 일정성장모형은 단순하기 때문에 사용하기 쉽다는 장점을 갖는다. 그러나 배당이 꾸준하게 일정한 비율로 증가하는 기업에만 적용될 수 있고, 추정시점의 주가가 과대 또는 과소평가되어 있을 수 있으며, 예측된 배당성장율의 불확실성을 고려하지 않고 있다는 단점을 갖고 있다.

---

10) 성장률 g의 추정에 대해서는 4장 3.2.2의 보통주의 가치 : 일정성장모형 참고

예제 7-3

가나(주)의 전년도 말 주당배당은 2,500원이었으며 연평균 배당성장률은 4%로 예상된다. 가나(주)의 주가는 현재 22,000원이다. 보통주비용은 얼마인가?

▸▸▸ 풀이

$$k_e = \frac{2,500(1+0.04)}{22,000} + 0.04 = 0.1582$$

(2) 자본자산가격결정모형의 이용

3장 3.1에서 설명한 자본자산가격결정모형(CAPM)은 자본시장이 균형상태일 때 자산의 가격이 어떻게 결정되는지를 설명해 주는 이론적 모형이다. CAPM에 의해 결정되는 주식의 기대수익률은 그 주식에 대한 투자자들의 요구수익률이므로 보통주비용과 같다. 따라서 CAPM을 이용하여 보통주비용 k_e를 추정할 수 있다.[11)]

$$k_e = E(\widetilde{R}_j) \tag{7-6}$$

$$E(\widetilde{R}_j) = R_f + [E(\widetilde{R}_M) - R_f]\,\beta_j$$

여기서, $E(\widetilde{R}_j)$: 자산 j의 기대수익률
$E(\widetilde{R}_M)$: 시장포트폴리오의 기대수익률
R_f : 무위험수익률
β_j : 자산 j의 베타계수

CAPM을 이용한 보통주비용의 추정은 위험을 반영하고 있으며 배당성장에 대한 전제가 필요하지 않다는 장점이 있다. 그러나 시장위험프리미엄과 베타계수의 정확한 값을 찾는 것이 사실상 불가능하다는 단점도 갖고 있다.

한편, 기업의 부채가 증가하면 기업의 체계적 위험을 나타내는 베타계수도 증가한다. 부채를 사용할 때의 베타계수 β_L과 부채를 전혀 사용하지 않을 때의 베

---

11) 그레이엄과 하비(J. Graham and C. Harvey)의 설문조사 결과 조사대상기업의 70% 이상이 CAPM을 이용하여 보통주비용을 추정하는 것으로 나타났다.
Graham, J. and C. Harvey, "The Theory and Practice of Corporate Finance : Evidence from the Field," *Journal of Financial Economics*, May 2001.

타계수 β_U 사이에는 다음과 같은 관계가 존재한다.[12)]

$$\beta_L = \beta_U\,[\,1 + (1-t)\,\frac{B}{S}\,] \tag{7-7}$$

여기서, t : 법인세율
B : 부채의 시장가치
S : 주식의 시장가치

부채를 전혀 사용하지 않을 때의 베타계수 β_U는 영업이익의 변동성, 즉 영업위험(operating risk)만을[13)] 반영한다. 그러나 부채를 사용할 때의 베타계수 β_L은 영업위험뿐만 아니라 주주가 얻는 순이익의 변동성, 즉 재무위험(financial risk)까지 반영하게 된다.[14)] 식 (7-7)에서 보듯이 기업의 부채가 증가할수록 재무위험이 증가하고 베타계수도 증가하게 된다. 결과적으로 투자자들의 요구수익률, 즉 보통주비용은 높아질 수밖에 없다.

예제 7-4

가나(주)의 부채 대 자기자본비율(B/S)은 50%이고 이때 베타계수는 1.2로 추정되었다. 무위험수익률은 4%이고 시장포트폴리오의 기대수익률은 14%이며 법인세율은 20%이다.

(1) 보통주비용은 얼마인가?
(2) 부채 대 자기자본비율(B/S)이 90%로 증가할 경우 보통주비용은 어떻게 되나?

▸▸▸ 풀이

(1) $k_e = R_f + [E(\tilde{R}_M) - R_f]\,\beta_j$
$= 0.04 + [\,0.14 - 0.04\,]\,(1.2) = 0.16$

---

12) 하마다(R. Hamada)의 모형이라고 한다.
Hamada, R., "Portfolio Analysis, Market Equilibrium, and Corporation Finance," *Journal of Finance*, March 1969.
13) 경영위험(business risk)이라고도 한다.
14) 영업위험과 재무위험, 그리고 부채 증가에 따른 재무위험의 증가에 대해서는 이어지는 3절 3.2의 레버리지분석에서 살펴볼 것이다.

(2) $\beta_L = \beta_U[1+(1-t)\dfrac{B}{S}]$ 이므로

$1.2 = \beta_U[1+(1-0.2)(0.5)] \quad \therefore \beta_U = 0.8571$

$\beta_L = \beta_U[1+(1-0.2)(0.9)] = (0.8571)[1+(1-0.2)(0.9)] = 1.4742$

따라서 새로운 $k_e = 0.04 + [0.14 - 0.04](1.4742) = 0.1874$

가나(주)의 부채가 늘어나면 베타계수가 커지고 보통주비용도 높아진다.

2.2.4 유보이익비용

자기자본에 의한 자본조달방법으로는 보통주를 발행할 수도 있고 내부금융, 즉 유보이익을 사용할 수도 있다. 유보이익(retained earnings)은 순이익 중에서 재투자를 위해 배당하지 않고 보유하고 있는 적립이익으로 이익잉여금(earned surplus)이라고도 한다. 기업이 유보이익을 사용할 경우 이자와 배당 같은 명시적인 비용은 치르지 않지만 기회비용이 발생한다. 즉, 주주는 유보이익에 대해서도 보통주와 동일한 수익률을 요구할 것이기 때문에 유보이익비용(cost of retained earnings)은 보통주비용과 같아야만 한다.

2.3 기업의 총자본비용

기업의 자본비용은 기업에 대한 요구수익률이며, 흔히 총자본비용(overall cost of capital) k_o이라고 한다. 이는 기업 전체 자산으로부터 얻어져야 할 최소한의 기대수익률을 말하며, 따라서 법인세 차감 후 기대영업이익을 기업가치로 나누어 식 (7-8)과 같이 구할 수 있다.

$$k_o = \frac{E(NOI)(1-t)}{V} \tag{7-8}$$

여기서, $E(NOI)$: 기대영업이익
t : 법인세율
V : 기업가치

기업은 한 가지가 아니라 여러 가지 자본조달원천을 사용하여 자본을 조달한다. 따라서 기업의 총자본비용은 각 원천별 자본이 기업자본에서 차지하는 비중을 가중치로 삼아 원천별 자본비용을 가중평균하여 구할 수도 있으며, 이를 가중평균자본비용(weighted average cost of capital : WACC)이라고 한다.

$$k_o = WACC = \frac{S}{V}k_e + \frac{B}{V}k_d(1-t) + \frac{P}{V}k_p \qquad (7\text{-}9)$$
$$V = S + B + P$$

여기서, k_e : 보통주비용 V : 기업가치
k_d : 세전 부채비용 S : 보통주가치
k_p : 우선주비용 B : 부채가치
t : 법인세율 P : 우선주가치

예컨대, 기업의 자본이 보통주비용 15%인 보통주 70억원과 세전부채비용 9%인 부채 30억원으로 구성되어 있을 때 법인세율이 20%라면 가중평균자본비용은 다음과 같다.

$$WACC = \frac{70}{100}(0.15) + \frac{30}{100}(0.09)(1-0.2) = 0.1266$$

식 (7–9)의 가중평균자본비용을 구할 때 가중치, 즉 각 자본조달원천의 구성비를 어떤 기준으로 측정하여야 하는가? 기준이 다르면 가중평균자본비용도 달라질 것이다.

먼저 장부가치(book value)는 채권이나 주식이 시장에 상장되지 않아 시장가치를 구할 수 없을 때 간편하게 사용할 수 있는 기준이다. 그러나 자본의 역사적 원가를 나타낼 뿐 현재의 가치를 반영하지 못하기 때문에 장부가치를 기준으로 하는 것은 합리적이지 않다. 반면에 시장가치(market value)는 자본시장에서 객관적으로 평가된 실질적 가치를 나타낸다. 따라서 장부가치보다 시장가치를 기준으로 사용하는 것이 훨씬 낫다. 그렇지만 시장가치는 시장상황에 따라 수시로 변하므로 매우 불안정하다는 문제를 갖고 있다. 보다 합리적인 방법은 목표자본구조(target capital structure), 즉 기업이 목표로 삼는 자본조달원천의 구성을 기준으로 사용하는 것이다. 왜냐하면 기업은 목표자본구조에 맞추어서 자본을 조달할 것이기 때문이다.[15)]

---

15) 그레이엄과 하비(J. Graham and C. Harvey)는 최고재무책임자(CFO)를 대상으로 목표자본

예제 7-5

가나(주)는 다음과 같이 보통주, 회사채, 그리고 우선주를 발행하여 자본을 조달하고 있다.

자본조달원천	액면가	발행수	시장가격	비고
보통주	5,000원	80만	24,000원	베타계수 1.25
회사채	1,000,000원	1만	950,000원	만기수익률 8%
우선주	5,000원	40만	16,000원	주당배당 1,840원

무위험수익률은 4%이고 시장포트폴리오의 기대수익률은 14%이며 법인세율은 20%이다. 장부가치 기준과 시장가치 기준으로 가중평균자본비용(WACC)을 구하라.

▸▸▸ **풀이**

원천별 자본비용을 구하면

보통주비용 $k_e = 0.04 + [0.14 - 0.04](1.25) = 0.165$

세전 부채비용 $k_d = 0.08$

우선주비용 $k_p = 1{,}840/16{,}000 = 0.115$

자본조달원천	장부가치	시장가치	원천별 자본비용
보통주	40억원	192억원	16.5%
회사채	100억원	95억원	8%(세전)
우선주	20억원	64억원	11.5%
합 계	**160억원**	**351억원**	

장부가치 기준

$$WACC = \frac{40}{160}(0.165) + \frac{100}{160}(0.08)(1-0.2) + \frac{20}{160}(0.115) = 0.096$$

시장가치 기준

$$WACC = \frac{192}{351}(0.165) + \frac{95}{351}(0.08)(1-0.2) + \frac{64}{351}(0.115) = 0.129$$

구조를 설정하는지에 대한 설문조사를 하였다. 392명의 응답자 중 19%는 설정하지 않으며, 37%는 탄력적으로 설정하고, 34%는 다소 엄격한 범위를 설정하며, 나머지 10%는 엄격하게 설정하고 있다고 답하였다.
Graham, J. and C. Harvey, "The Theory and Practice of Corporate Finance : Evidence from the Field," *Journal of Financial Economics*, May 2001.

예제 7-6

<예제 7-5>에서 가나(주)의 시장가치 기준 WACC는 12.9%였다. 식 (7-9)의 WACC가 식 (7-8)의 k_o와 동일함을 확인하라.

▸▸▸ 풀이

기대영업이익	?	
지급이자	7.6억원	95억원×8%
세전이익	?	
법인세	?	t = 20%
우선주배당	7.36억원	64억원×11.5%
순이익	31.68억원	192억원×16.5%

채권자에게 7.6억원의 이자를 지급하고 법인세 20%를 지급하며 우선주 주주에게 7.36억원의 우선주배당을 한 후, 보통주 주주가 요구하는 수익, 즉 31.68억원의 순이익을 얻기 위해서는 기대영업이익이 다음과 같아야 한다.

$$(E(NOI) - 7.6)(1 - 0.2) - 7.36 = 31.68$$
$$\therefore E(NOI) = 56.4(\text{억원})$$

따라서 가나(주)의 총자본비용은

$$k_o = \frac{E(NOI)(1-t)}{V} = \frac{56.4(1-0.2)}{351} = 0.129$$

WACC와 k_o는 동일하다.

한편, 기업이 새로운 투자를 위하여 보통주나 회사채 등으로 자본을 조달하는 경우 발행비용(flotation costs)이 발생한다. 이러한 발행비용을 어떻게 처리할 것인가? 발행비용을 반영하기 위하여 자본비용을 조정할 수도 있지만 좋은 방법이라고 할 수 없다. 왜냐하면 투자안의 자본비용은 그 투자로부터 얻어져야 할 최소한의 기대수익률이며, 이는 자본의 원천이 아니라 투자안의 위험에 따라 결정되기 때문이다. 발행비용은 투자로 인해 부담하여야 하는 현금유출이므로 투자안의 최초투자액에 포함시키는 것이 타당하다.

2.4 투자안의 자본비용

기업이 새로운 투자안을 평가할 때 그 투자안의 자본비용이 아닌 기업의 자본비용을 사용한다면 잘못된 결과를 가져온다. 위험이 작은 투자안은 과소평가되는 반면에 위험이 큰 투자안은 과대평가될 수 있기 때문이다. [그림 7-1]을 보자.

그림 7-1
WACC와 투자안의 자본비용

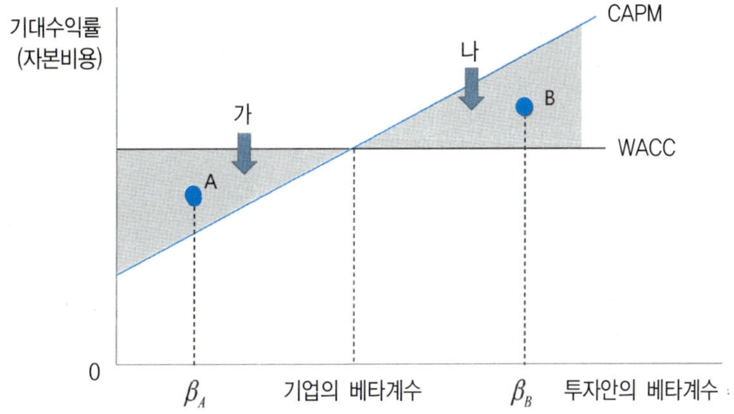

기업의 자본비용, 즉 WACC에 의해 평가할 경우, WACC보다 기대수익률이 낮은 투자안 A는 기각되고 기대수익률이 높은 투자안 B는 채택되어야 한다. 그러나 투자안 A는 투자안의 위험에 상응하는 요구수익률보다 기대수익률이 높고, 반대로 투자안 B는 오히려 낮다. 따라서 투자안 A는 채택되고 투자안 B가 기각되어야 옳은 결정이다. 이와 같이 WACC에 의해 투자안을 평가하게 되면 영역 '가'의 투자안들은 잘못 기각되고 영역 '나'의 투자안들은 잘못 채택되는 결과를 초래하게 된다.

투자안의 위험은 기업의 위험과 다를 것이다. 따라서 투자안의 평가기준은 기업의 자본비용이 아닌 그 투자안의 자본비용이어야 한다. 투자안의 자본비용(cost of capital of a project), 즉 투자안으로부터 얻어져야 할 최소한의 기대수익률은 그 투자안 자체의 위험에 의해서 결정되기 때문이다.

제3절 레버리지

3.1 자본조달분기분석

매출을 통해 얻는 수익에서 비용을 차감한 영업이익(net operating income : NOI)은 이자와 법인세 차감전 순이익(earnings before interest and tax : EBIT)이다. 기업의 영업활동의 결과인 영업이익, 즉 EBIT 중 얼마가 주주에게 귀속되는가? 보통주 주주에게 귀속되는 순이익(net income : NI)은, 먼저 영업이익에서 채권자에게 주어야 하는 지급이자를 차감하고, 다음으로 지급이자를 차감한 영업이익을 과세표준으로 하여 법인세를 차감한 후, 마지막으로 우선주 주주에게 지급하여야 하는 우선주배당을 차감하면 구할 수 있다. 보통주 한 주에 대한 이익인 주당이익(earnings per share : EPS)은 보통주 주주에게 귀속되는 순이익을 보통주 발행주식수로 나누어 구하면 된다.

$$EPS = \frac{NI}{n} \tag{7-10 a}$$

$$= \frac{(EBIT - r \cdot B)(1-t) - D_p}{n} \tag{7-10 b}$$

여기서, EPS : 주당이익
NI : 순이익
n : 보통주 발행주식수
$EBIT$: 이자와 법인세 차감전 순이익
r : 이자율
B : 부채
t : 법인세율
D_p : 우선주배당

예컨대, 투자안 K에 소요되는 자본 8,000만원을 조달하기 위한 세 가지 방안을 비교해 보자. 투자안 K로부터 얻는 영업이익은 900만원이고 법인세율은 20%이다.

표 7-2
투자안 K의 자본조달 방안

A안	보통주	p_s = 1만원 n = 8,000
B안	1/2 보통주 + 1/2 부채	r = 8% n = 4,000
C안	1/2 보통주 + 1/2 우선주	d_p = 12% n = 4,000

A안은 소요자본 8천만원 전부를 시가(p_s) 1만원인 보통주로 조달하는 것으로 이때 필요한 발행주식수는 8,000주이다. B안은 4천만원은 보통주, 나머지 4천만원은 이자율 8%인 부채를 사용하여 조달하는 안으로 발행주식수는 4,000주이다. C안은 4천만원은 보통주, 나머지 4천만원은 우선주배당률(d_p) 12%인 우선주를 발행하여 조달하는 안으로 보통주 발행주식수는 4,000주이다. 세 가지 자본조달방안에 따른 주당이익은 다음과 같다.

$$EPS_A = \frac{9,000,000\,(1-0.20)}{8,000} = 900$$

$$EPS_B = \frac{(9,000,000-0.08\times 40,000,000)(1-0.20)}{4,000} = 1,160$$

$$EPS_C = \frac{9,000,000\,(1-0.20)-0.12\times 40,000,000}{4,000} = 600$$

이 예는 투자안에 소요되는 자본을 어떻게 조달하느냐에 따라서 주당이익이 달라진다는 것을 보여준다. 이러한 결과가 나타나게 되는 이유를 자본조달분기점을 찾는 자본조달분기분석, 즉 EBIT-EPS 분석을 통해 살펴보자. 자본조달분기점(financial break even point : FBEP)은[16] 상이한 자본조달방법 사이에서 EPS를 동일하게 하는 EBIT의 수준을 말한다. 앞의 예에서 EBIT에 대한 세 가지 자본조달방안의 각 EPS는 다음과 같다.

$$EPS_A = \frac{EBIT\,(1-0.20)}{8,000} = \frac{EBIT}{10,000}$$

$$EPS_B = \frac{(EBIT-0.08\times 40,000,000)(1-0.20)}{4,000} = \frac{EBIT}{5,000} - 640$$

$$EPS_C = \frac{EBIT\,(1-0.20)-0.12\times 40,000,000}{4,000} = \frac{EBIT}{5,000} - 1,200$$

16) 자본조달무차별점(financial indifference point)이라고도 한다.

그림 7-2
자본조달분기분석

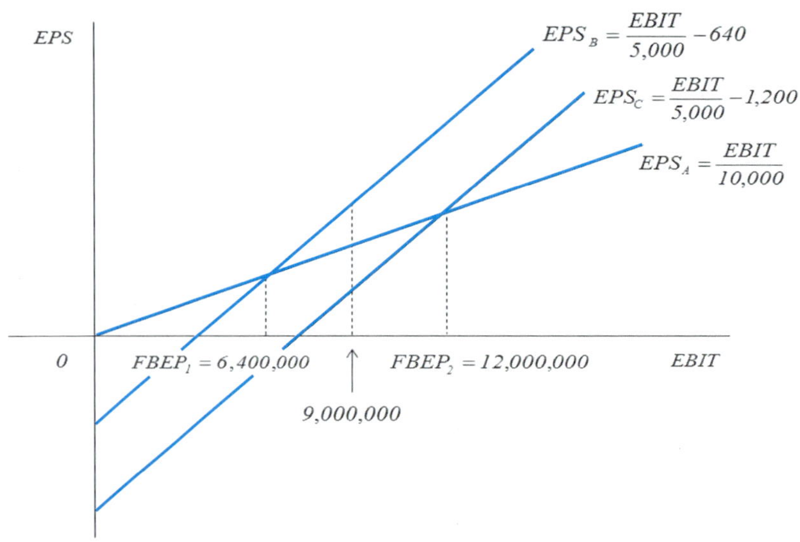

EBIT와 EPS의 좌표평면에 EPS_A, EPS_B, EPS_C를 나타내면 [그림 7-2]와 같다. 투자안의 EBIT가 9백만원일 때 EPS_B, EPS_A, EPS_C 순으로 주당이익이 크다는 것을 볼 수 있다. A안과 B안의 자본조달분기점, 즉 $EPS_A = EPS_B$인 EBIT의 수준은 640만원이다. 만일 투자안의 EBIT가 자본조달분기점인 640만원보다 작으면, 보통주만으로 자본을 조달하는 A안이 부채를 사용하여 자본을 조달하는 B안보다 EPS가 커진다. 그러나 투자안의 EBIT가 자본조달분기점보다 크면, 반대의 결과, 즉 부채를 사용하는 것이 더 유리한 결과를 가져다준다. EPS_B의 기울기는 EPS_A의 기울기보다 2배 가파르다. 이는 EBIT의 한 단위 변화에 대해 EPS가 2배 민감하게 변동한다는 것을 나타낸다. 부채를 사용하여 자본을 조달할 경우 주주에게 주어지는 EPS의 변동성, 즉 위험은 커진다는 것을 말해준다.

한편 A안과 C안의 자본조달분기점, 즉 $EPS_A = EPS_C$인 EBIT의 수준은 1,200만원이다. 투자안의 EBIT가 자본조달분기점인 1,200만원보다 작으면 보통주만으로 자본을 조달하는 A안의 EPS가 크고, 자본조달분기점보다 크면 우선주를 사용하여 자본을 조달하는 C안의 EPS가 커진다. 이 경우에도 C안이 A안보다 EPS의 변동성을 크게 한다. B안과 C안 사이의 자본조달분기점은 존재하지 않으며, 항상 B안이 C안보다 EPS를 크게 실현시킨다.

이와 같이 부채와 우선주로 자본을 조달함으로써 지급이자와 우선주배당이라는 고정적인 비용을 사용할 경우, 투자안의 EBIT가 자본조달분기점보다 크면 보통주만으로 자본을 조달하는 경우보다 주주의 이익을 확대할 수 있다. 그렇지만 주주 이익의 변동성 역시 커지게 된다. 이러한 효과에 대해서는 3.2의 레버리지 분석에서 살펴보기로 한다.

앞의 예에서 자본조달방법이 달라지면 주주의 이익이 다르게 나타난다는 것을 보았다. 그렇다면 자본조달방법은 주주의 부, 즉 기업가치에 영향을 미친다고 말할 수 있는가? 이 질문에 대한 대답은 '그렇지 않다' 이다. 왜냐하면 자본조달방법은 원천별 자본비용에 영향을 미치지만 기업의 총자본비용에는 영향을 미치지 않을 수 있기 때문이다. 이에 대해서는 8장에서 살펴보게 될 것이다.

3.2 레버리지분석

3.2.1 레버리지의 의의

레버리지(leverage)는 지렛대 또는 지렛대의 힘이라는 뜻이다. 지렛대란 작은 힘으로 무거운 물체를 움직이는 장치를 말한다. 기업경영에 있어서도 지렛대의 원리가 작용된다. 즉, 고정비가 발생하는 자산과 자본을 사용하면 고정비가 지렛대 역할을 함으로써 기업의 손익을 확대하는 효과가 나타난다.

기업의 고정비는 고정영업비용과 고정재무비용으로 나눌 수 있다. 고정영업비용(fixed operating cost)은 영업활동을 위해 비유동자산을 보유함으로써 발생하는 고정적인 비용으로 감가상각비, 임대료, 경영진의 보수 등을 들 수 있다. 고정재무비용(fixed financial cost)은 자본조달을 위해 부채나 우선주를 사용함으로써 발생하는 고정적인 비용으로 지급이자, 우선주배당이 있다. 기업이 고정영업비용을 사용하는 정도를 영업레버리지(operating leverage)라고 한다. 영업활동에 있어서 고정비의 비중이 클수록 영업레버리지가 높은 기업이라고 할 수 있다. 그리고 기업이 고정재무비용을 사용하는 정도를 재무레버리지(financial leverage)라고 한다.

매출액에서 비용을 차감하면 영업이익이 된다. 기업의 영업레버리지는 매출액의 변화율보다 영업이익의 변화율을 더 크게 한다. 영업이익에서 지급이자, 법인세, 우선주배당을 차감한 것이 순이익이다. 기업의 재무레버리지는 영업이익의 변화율보다 순이익 또는 주당이익의 변화율을 확대시킨다. 이러한 레버리지에 따른 레버리지효과(leverage effect)를 3.2.2와 3.2.3에서 살펴보기로 하자.

그림 7-3
레버리지효과

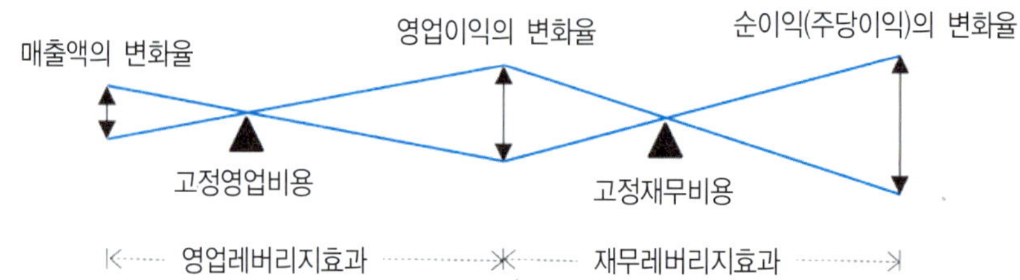

3.2.2 영업레버리지분석

영업레버리지효과가 얼마나 큰지를 나타내는 척도인 영업레버리지도(degree of operating leverage : DOL)는 식 (7-11 a), (7-11 b)와 같이 측정된다.[17]

$$DOL = \frac{\text{영업이익의 변화율}}{\text{매출액의 변화율}} \quad (7\text{-}11\ a)$$

$$= \frac{q(p-v)}{q(p-v)-F} \quad (7\text{-}11\ b)$$

여기서, q : 판매수량
p : 판매가격
v : 단위당 변동비
F : 고정영업비용

만일 기업이 영업레버리지를 전혀 갖고 있지 않다면, 즉 식 (7-11 b)에서 고정영업비용 F가 0이라면 DOL은 1이다. 이 경우 매출액의 변화율과 영업이익의 변화율은 동일하며, 레버리지효과는 나타나지 않는다. 그러나 모든 기업은 그 정

17) $DOL = \frac{\Delta EBIT / EBIT}{\Delta S / S} = \frac{\Delta q(p-v) / [q(p-v)-F]}{p\,\Delta q \,/\, p\,q} = \frac{q(p-v)}{q(p-v)-F}$
여기서, Δ: 증분, $EBIT$: 영업이익, S: 매출액

도가 다를 뿐 영업레버리지를 가지며, 고정영업비용 F가 클수록 DOL은 증가한다. 즉, 영업레버리지효과가 커진다. 예컨대, DOL이 3.0이라면 매출액이 1% 변할 경우 영업이익은 3% 변한다. 영업레버리지가 높을수록 영업이익의 변동성이 커진다는 점에 주목하라.

예제 7-7

가나(주)는 판매가격 10만원, 단위당 변동비 5만원인 제품 '다라'를 판매하여 매출액 6,000만원을 얻고 있다. 고정비는 1,000만원이다. 매출액이 20% 변하면 영업이익은 어떻게 변하는가?

▶▶▶ 풀이

(단위 : 만원)

매출액	6,000	7,200(20%⇧)	4,800(20%⇩)
변동비	3,000	3,600	2,400
고정비	1,000	1,000	1,000
영업이익	**2,000**	**2,600(30%⇧)**	**1,400(30%⇩)**

매출액이 6,000만원에서 7,200만원으로 20% 증가하면 영업이익은 2,000만원에서 2,600만원으로 30% 증가한다. 반대로, 매출액이 20% 감소하면 영업이익은 30% 감소한다. 영업레버리지로 인해 매출액의 변화율보다 영업이익의 변화율이 더 커지는 영업레버리지효과가 나타나게 된다.

$$DOL = \frac{600(10-5)}{600(10-5)-1{,}000} = 1.5$$

가나(주)의 DOL이 1.5이므로 매출액이 1% 변하면 영업이익은 1.5% 변한다. 따라서 매출액이 20% 변하면 영업이익은 30%(=20%×1.5) 변하게 된다.

3.2.3 재무레버리지분석

재무레버리지효과의 크기를 나타내는 척도인 재무레버리지도(degree of financial leverage : DFL)는 식 (7-12 a), (7-12 b)와 같이 측정된다.[18)]

---

18) $$DFL = \frac{\Delta NI / NI}{\Delta EBIT / EBIT} = \frac{[\Delta EBIT(1-t)] / [(EBIT - rB)(1-t) - D_p]}{\Delta EBIT / EBIT}$$
$$= \frac{EBIT(1-t)}{(EBIT - rB)(1-t) - D_p} = \frac{EBIT}{EBIT - rB - \dfrac{D_p}{1-t}}$$

$$DFL = \frac{\text{순이익(주당이익)의 변화율}}{\text{영업이익의 변화율}} \quad (7\text{-}12\ a)$$

$$= \frac{EBIT}{EBIT - rB - \frac{D_p}{1-t}} \quad (7\text{-}12\ b)$$

여기서, $EBIT$: 영업이익
r : 이자율
B : 부채
D_p : 우선주배당
t : 법인세율

기업이 재무레버리지를 전혀 갖고 있지 않다면, 즉 식 (7-12 b)에서 지급이자 rB와 우선주배당 D_p가 0이라면 DFL은 1이다. 이러한 경우 영업이익의 변화율과 순이익 또는 주당이익의 변화율은 동일하며, 레버리지효과는 나타나지 않는다. 그러나 고정재무비용 rB, D_p가 클수록 DFL은 증가한다. 즉, 재무레버리지 효과가 커진다. DFL이 4.0이라면 영업이익이 10% 변할 경우 순이익 또는 주당이익은 40% 변한다. 여기서도 재무레버리지가 높을수록 주주들이 얻는 순이익 또는 주당이익의 변동성이 커진다는 점에 유의하라.

예제 7-8

가나(주)는 시가 1만원인 보통주 5,000주와 이자율 10%인 부채 10,000만원을 사용하고 있다. 영업이익은 2,000만원이고 법인세율은 20%이다. 영업이익이 30% 변하면 순이익과 주당이익은 어떻게 변하는가?

▸▸▸ 풀이

(단위 : 만원)

영업이익	2,000	2,600(30%⇧)	1,400(30%⇩)
지급이자	1,000	1,000	1,000
세전이익	1,000	1,600	400
법인세	200	320	80
순이익	800	1,280(60%⇧)	320(60%⇩)
주당이익	0.16	0.256(60%⇧)	0.064(60%⇩)

영업이익이 30% 증가하면 순이익과 주당이익은 60% 증가한다. 반대로, 영업이익이 30% 감소하면 순이익과 주당이익은 60% 감소한다. 재무레버리지로 인해 영업이익의 변화율보다 순이익과 주당이익의 변화율이 더 커지는 재무레버리지효과가 나타난다.

$$DFL = \frac{2,000}{2,000 - 0.10 \times 10,000} = 2.0$$

가나(주)의 DFL이 2.0이므로 영업이익이 1% 변하면 순이익과 주당이익은 2% 변한다. 따라서 영업이익이 30% 변하면 순이익과 주당이익은 60%(=30%×2.0) 변하게 된다.

3.2.4 결합레버리지분석

거의 모든 기업은 영업레버리지와 재무레버리지 둘 다 가지며, 따라서 두 가지 레버리지효과가 함께 나타날 것이다. 두 레버리지가 결합된 효과의 크기를 나타내는 결합레버리지도(degree of combined leverage : DCL)는 식 (7-13 a), (7-13 b)와 같이 측정된다.[19]

$$DCL = \frac{\text{순이익(주당이익)의 변화율}}{\text{매출액의 변화율}} \tag{7-13 a}$$

$$= DOL \times DFL = \frac{q(p-v)}{q(p-v) - F - rB - \dfrac{D_p}{1-t}} \tag{7-13 b}$$

식 (7-13 b)에서 쉽게 알 수 있듯이 고정영업비용 F와 고정재무비용 rB, D_p가 클수록 DCL은 증가한다. 즉, 결합레버리지효과가 커진다.

19) $DCL = DOL \times DFL = \dfrac{q(p-v)}{q(p-v)-F} \times \dfrac{EBIT}{EBIT - rB - \dfrac{D_p}{1-t}}$

$$= \frac{q(p-v)}{q(p-v) - F - rB - \dfrac{D_p}{1-t}} \quad (\because EBIT = q(p-v) - F)$$

예제 7-9

<예제 7-7>과 <예제 7-8>과 같은 가나(주)의 매출액이 20% 변하면 순이익과 주당이익은 어떻게 변하는가?

▸▸▸ 풀이

(단위 : 만원)

매출액	6,000	7,200(20%⇧)	4,800(20%⇩)
변동비	3,000	3,600	2,400
고정비	1,000	1,000	1,000
영업이익	2,000	2,600(30%⇧)	1,400(30%⇩)
지급이자	1,000	1,000	1,000
세전이익	1,000	1,600	400
법인세	200	320	80
순이익	800	1,280(60%⇧)	320(60%⇩)
주당이익	0.16	0.256(60%⇧)	0.064(60%⇩)

매출액이 20% 증가하면 영업이익은 30% 증가하고 순이익과 주당이익은 60% 증가한다. 반대로 매출액이 20% 감소하면 영업이익은 30% 감소하고 순이익과 주당이익은 60% 감소한다. 영업레버리지와 재무레버리지로 인한 결합레버리지효과는 다음과 같다.

$$DCL = DOL \times DFL = 1.5 \times 2.0 = 3.0$$

가나(주)의 DCL이 3.0이므로 매출액이 1% 변하면 순이익과 주당이익은 3% 변한다. 따라서 매출액이 20% 변하면 순이익과 주당이익은 60%(=20%×3.0) 변하게 된다.

3.2.5 영업위험과 재무위험

기업의 위험은 영업위험과 재무위험으로 나눌 수 있다. 영업위험(operating risk)은 경영위험(business risk)이라고도 하며, 영업이익의 변동성을 말한다. 영업이익의 변동성을 결정하는 것은 두 가지이다. 첫 번째는 경제 전반적인 경기변동에 따라 매출액이 변동하는 정도, 즉 매출액의 경기변동성이다. 매출액의 경기변동성이 클수록 영업이익의 변동성도 커질 것이다. 두 번째는 고정영업비용을 사용하는 정도, 즉 영업레버리지이다. 영업레버리지가 높을수록 영업이익의 변동성이 커진다는 것은 이미 앞에서 확인하였다. 자동화가 이루어지거나 대량의 자본설비를 사용하는 자본집약적 투자의 경우 높은 영업레버리지를 갖게 되며, 따라서 영업위험은 커진다. 전력, 자동차, 항공, 철강, 화학, 제약 등과 같은 산업에서의 투자를 그 예로 들 수 있다. 이와 같이 영업위험은 기업이 어떤 산업을 선택하고 어떻게 자산을 구성하는가에 따라 달라지기 때문에 투자결정에 따른 위험이라고 할 수 있다.

한편 재무위험(financial risk)은 순이익 또는 주당이익의 변동성을 말한다. 고정재무비용을 사용하는 정도, 즉 재무레버리지가 높을수록 보통주 주주들이 얻는 순이익 또는 주당이익의 변동성은 커진다. 기업이 부채나 우선주를 얼마나 사용하느냐에 따라 고정재무비용은 달라지며, 따라서 재무위험은 자본조달결정에 따른 위험이다.

정리하는 문제

1. 장기자본조달원천으로 어떤 것이 있으며 각각의 장점과 단점은 무엇인지 알아보시오.

2. 단기자본조달원천으로는 어떤 것이 있나?

3. 자본비용이란 무엇인가?

4. 자본비용의 기능에 대해 설명하시오.

5. 기업의 총자본비용은 어떻게 추정하여야 하는가?

6. 가중평균자본비용이란 무엇인가? 이를 추정할 때 자본조달원천의 구성비를 어떤 기준으로 측정하는 것이 합리적인가?

7. 새로운 투자안을 평가할 때 기업의 자본비용을 사용하면 안 되는 이유를 설명하시오.

8. 영업레버리지효과와 재무레버리지효과를 설명하시오.

9. 영업위험과 재무위험을 설명하시오.

10. 가나(주)는 다음과 같이 보통주, 차입금, 회사채, 우선주를 사용하여 자본을 조달하고 있다. 무위험수익률은 4%이고 시장포트폴리오의 기대수익률은 14%이며 법인세율은 20%이다.

자본조달원천	시장가치	비고
보통주	120억원	발행수 60만주, 베타계수 1.42
차입금	50억원	이자율 7%
회사채	48억원	액면가 10만원(5만 단위), 표면이자율 8%, 만기 5년
우선주	32억원	발행수 20만주, 주당배당 2,200원

(1) 보통주비용을 구하시오.
(2) 두 가지 부채비용을 구하시오.
(3) 우선주비용을 구하시오.
(4) 시장가치 기준으로 가중평균자본비용을 구하시오.

11. 다라(주)가 발행한 회사채의 시장가치는 40억원이고 만기수익률은 9%이며, 주식가치는 80억원이고 현재의 베타계수는 1.3이다. 무위험수익률은 3%이고 시장포트폴리오의 기대수익률은 12%이며 법인세율은 20%이다. 다라(주) 경영진의 목표자본구조는 자기자본 60%, 부채 40%이다.
(1) 보통주비용은 얼마인가?
(2) 회사채를 더 발행하여 시장가치가 100억원이 되면 보통주비용은 얼마가 되는가?
(3) (2)의 경우 목표자본구조를 기준으로 한 가중평균자본비용은 얼마인가?

12. 마바(주)는 다음 네 가지 투자안을 검토하고 있다. 무위험수익률은 4%이고 시장포트폴리오의 기대수익률은 14%이다. 마바(주)의 총자본비용은 13.2%로 알려져 있다. 어떤 투자안을 채택하여야 하는가?

투자안	베타계수	기대수익률
A	0.75	11.8%
B	0.92	12.9%
C	1.35	16.6%
D	1.84	22.7%

13. 사아(주)는 판매가격 4만원, 단위당 변동비 2만원인 제품 Q를 3,000개 생산하여 판매하고 있으며 고정영업비는 2,000만원이다. 한편, 사아(주)의 보통주 발행수는 2만주이고 이자율 10%의 부채 6,000만원과 배당률 14%의 우선주 3,000만원을 사용하고 있다. 법인세율은 20%이다.
(1) EBIT를 구하시오.
(2) EPS를 구하시오.
(3) DOL은 얼마인가?
(4) DFL은 얼마인가?
(5) 매출이 12% 증가할 경우 EPS는 얼마나 증가하는가?

14. 자차(주)는 시가 2만원인 보통주 4,000주를 발행하고 있으며 이자율 9%의 부채 5,000만원을 사용하고 있다. 자차(주)는 생산설비의 확장에 필요한 4,000만원의 추가자금을 조달하기 위해 다음과 같은 두 가지 방안을 검토하고 있다. 생산설비의 확장이 이루어질 경우 EBIT는 1,200만원으로 기대되며, 법인세율은 20%이다.

A안 : 100% 부채(이자율 8%)

B안 : 25% 보통주, 50% 부채(이자율 8%), 25% 우선주(우선주배당률 12%)

(1) A안을 선택할 경우 EPS를 구하시오.

(2) B안을 선택할 경우 EPS를 구하시오.

(3) A안과 B안 사이의 자본조달분기점을 찾으시오.

(4) B안을 선택할 경우 DFL을 구하시오.

(5) B안을 선택할 경우 EBIT가 7% 증가한다면 EPS는 얼마나 증가하는가?

(6) B안을 선택할 경우 매출이 5% 증가하면 EPS는 22% 증가한다. DOL은 얼마인가?

제 8 장

자본구조

제8장 자본구조

제1절 자본구조란 무엇인가

1.1 자본구조의 개념

자본구조(capital structure)란 부채와 자기자본의 구성을 뜻한다. 즉, 기업이 필요한 자본을 조달하기 위해 자본조달원천인 부채와 자기자본을 어떻게 조합하였는지를 나타낸다. 일반적으로 자본구조는 부채를 자기자본으로 나눈 부채비율(debt ratio)로 표시된다.

자본구조는 흔히 말하는 재무구조와는 조금 다르다. 재무구조(financial structure)는 재무상태표 오른쪽 편, 즉 대변에 있는 자본조달원천 전체의 구성을 말한다. 그러나 자본구조는 자본조달원천 중 단기부채인 유동부채를 제외한 비유동부채와 자기자본, 즉 장기자본이 어떻게 구성되어 있는가 하는 것이다. 따라서 엄밀하게 말하면 자본구조는 장기부채와 자기자본의 구성이라고 할 수 있다. 하지만 일반적으로 자본구조와 재무구조는 같은 의미로 사용된다.

그림 8-1
자본구조와 재무구조

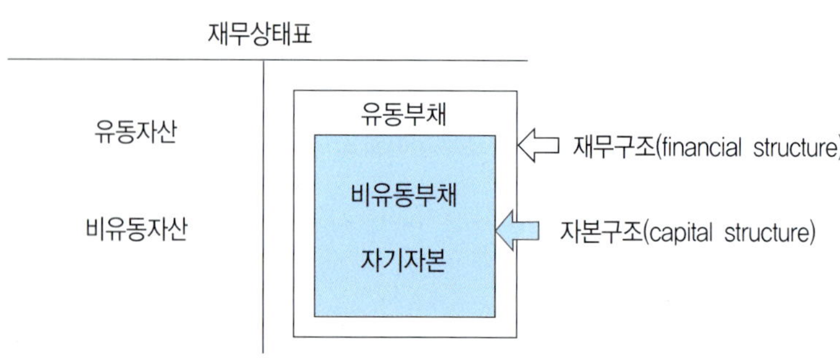

1.2 자본구조와 기업가치

기업의 목표는 기업가치의 극대화이다. 기업가치를 구하기 위해 매년의 기대현금흐름, 즉 기대영업이익이 $E(NOI)$인 기업을 생각해 보자.

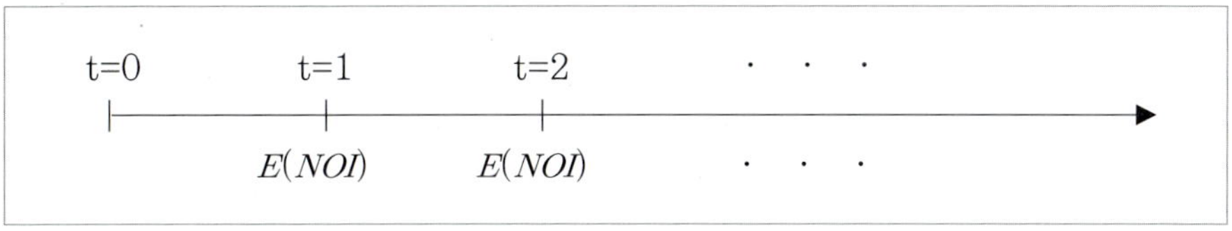

기업가치(firm value)는 미래 기대현금흐름의 현재가치이며, 따라서 다음과 같다.

$$V = \frac{E(NOI)}{(1+k_o)^1} + \frac{E(NOI)}{(1+k_o)^2} + \cdots$$

여기서 기업의 기대현금흐름을 현재가치로 바꾸기 위해 사용되는 할인율 k_o는 기업에 대한 요구수익률, 즉 기업의 총자본비용이다. 위 식을 정리하면 식 (8-1)과 같다.[1)]

$$V = \frac{E(NOI)}{k_o} \tag{8-1}$$

여기서, V : 기업가치
$E(NOI)$: 기대현금흐름
k_o : 총자본비용

기업의 목표가 기업가치의 극대화임을 상기하라. 식 (8-1)에서 기업가치 V를 극대화하기 위해서는 기대현금흐름 $E(NOI)$를 극대화하고(하거나) 총자본비용 k_o는(를) 극소화하여야 한다. 기대현금흐름은 어떤 투자안을 선택하느냐 하는 투자결정에 따르는 결과이지 투자안에 필요한 자본을 어떻게 조달하느냐 하는 자본조달결정, 즉 자본구조와는 무관하다. 그러므로 자본구조와 기업가치의 관계에 있어서 논점은 다음과 같다.

1) 영구연금의 현재가치와 같은 형태이다.

첫째, 자본구조가 총자본비용에 영향을 미치는가? 자본구조가 총자본비용에 영향을 미치지 않는다면 기업가치를 결정짓는 것은 오직 투자결정이며, 기업은 자본구조에 대해서는 의미를 둘 필요가 없다.

둘째, 만일 자본구조가 총자본비용에 영향을 미친다면, 어떤 자본구조가 총자본비용을 극소화하는가? 총자본비용을 극소화하는, 즉 기업가치를 극대화하는 최적자본구조(optimal capital structure)를 찾아야만 한다.

위의 논점에 대한 해답, 즉 정론은 아직 없다. 그러나 자본구조와 기업가치의 관계를 규명하려는 학자들의 노력으로 많은 의미 있는 이론들이 제시되었다. 이 가운데 중요한 이론들을 살펴보기로 한다.

제2절 MM의 자본구조이론

2.1 MM의 무관련이론

재무관리 이론의 발전에 1958년 발표된 모딜리아니와 밀러(F. Modigliani and M. Miller : 이하 MM이라 씀)의 자본구조이론처럼 큰 영향을 미친 논문은 없다고 해도 좋다. MM의 논문 이전까지 재무학자들이나 경영자들은 기업가치를 극대화하는 최적자본구조가 존재한다는 통념을 갖고 있었다. 그러나 MM은 세금이 없는 완전자본시장에서 기업가치는 자본구조와는 무관하다는 무관련이론(irrelevance theory)을 주장하였다.[2] 이러한 획기적인 MM의 주장은 이후 보다 현실적인 자본구조이론들이 개발되는 동인이 되었다.

MM은 그들의 이론을 도출하는 과정에서 세금이 존재하지 않으며 자본시장이 완전하다고 가정하였다. 여기서 완전자본시장(perfect capital market)이란 (1) 거래비용이 존재하지 않고, (2) 개인과 기업이 동일한 이자율로 차입할 수 있는 시장을 말한다. 이와 같은 가정에 기초한 MM의 주장은 다음 두 가지 명제(proposition)로 요약할 수 있다.

---

2) 자본구조이론에 대한 업적으로 모딜리아니(F. Modigliani)는 1985년, 밀러(M. Miller)는 1990년 노벨 경제학상을 수상하였다.
Modigliani, F. and M. Miller, "The Cost of Capital, Corporation Finance and the Theory of Investment," *American Economic Review*, June 1958.

2.1.1 MM의 명제 I

MM의 첫 번째 명제는 기업가치와 자본구조는 무관하다는 것이다. 앞에서 보았듯이, 매년의 기대영업이익이 $E(NOI)$인 기업의 가치는 다음과 같다.

$$V = \frac{E(NOI)}{k_o}$$

여기서 할인율로 사용되는 총자본비용은 기대영업이익의 불확실성에 따른 위험을 반영하여야 한다. 즉, 총자본비용은 영업이익의 변동성인 영업위험만을 반영하면 된다. 한편 기업의 자본구조는 재무위험에만 영향을 미치며 영업위험과는 관계가 없다. 따라서 자본구조 이외에 모든 점이 동일한 기업은 기대영업이익과 총자본비용이 동일할 것이며, 따라서 위의 식에서 쉽게 알 수 있듯이 기업가치도 동일하게 된다. 이는 기대영업이익과 영업위험이 동일하다면, 무부채기업과 부채사용기업의 가치가 동일할 수밖에 없다는 것을 말해준다.[3)]

$$V_U = V_L \qquad (8-2)$$

여기서, V_U : 무부채기업의 가치
V_L : 부채사용기업의 가치

만일 영업이익과 영업위험이 동일함에도 불구하고 무부채기업과 부채사용기업의 가치가 다르게 나타날 경우, 차익거래이익(arbitrage profit)을 얻기 위한 투자자들의 차익거래가 발생할 것이며 결국 두 기업의 가치는 동일해 질 수밖에 없다. 차익거래이익은 추가적인 투자액과 위험의 부담 없이 얻을 수 있는 이익을 말한다. 차익거래가 발생한다는 것은 균형상태가 아님을 나타낸다. 이를 〈예제 8-1〉에서 살펴보자.

3) 밀러(M. Miller)는 피자를 몇 조각으로 나누느냐에 따라 더 많은 피자조각을 가질 수는 있겠지만 더 많은 피자를 갖게 되는 것은 아니라고 MM의 첫 번째 명제를 비유하였다. 즉, 부채를 얼마나 사용하느냐에 따라 채권자와 주주의 몫은 달라지겠지만 기업가치는 바뀌지 않는다는 것이다.

예제 8-1

무부채기업 U와 부채사용기업 L의 기대영업이익과 영업위험은 동일하다. 만일 기업 U보다 기업 L의 기업가치가 크게 나타나면 어떻게 될까? 반대로 기업 U가 기업 L보다 기업가치가 크면 어떻게 될까?

▸▸▸ 풀이

(1) $V_U < V_L$인 경우

(단위 : 만원)

	기업 U	기업 L
V(기업가치)	7,000	8,000
S(주식가치)	7,000	3,000
B(부채가치)	0	5,000 (r = 8%)
기대영업이익	900	900
지급이자	0	400
순이익	900	500

기업 L의 주식 10%를 갖고 있는 투자자가 주식을 매각하고 얻은 자금 300만원(3,000만원×10%)과 차입한 자금 500만원(기업 L의 부채 5,000만원×10%), 모두 800만원으로 기업 U의 주식을 매입하면,

$$\text{거래 전 수익 : } 500 \times 10\% = 50(\text{만원})$$

$$\text{거래 후 수익 : } 900 \times \frac{800}{7{,}000} - 500 \times 0.08 = 62.86(\text{만원})$$ [4)]

기업가치가 높게 평가된 기업 L의 주식을 매각하고 낮게 평가된 기업 U의 주식을 매입하는 거래를 통해 투자자는 12.86만원의 차익거래이익을 실현할 수 있다. 따라서 기업 L의 주식은 초과공급이 나타나서 가격이 하락하고, 기업 U의 주식은 초과수요가 나타나서 가격이 상승하게 될 것이다. 즉, $V_U < V_L$인 상태가 지속될 수 없다.

(2) $V_U > V_L$인 경우

(단위 : 만원)

	기업 U	기업 L
V(기업가치)	8,000	7,000
S(주식가치)	8,000	3,000
B(부채가치)	0	4,000 (r=8%)
기대영업이익	900	900
지급이자	0	320
순이익	900	580

기업 U의 주식 10%를 갖고 있는 투자자가 주식을 매각하고 얻은 자금 800만원 (8,000만원×10%)으로 기업 L의 주식 $800\times\frac{3,000}{7,000}$만원과 채권 $800\times\frac{4,000}{7,000}$만원을 매입하면,

거래 전 수익 : $900\times 10\% = 90$(만원)

거래 후 수익 : $580\times\frac{800\times\frac{3,000}{7,000}}{3,000} + 800\times\frac{4,000}{7,000}\times 0.08 = 102.86$(만원)[5]

기업가치가 높게 평가된 기업 U의 주식을 매각하고 낮게 평가된 기업 L의 주식과 채권을 매입하는 거래를 통해 투자자는 12.86만원의 차익거래이익을 실현할 수 있다. 따라서 차익거래가 발생하게 되며, $V_U > V_L$인 상태가 지속될 수 없다.

(1)과 (2)에서 보듯이, 결국 균형상태에서는 $V_U = V_L$, 즉 자본구조와 기업가치는 무관하게 된다.

2.1.2 MM의 명제 Ⅱ

MM의 두 번째 명제는 자기자본비용은 부채비율의 증가함수라는 것이다. 자기자본비용, 즉 주주들의 최소한의 기대수익률은 주주들이 얻을 수 있는 기대현금흐름을 주식가치로 나누어 구할 수 있다. 주주들이 얻을 수 있는 기대현금흐름은 기대영업이익에서 채권자들에게 지급하는 이자를 차감한 것이다.

$$k_e = \frac{E(NOI) - k_d B}{S}$$

여기서, k_e : 자기자본비용
k_d : 부채비용(이자율)
S : 주식가치
B : 부채가치

위의 식으로부터 자기자본비용에 관한 식 (8-3)을 구할 수 있다.[6]

---

4) 기업 U의 순이익 900만원 중 $\frac{800}{7,000}$의 지분만큼 얻을 수 있을 것이며, 차입자금 500만원에 대한 지급이자를 부담하여야 한다.

5) 기업 L에 대한 지분이 $\frac{800\times\frac{3,000}{7,000}}{3,000}$이다.

6) 식 (8-1)로부터 $E(NOI)$ 대신 $k_o V = k_o(S+B)$를 대입하면 $k_e = k_o + (k_o - k_d)\frac{B}{S}$가 된다.

$$k_e = k_u + (k_u - k_d)\frac{B}{S} \qquad (8\text{-}3)$$

여기서, k_u : 무부채기업의 자본비용

식 (8-3)에서 자기자본비용은 두 부분으로 구성되어 있다. 첫 번째 부분인 무부채기업의 자본비용인 k_u는 자본구조와는 무관한 영업위험을 반영한 것으로, 무위험수익률과 영업위험프리미엄을 더한 값이다. 두 번째 부분 $(k_u - k_d)(B/S)$는 부채사용에 따른 재무위험프리미엄이다.

그림 8-2
MM의 무관련이론

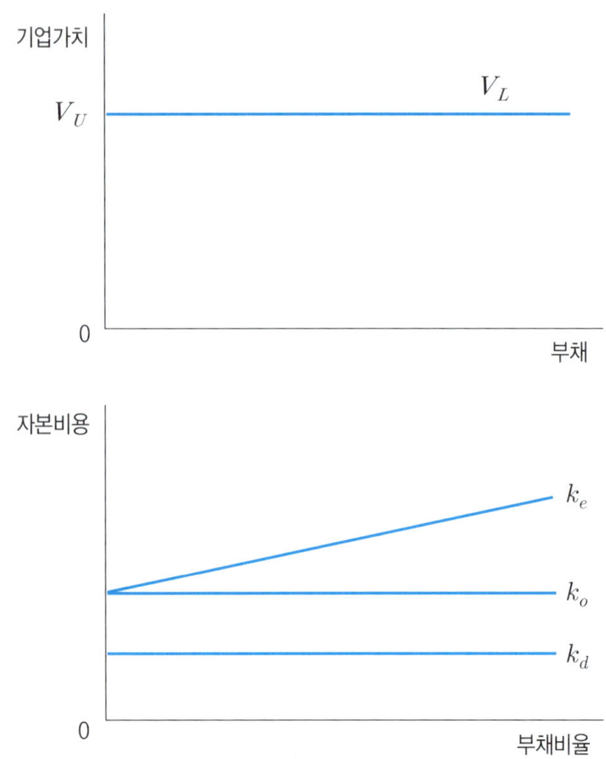

자본구조와 무관하게 총자본비용은 영업위험만을 반영하므로 $k_o = k_u$ (무부채기업의 자본비용)이다.

무부채기업의 자본비용 k_u는 부채비용 k_d보다 높다. 만일 부채비용이 더 높으면 기업은 부채를 사용하지 않을 것이기 때문이다. 식 (8-3)은 부채비율이 증가하면 자기자본비용도 증가한다는 것을 명확하게 보여준다. 기업이 부채를 많이 사용할수록 재무위험이 커지므로 주주들이 요구하는 최소한의 기대수익률, 즉 자기자본비용도 높아져야만 한다.

[그림 8-2]에서 보듯이 부채비용은 자기자본비용보다 낮아 부채를 많이 사용할수록 유리하지만, 부채가 증가할수록 자기자본비용이 증가하기 때문에 낮은 부채비용이 가져다주는 유리한 점은 완전히 상쇄된다. 따라서 세금이 없는 완전자본시장인 MM의 세계에서는 자본구조가 변하더라도 기업의 총자본비용은 변하지 않으며, 기업가치도 불변이다.

2.2 MM의 수정이론

MM의 무관련이론은 그들이 설정한 비현실적인 가정 때문에 실제 기업의 자본구조와 기업가치의 관계를 설명하는 데 한계가 있다. 이에 MM은 법인세가 존재하는 현실에서는 무관련이론이 어떻게 달라지는지 1963년 수정이론을 제시하였다.[7]

법인세가 존재하면, 부채에 대한 지급이자는 비용으로 처리되어 과세대상 이익을 줄이게 된다. 따라서 부채사용이 많아져서 지급이자가 늘어날수록, 과세대상 이익이 줄어들어 세금절감효과(tax shield effect)가 커진다. 세금이 감소하는 만큼 기업의 자본제공자, 즉 주주와 채권자가 얻는 현금흐름은 증가하게 된다. MM의 수정이론의 요지는 기업이 보다 많은 부채를 사용할수록 세금절감효과로 인해 기업가치가 증가한다는 것이다.

2.2.1 명제 I의 수정

무부채기업 U의 세후 기대현금흐름, 즉 세후 기대영업이익 $E(NOI)^t$는 모두 주주의 몫으로 다음과 같다.

---

7) Modigliani, F. and M. Miller, "Corporate Income Taxes and the Cost of Capital : A Correction," *American Economic Review*, June 1963.

$$E(NOI)^t = E(NOI)(1-t)$$

여기서 t : 법인세율

따라서 무부채기업 U의 가치 V_U는 다음과 같이 나타난다.[8)]

$$V_U = \frac{E(NOI)(1-t)}{k_u} \quad \cdots\cdots (1)$$

한편 부채사용기업 L의 경우, 세후 기대현금흐름 $E(NOI)^t$는 주주와 채권자에게 나누어 지급된다.

$$\begin{aligned} E(NOI)^t &= \text{주주의 몫} + \text{채권자의 몫} \\ &= [E(NOI) - k_d B](1-t) + k_d B \\ &= E(NOI)(1-t) + t\,k_d B \end{aligned}$$

위 식에서 $t\,k_d B$는 법인세 절감액이며 부채를 많이 사용할수록 늘어나게 된다. 법인세 절감액은 지급이자와 같은 위험을 가지므로 현재가치로 바꿀 때 부채비용, 즉 이자율로 할인된다. 따라서 부채사용기업 L의 가치 V_L은 다음과 같이 나타난다.

$$V_L = \frac{E(NOI)(1-t)}{k_u} + \frac{t\,k_d B}{k_d} \quad \cdots\cdots (2)$$

(1)과 (2)로부터 MM의 첫 번째 명제는 다음과 같이 바뀐다.

$$V_L = V_U + t\,B \qquad (8\text{–}4)$$

식 (8–4)는 법인세가 존재할 경우, 기업이 보다 많은 부채를 사용할수록 법인세 절감액의 현재가치, 즉 레버리지에[9)] 의한 이득(gain from leverage) $t\,B$가

8) 식 (8–1) 참고
9) 레버리지(leverage)는 7장 3절에서 살펴보았듯이 고정비를 사용하는 정도를 말하지만, 좁은 의미로는 부채의존도를 뜻하는 말로도 자주 사용된다.

커져 기업가치가 증가한다는 것을 명확하게 보여준다. 즉, MM의 수정이론에 따르면 극한의 레버리지 수준에서 기업가치가 극대화된다.

2.2.2 명제 Ⅱ의 수정

법인세가 존재할 때의 부채사용기업의 자기자본비용, 즉 주주들의 최소한의 기대수익률은 주주들이 얻을 수 있는 세후 기대현금흐름을 주식가치로 나누어 구할 수 있다.

$$k_e = \frac{[E(NOI) - k_d B](1-t)}{S}$$

위 식을 정리하면 MM의 두 번째 명제는 다음과 같이 바뀐다.[10)]

$$k_e = k_u + (k_u - k_d)(1-t)\frac{B}{S} \quad (8\text{-}5)$$

식 (8-5) 역시 부채비율이 증가하면 자기자본비용도 증가한다는 것을 보여준다. 그렇지만 법인세가 존재하지 않을 때의 식 (8-3)과 비교하면 $(1-t)$가 1보다 작으므로 상대적으로 작게 증가한다. 이는 무관련이론과는 다르게, 부채를 많이 사용할수록 자기자본비용이 증가하지만 낮은 비용의 부채를 사용하는 유리한 점이 완전히 상쇄되지는 않는다는 것을 말한다.

한편, 기업의 총자본비용, 즉 가중평균자본비용(WACC)는 7장의 2.3에서 보았듯이 다음과 같다.

$$k_o(WACC) = \frac{S}{V}k_e + \frac{B}{V}k_d(1-t)$$

위 식을 정리하면 식 (8-6)을 구할 수 있으며,[11)] 부채비율이 증가할수록 기업의

10) $k_e = \frac{[E(NOI) - k_d B](1-t)}{S} = \frac{E(NOI)(1-t) - k_d B(1-t)}{S}$에서 $E(NOI)(1-t)$ 대신 $V_U k_u = (V_L - tB)k_u = (S + B - tB)k_u$를 대입한 결과이다.

11) k_e 대신 식 (8-5)의 $k_u + (k_u - k_d)(1-t)\frac{B}{S}$를 대입한 결과이다.

총자본비용은 감소하며[12] 따라서 기업가치가 증가하게 된다는 것을 확인할 수 있다.

$$k_o = k_u(1 - t\frac{B}{V}) \quad (8\text{-}6)$$

[그림 8-3]은 지금까지 살펴본 MM의 수정이론을 그림으로 나타낸 것이다. 그러나 과연 부채를 최대한으로 사용하는 기업이 존재하는가? MM의 수정이론은 여전히 현실 설명력이 없다. 이는 MM의 논리에 잘못이 있는 것이 아니라 법인세 이외에 고려해야 할 현실적 요인들이 남아 있기 때문이다.

그림 8-3
MM의 수정이론

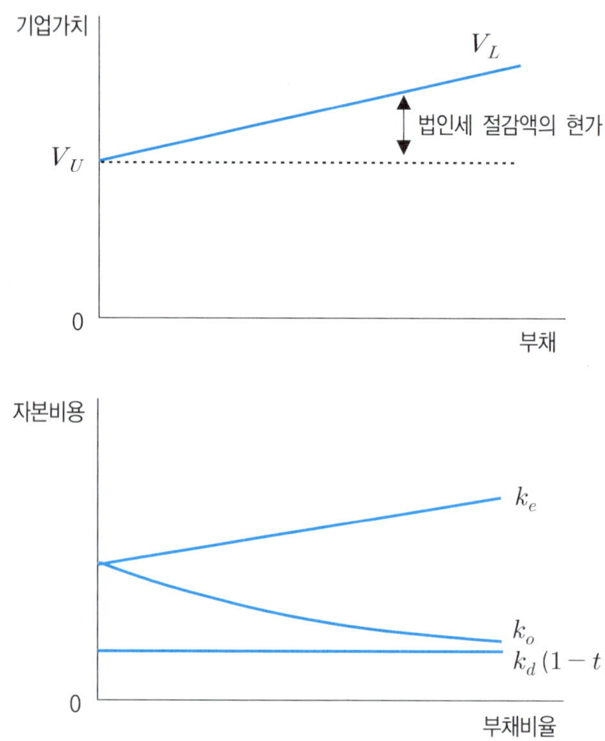

12) $t<1$ 이므로 부채비율이 증가하면서 총자본비용의 기울기는 완만해진다.

예제 8-2

무부채기업인 가나(주)의 매년 기대되는 영업이익은 120억원이고 자본비용은 12%이며 법인세율은 20%이다. 가나(주)는 자본구조를 변경하려고 한다.

(1) 8%의 이자율로 400억원을 차입하면 기업가치와 주식가치는 얼마가 되나?

(2) 차입 후 자기자본비용과 총자본비용은 얼마인가?

(3) 600억원을 차입하여 부채를 더 많이 사용하면 어떻게 달라지는가?

▶▶▶ 풀이

(1) 부채사용 전 $V_U = \dfrac{120(1-0.2)}{0.12} = 800$(억원)

부채사용 후 $V_L = 800 + (0.2)(400) = 880$(억원)

$S = 880 - 400 = 480$(억원)

(2) $k_e = 0.12 + (0.12 - 0.08)(1-0.2)\dfrac{400}{480} = 0.1467$

$k_o(WACC) = \dfrac{480}{880}(0.1467) + \dfrac{400}{880}(0.08)(1-0.2) = 0.1091$

(3) $V_L = 800 + (0.2)(600) = 920$(억원), $S = 920 - 600 = 320$(억원)

$k_e = 0.12 + (0.12 - 0.08)(1-0.2)\dfrac{600}{320} = 0.18$

$k_o(WACC) = \dfrac{320}{920}(0.18) + \dfrac{600}{920}(0.08)(1-0.2) = 0.1043$

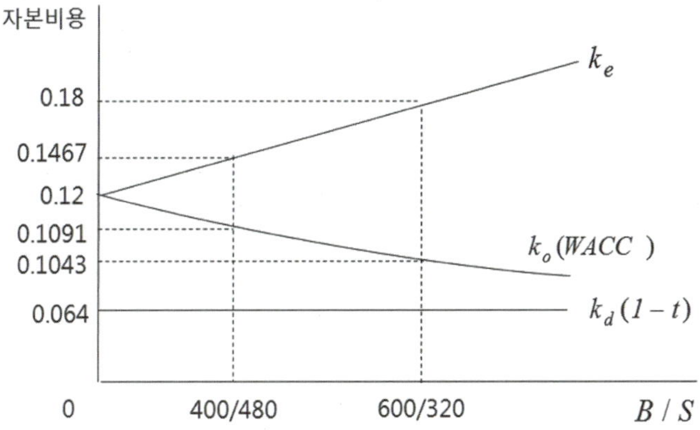

부채가 늘어나면 자기자본비용은 증가하고 총자본비용은 감소하며 따라서 기업가치가 증가하게 된다.

제3절 자본구조에 영향을 미치는 현실적 요인

3.1 재무적 곤경비용

3.1.1 재무적 곤경비용의 의의

일정한 이자율로 제한 없이 차입할 수 있는 완전자본시장을 가정한 MM의 세계에서는 아무리 부채를 많이 사용하더라도 이자지급과 원금상환을 못할 가능성은 없다. 그러나 현실은 그렇지 않다. 기업의 부채가 증가하면 기업은 채무의 이행에 어려움을 겪게 된다. 다시 말하면 재무적 곤경(financial distress)에 처하게 된다. 재무적 곤경 상태가 악화되면 파산에 이르기도 한다. 기업이 재무적 곤경에 처하면 이와 관련된 비용이 발생하며, 이를 재무적 곤경비용(financial distress cost)이라고 한다.[13] 재무적 곤경비용은 직접비용과 간접비용으로 나눌 수 있다.

(1) 직접적인 재무적 곤경비용

파산(bankruptcy)이란 기업의 자산가치가 부채가치보다 작아 채무불이행 상태에 처했을 때 자산의 소유권이 주주로부터 채권자에게로 넘어가는 법적 절차를 말한다. 파산이 선고된 기업은 청산(liquidation)되거나 재조직(reorganization)된다. 파산에 따라 수많은 이해관계자들의 이해를 조정하는 과정에서 상당한 법적 비용과 관리비용이 발생할 수밖에 없다. 변호사 비용, 공인회계사 비용, 자문비용, 소송비용 등이 이에 해당된다. 또한 기업을 청산할 경우, 보유자산을 실제가치보다 낮은 가격으로 매각하거나, 그 기업에만 필요하거나 이동 또는 분리할 수 없어 자산을 매각할 수 없는 손실이 발생할 수도 있다. 이처럼 기업이 실제 파산에 이르게 되었을 때 발생하는 비용을 직접적인 재무적 곤경비용이라 한다.[14]

---

13) 파산비용(bankruptcy cost)이라고도 한다.

14) 워너(J. Warner)는 파산한 11개 철도회사의 직접적인 재무적 곤경비용이 파산 7년 전 기업가치의 평균 1%, 파산 1년 전 기업가치의 평균 4%라고 보고하였다.
Warner, J., "Bankruptcy Costs : Some Evidence," *Journal of Finance*, May 1977.
한편 다음 논문들은 직접적인 재무적 곤경비용을 기업가치의 약 3%로 추정하고 있다.
White, M., "Bankruptcy Costs and the New Bankruptcy Code," *Journal of Finance*, May 1983. Altman, E., "A Further Empirical Investigation of the Bankruptcy Cost Question," *Journal of Finance*, September 1984. Weiss, L., "Bankruptcy Resolution : Direct Costs and Violation of Priority of Claims," *Journal of Financial Economics*,

(2) 간접적인 재무적 곤경비용

기업이 실제 파산에 이르지는 않더라도 재무적 곤경에 처하게 되면 그 기업은 정상적인 운영이 힘들게 된다. 첫째, 금융기관의 신용축소 등으로 인한 새로운 자본조달의 어려움 때문에 수익성 있는 투자기회를 포기해야만 한다. 둘째, 주주들이 모든 것을 잃어버리게 되는 파산을 가능한 한 피하기 위해 연구개발비, 마케팅 비용, 종업원 교육훈련비 등과 같이 장기적 효과를 기대할 수 있는 지출을 줄이며 단기적인 현금흐름에 치중하는 근시안적 경영을 하게 된다. 셋째, 기업의 미래가 불안해지면서 핵심 인력이 기업을 떠날 것이다. 넷째, 손상된 서비스와 신뢰 상실로 인해 매출이 감소하게 된다. 이와 같이 기업이 파산하지는 않았지만 재무적 곤경에 빠짐에 따라 발생하는 손실을 간접적인 재무적 곤경비용이라고 한다.[15)]

3.1.2 재무적 곤경비용과 최적자본구조

부채사용이 증가하면 세금절감효과로 인해 기업가치가 증가한다는 것은 앞에서 보았다. 반면에, 부채의 증가는 기업이 재무적 곤경에 처하게 될 확률을 높여 미래 발생할 것으로 기대되는 재무적 곤경비용을 크게 한다. 기대 재무적 곤경비용의 현재가치만큼 기업가치는 감소할 수밖에 없다. 따라서 부채사용에 따른 세금절감효과와 재무적 곤경비용을 함께 고려하면 부채사용기업의 가치는 다음과 같이 나타난다.

$$V_L = V_U + t\,B - PV(EFDC) \qquad (8\text{-}7)$$

여기서, $PV(EFDC)$: 기대 재무적 곤경비용의 현가

[그림 8-4]에서 보듯이 부채사용이 증가하더라도 많은 부채를 사용하기 전까지는 기업이 재무적 곤경에 처할 확률이 낮기 때문에 기대 재무적 곤경비용의 현가는 아주 작을 것이다. 그렇지만 세금절감효과는 나타날 것이므로 기업가치는

October 1990.

15) 다음 논문은 총 재무적 곤경비용을 기업가치의 10%에서 20% 사이로 추정하고 있다.
Andrade, G. and S. Kaplan, "How Costly is Financial (Not Economic) Distress? Evidence from Highly Leveraged Transactions That Became Distressed," *Journal of Finance*, October 1998.

증가한다. 그러나 일정수준을 넘어 부채가 증가하면 재무적 곤경에 처할 확률이 체증적으로 증가하며 기대 재무적 곤경비용의 현가 역시 체증적으로 증가하는 것으로 알려져 있다. 따라서 기대 재무적 곤경비용 현가의 증분과 법인세 절감액 현가의 증분이 같아지는 부채수준 B^*가 기업가치를 극대화하는 최적부채수준이 된다. 만일 부채를 더 사용하게 되면 기대 재무적 곤경비용 현가의 증분이 법인세 절감액 현가의 증분보다 커져 기업가치는 감소하게 될 것이다.

[그림 8-4]는 부채사용에 따른 세금절감효과와 재무적 곤경비용의 상반관계에 의해 최적자본구조가 존재할 수 있음을 보여주고 있다.[16] 그러나 현실적으로 기업의 재무적 곤경비용을 정확하게 측정하기가 매우 어렵기 때문에 이러한 접근방법에 의해 최적자본구조, 즉 기업의 목표자본구조를 결정하는 데는 한계가 있다.

그림 8-4
재무적 곤경비용과 최적자본구조

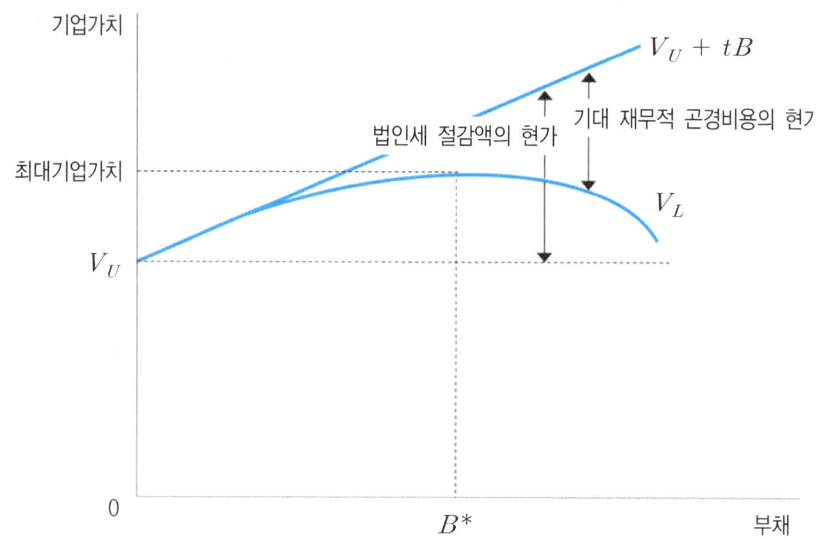

16) 정태적 상반이론(static trade-off theory)이라고 한다.

3.2 대리인비용

3.2.1 대리인비용의 의의

젠슨과 멕클링(M. Jensen and W. Meckling)은 경영자, 주주, 채권자 등 기업 이해관계자 사이의 대리인 문제를 분석하여 최적자본구조가 존재한다는 것을 보였다.[17] 대리인 문제(agency problem), 즉 주인과 그로부터 의사결정권한을 위임받은 대리인 사이의 이해충돌로 인해 주인의 이익에 반하는 의사결정이 이루어지는 문제에 대해서는 1장에서 살펴본 바 있다.

대리인 문제로 인해 발생하거나 대리인 문제를 해결하기 위한 비용이 대리인비용(agency cost)이다. 젠슨과 멕클링은 대리인비용을 세 가지로 나누었다. 첫째, 대리인의 행동이 주인의 이익으로부터 벗어나는 것을 제한하기 위한 감시비용(monitoring cost)이다. 둘째, 대리인이 주인에게 해가 되지 않는 행동을 하고 있음을 스스로 보여주기 위한 확증비용(bonding cost)이다. 셋째, 감시와 확증에도 불구하고 제거되지 않는 잔여손실(residual loss)이다.

이러한 대리인비용은 기업이 자본을 조달할 때에도 발생한다. 주식발행에 따른 대리인비용과 부채사용에 따른 대리인비용에 대해 살펴보자.

(1) 자기자본의 대리인비용

자기자본의 대리인비용은 내부주주인 소유경영자가 외부 시장에서 새로운 주식을 발행하여 자본을 조달할 때 발생한다. 즉, 경영자와 외부주주 사이의 이해상충 때문에 나타나게 된다.

경영자는 자신의 효용을 증가시키기 위해 호화로운 사무실, 불필요한 전용기 등 특권적 소비를 할 개연성이 있으며, 더 많은 시간의 여가를 즐기기 위해 맡은 일을 소홀히 할 수도 있다. 또한 그들의 보수와 위신을 높이고 영향력을 증대시키기 위해 필요 이상의 비용을 들여 기업 외형을 확장하려고도 한다. 이러한 경영자의 행동은 기업가치, 즉 주주의 부를 감소시킨다. 이와 같이 경영자가 자신의 효용을 추구함으로써 발생하는 주주 부의 감소가 자기자본의 대리인비용이다.

경영자가 자기자본의 전체 지분을 소유하고 있다면, 즉 개인기업이라면 경영자의 특권적 소비 등에 따른 비용은 모두 경영자 자신이 부담하여야 한다. 그러나

---

17) Jensen, M. and W. Meckling, "Theory of the Firm : Managerial Behavior, Agency Costs and Ownership Structure," *Journal of Financial Economics*, October 1976.

경영자가 절반의 지분만을 소유하고 있다면 경영자는 전체 비용 중 절반만 부담하며 나머지 비용은 외부주주가 부담하게 된다. 만일 경영자가 전혀 지분을 갖고 있지 않다면 모든 비용이 외부주주에게 전가될 것이다. 따라서 경영자의 지분율이 낮을수록 특권적 소비와 직무소홀 등에 대한 유인은 증가하며,[18] 결과적으로 외부주주의 부는 더 많이 감소하게 된다. 즉, 자기자본의 대리인비용은 외부주주로부터 조달하는 자기자본이 클수록 증가한다.

새로운 주식을 발행할 때 합리적인 외부주주들은 이러한 대리인비용을 부담하려고 하지 않을 것이다. 따라서 경영자는 외부주주들로 하여금 경영자의 부당한 행동을 감시할 수 있도록 하여야 하며, 또한 그가 주주들의 이익을 위해 노력하고 있음을 확증할 필요가 있다. 이에 따른 감시비용과 확증비용 역시 자기자본의 대리인비용에 해당된다. 그러나 감시와 확증에 의해 주주의 부는 덜 감소하겠지만 주주 부의 손실을 완전히 제거하기는 어려울 것이다.

(2) 부채의 대리인비용

부채의 대리인비용은 부채를 사용하여 자본을 조달할 때 발생한다. 즉, 주주와 채권자 사이의 이해상충 때문에 나타나게 된다. 주주들은 채권자들에게는 손실이 되지만 자신들에게는 이익이 되는 다음과 같은 유인을 가진다.

고위험투자의 유인

주주들은 유한책임을 지기 때문에 위험이 큰 투자안을 채택하려고 하는 유인을 갖는다. 다음 예를 보자. 위험의 크기가 다른 두 투자안 A와 B의 현금흐름과 그 현금흐름에 따른 채권자들과 주주들 부의 확률분포가 [표 8-1]에 제시되어 있다. 각 투자안을 실행하기 위한 투자액 70억원은 지급이자가 10억원인 부채를 사용하여 조달한다.

표 8-1
고위험투자 유인의 예

투자안 A (단위 : 억원)

상태	확률	투자안의 현금흐름	채권자들의 부	주주들의 부
호황	0.5	110	80	30
불황	0.5	90	80	10
기대치		100	80	20

18) 렌트한 차보다 자신 소유의 차를 더 잘 관리하는 것처럼, 경영자가 기업의 지분을 더 많이 소유하고 있을 때 더 열심히 일할 것이다.

투자안 B

(단위 : 억원)

상태	확률	투자안의 현금흐름	채권자들의 부	주주들의 부
호황	0.5	180	80	100
불황	0.5	20	20	0(파산)
기대치		100	50	50

주주들(을 대리하는 경영자)은 투자안 A를 보여주고 채권자들로부터 투자액 70억원을 차입할 수 있다. 투자안 A가 채택될 경우 채권자들은 미래 어떤 상황에서도 원리금 80억원을 받을 수 있기 때문에 어렵지 않게 대여할 것이다. 그러나 주주들이 차입한 후 투자안 A 대신 위험이 더 큰 투자안 B를 채택하게 되면 어떤 결과가 발생하는가?

투자가 끝난 시점에서 주주들의 부는 투자안의 현금흐름에서 채권자들의 몫(부)인 원리금을 차감한 것이다. 투자안 B를 채택하였을 때 불황이 되어 투자안의 현금흐름이 20억원에 그치면 80억원의 원리금을 다 갚을 수 없어 채무불이행이 되지만, 주주들은 유한책임을 진다. 즉, 파산하면 그만이므로 주주들이 얻는 현금흐름이 0보다 작을 수는 없다. 따라서 투자안을 A에서 B로 바꿀 경우 채권자들 부의 기대치는 80억원에서 50억원으로 감소하지만 주주들 부의 기대치는 20억원에서 50억원으로 증가한다. 보다 위험이 큰 투자안을 채택함으로써 채권자의 부가 주주에게로 이전되는 효과가 나타나는 것이다. 그러므로 주주들은 보다 위험이 큰 투자안을 채택하려는 유인을 갖게 된다.

과소투자의 유인

파산의 가능성이 높을 때 새로운 투자는 주주의 비용으로 채권자에게 이익을 줄 수 있다. 따라서 주주들(을 대리하는 경영자)은 설령 투자안의 순현재가치가 0보다 커서 투자가치가 있더라도 그 투자안을 채택하지 않으려는 과소투자의 유인을 갖는다. 다음 예를 보자. 원리금 300억원을 상환해야 하는 가나(주)의 현금흐름의 확률분포는 [표 8-2]와 같다. 가나(주)는 100억원의 현금유출로 미래상황과 관계없이 160억원의 현금유입을 얻을 수 있는 투자안 A를 갖고 있다. 투자안 A는 현금유출에 비해 현금유입이 아주 크기 때문에 자본비용이 자못 높더라도 순현재가치가 0보다 클 것으로 기대된다. 과연 주주들은 투자안 A를 채택하겠는가?

표 8-2
과소투자 유인의 예

(단위 : 억원)

	상태	확률	기업의 현금흐름	채권자들의 부	주주들의 부
투자안 A 포기	호황	0.5	400	300	100
	불황	0.5	140	140	0(파산)
투자안 A 채택	호황	0.5	560	300	260
	불황	0.5	300	300	0

투자안 A를 포기할 때 기말 주주들 부의 기대치는 50억원이다. 그러나 투자액이 100억원인 투자안 A를 채택할 경우 기업의 현금흐름은 미래상황과 관계없이 160억원씩 증가하며, 주주들 부의 기대치는 130억원이 된다. 이는 주주들이 100억원의 비용을 들여 그들 부의 기대치를 단지 80억원 늘리는 결과이다. 투자안의 순현재가치는 양(+)이지만 그 가치의 많은 부분이 채권자들에게 돌아가게 된다. 비용은 주주들이 부담하지만 이익은 주주들과 채권자들이 나누기 때문에 주주들은 이 투자안을 채택하지 않으려고 할 것이다. 즉, 파산의 가능성이 있을 때 주주들은 투자안의 순현재가치가 충분히 크지 않다면 그 투자안을 포기하려는 유인을 갖게 된다.

재산도피

주주들(을 대리하는 경영자)은 기업이 재무적 곤경에 처했을 때 과다한 배당을 지급하거나 높은 가격으로 자사주를 매입하는 방법 등으로 채권자 청구권의 가치를 감소시킬 수 있다. 이를 재산도피라고 한다. 파산의 가능성이 높은 기업일수록 이러한 현상이 나타날 개연성은 크다.

합리적인 채권자들은 주주들의 앞에서 살펴본 유인에[19] 따른 행동으로 인해 발생할 수 있는 자신들의 손실을 보전하기 위해 높은 이자율을 요구할 것이다. 결국 주주들이 높은 비용을 부담하여야 하며 이를 부채사용에 따른 대리인비용이라고 한다.

한편, 높은 이자율 대신 채권자들은 주주들의 행동을 제한하거나 금지하기 위하여 여러 가지 보호조항(protective covenants)을 채무계약에 포함시킬 수도 있다. 이러한 보호조항에는 배당, 자산매각, 합병, 담보의 제공, 추가 채권의 발행 등을 제약하는 내용이 담긴다. 보호조항으로 인해 주주들은 더 유리한 행동을

19) 앞에서 살펴본 세 가지 유인은 모두 기업이 재무적 곤경에 처할 가능성이 있을 때만 일어난다.

포기할 수밖에 없으며, 이에 따른 기회비용 역시 부채사용에 따른 대리인비용이다. 기업이 보다 많은 부채를 사용할수록 주주와 채권자 사이의 이해상충으로 인한 부채의 대리인비용은 증가할 것이다.

3.2.2 대리인비용과 최적자본구조

앞에서 살펴본 것처럼 기업이 외부금융(external financing), 즉 주식이나 부채를 사용하여 자본을 조달하면 자기자본의 대리인비용과 부채의 대리인비용이 발생한다. 자기자본의 대리인비용은 주식에 의한 자본조달의 비중이 클수록 증가하고, 부채의 대리인비용은 부채의 비중이 클수록 증가한다. 두 가지 대리인비용을 더한 것이 자본조달에 따른 기업의 총대리인비용이다. 총대리인비용이 최소가 되는 주식과 부채의 조합이 최적자본구조가 된다.

[그림 8–5]를 보라. E는 외부금융자본에서 주식이 차지하는 비율을 나타낸다. E가 1에 가까울수록 주식에 의한 자본조달의 비중이 크고, 따라서 자기자본의 대리인비용이 증가한다. 반대로 0에 가까울수록 부채의 비중이 크며, 부채의 대리인비용이 증가한다. 자기자본의 대리인비용과 부채의 대리인비용을 더하면 총대리인비용이 된다. 총대리인비용이 최소가 되는 E^*에서 기업가치가 극대화되는 최적자본구조가 결정된다. [그림 8–5]는 대리인비용에 의해 최적자본구조가 존재할 수 있다는 것을 보여준다.

그림 8–5
대리인비용과 최적자본구조

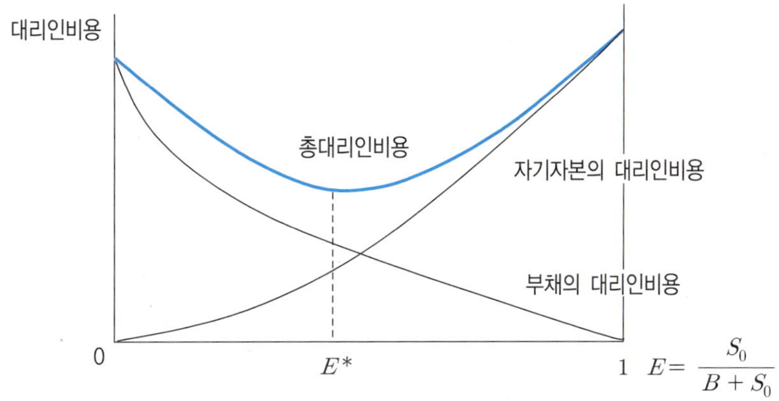

3.3 개인소득세

기업이 법인세를 부담하지만 기업의 주주들과 채권자들도 그들이 얻는 소득에 대해 개인소득세를 부담하여야 한다. 밀러(M. Miller)는 법인세뿐만 아니라 개인소득세까지 고려할 경우, 부채사용에 따른 법인세 절감효과는 부채의 개인소득세 부담에 의해 정확하게 상쇄되기 때문에 세금이 없는 세계와 마찬가지로 기업의 자본구조와 기업가치는 무관하다고 주장하였다.[20]

주주들은 주식투자소득, 즉 배당소득 및 자본이득에 대해 개인소득세를 부담하여야 하고 채권자들은 이자소득에 대해 개인소득세를 부담하여야 한다. 법인세와 함께 개인소득세가 자본구조에 미치는 영향을 논의하기 위해 법인세율을 t_C, 주식투자소득에 대한 세율을 t_S, 이자소득에 대한 세율을 t_B로 표기하기로 한다.[21]

무부채기업이 세전이익 1원을 실현하였다고 가정하자. 그러면 1원은 주주들에게 돌아갈 것이다. 주주들이 얻는 세후소득은, 법인세를 차감한 이익 $(1-t_C)$원에 대해 주식투자소득세율 t_S만큼을 덜어버린 $(1-t_C)(1-t_S)$원이 된다. 한편 부채만 사용하는 기업이 세전이익 1원을 실현하였다면, 1원은 이자의 형태로 채권자들에게 지급될 것이다. 이자는 법인세 과세대상이 아니기 때문에 채권자들이 얻는 세후소득은, 1원에 대해 개인소득세인 이자소득세율 t_B만큼만 덜어버린 $(1-t_B)$원이 될 것이다.

표 8-3
세전이익 1원에 대한 주주들과 채권자들의 세후소득

주주들의 세후소득	채권자들의 세후소득
$(1-t_C)(1-t_S)$	$(1-t_B)$

투자자들은 보다 큰 세후소득을 원하며, 따라서 기업은 그렇게 될 수 있는 자본구조를 선택해야만 한다. 여기서 재무적 곤경의 문제는 고려하지 않는다.

(1) 주식투자소득세율과 이자소득세율이 같을 경우

만일 주식투자소득세율과 이자소득세율이 같다면, 즉 $t_S=t_B$라면, $(1-t_C)<1$ 이므로 주주들의 세후소득보다 채권자들의 세후소득이 커진다. 이는 투자자

20) Miller, M., "Debt and Taxes," *Journal of Finance*, May 1977.
21) 다음 문헌 참고
Ross, S., R. Westerfield, and J. Jaffe, *Corporate Finance*, 9th ed., McGraw-Hill, 2010, pp. 542-544.

들에게 주식투자소득보다 이자소득의 형태로 대가를 지급하는 것이 유리하다는 뜻이다. 따라서 기업은 가능한 한 부채를 사용하여 자본을 조달하여야 한다. 이러한 결과는 법인세만을 고려한 MM의 수정이론의 주장과 일치한다.

그러나 현실적으로 주식투자소득에 대한 세율은 이자소득에 대한 세율보다 낮다. 우리나라의 경우 배당소득세율이 이자소득세율과 같지만, 주식투자소득 중 배당소득이 차지하는 비중은 크지 않다. 그리고 주식투자소득 중 자본이득에 대해서는 과세하지 않고 있다. 따라서 (1)은 현실과 괴리되어 있다.

(2) 주주들의 세후소득과 채권자들의 세후소득이 같을 경우

이것이 바로 밀러의 주장이다. 그는 주식투자소득세율을 무시하였다. 즉, $t_S = 0$이라고 가정하였다. 자본이득에 대한 세금은 주식을 매각하여 소득을 실현할 때까지 납부하지 않는다. 만일 기업이 이익을 배당하지 않고 투자자가 주식을 매각하지도 않는다면, 주식투자소득에 대한 세율은 0이라고 할 수 있을 것이다.

밀러에 따르면 회사채의 수요와 공급이 일치하는 균형상태에서 법인세율과 이자소득세율은 같아진다. 즉, $t_C = t_B$이다.[22] 결과적으로 주주들의 세후소득 $(1 - t_C)$와 채권자들의 세후소득 $(1 - t_B)$는 같다. 이는 기업이 주식을 사용하든 부채를 사용하든 투자자들에게는 전혀 차이가 없다는 것을 뜻한다. 그러므로 밀러는 법인세와 개인소득세를 함께 고려하면, 세금이 존재하지 않는 세계를 가정한 1958년 MM의 논문 결과와 동일하게 자본구조와 기업가치는 무관하다고 주장하였다.

(3) 주식투자소득세율보다 이자소득세율이 높을 경우

앞에서 이미 기술하였지만 주식투자소득에 대한 세율보다 이자소득에 대한 세율이 높은 것이 현실이다. 즉, $t_S < t_B$이다. [표 8-3]의 수식에서 보듯이 주주들과 채권자들 중 어느 편의 세후소득이 큰지 결론을 내릴 수는 없다. 그렇지만 개인소득세만을 고려할 경우, 이자소득세율이 더 높기 때문에 기업은 투자자들에게 이자소득보다 주식투자소득의 형태로 대가를 지급하는 것이 유리하다. 이는 부채

---

22) 일반채권의 이자율을 r, 면세채권의 이자율을 i라고 하면 $r(1-t_B)=i$이다. 따라서 채권투자자들이 요구하는 이자율 r_D는 $\frac{i}{1-t_B}$이다. 한편 기업이 지급할 수 있는 이자율 r_S는 법인세 절감효과를 고려하면 $\frac{i}{1-t_C}$이다. 수요이자율과 공급이자율이 일치할 때($\frac{i}{1-t_B}=\frac{i}{1-t_C}$) 균형이 성립하며, 이때 $t_C=t_B$이다.

보다 주식, 즉 자기자본을 사용한 자본조달이 더 낫다는 것을 뜻한다.

이자의 법인세 절감효과는 부채에 의한 자본조달을 유리하게 하지만, 이자소득에 대한 상대적으로 높은 개인소득세 부담은 반대로 부채사용을 불리하게 한다. 두 가지 상반된 요인의 순효과를 측정하기는 매우 어려우나, 이자의 법인세 절감효과가 더 크기 때문에 부채사용이 유리하다는 것이 일반적인 생각이다. 그러나 개인소득세를 고려하면 기업의 최적 부채수준은 법인세만 존재할 때보다 낮아질 것이다.

3.4 정보비대칭

정보가 한쪽에만 존재하고 다른 한쪽에는 존재하지 않는 상황, 즉 정보가 비대칭적으로 분포되어 있는 상황에 대해서는 1장에서 살펴보았다. 경영자는 투자자들보다 기업 내용에 대해 더 많은 정보를 가지고 있으며, 따라서 경영자와 투자자들 사이에는 정보비대칭(information asymmetry)이 존재한다. 이러한 정보비대칭 상황에서의 자본구조이론으로 신호이론과 자본조달순위이론이 있다.

3.4.1 신호이론

로스(S. Ross)는 정보비대칭이 존재하는 상황에서 기업의 자본구조나 배당정책이 그 기업의 미래성과에 대한 경영자의 정보를 투자자들에게 전달하는 신호로 사용될 수 있다고 주장하였다.[23] 이를 신호이론(signaling theory)이라고 한다.

기업의 미래성과와 자본구조 사이에 어떤 관계가 있는지 생각해 보자. 미래성과가 성공적일 것으로 기대되는 기업은 더 많은 부채를 사용할 것이다. 신주를 발행함으로써 미래성과를 새로운 주주와 나누는 것을 방지할 수 있고, 부채가 증가하면 세금절감효과로 늘어나는 이익에 대한 세금을 줄일 수 있는 까닭이다. 전망이 밝으므로 재무적 곤경에 처할 가능성은 아주 낮다. 반면에, 미래성과가 미진할 것으로 예상되는 기업은 낮은 부채수준을 유지할 수밖에 없다. 과도한 부채의 사용은 기업을 재무적 곤경에 빠뜨릴 수 있기 때문이다.

투자자들은 기업의 부채사용을 어떻게 받아들일까? 합리적인 투자자들은 기업

---

23) Ross, S., "The Determination of Financial Structure : The Incentive-Signalling Approach," *Bell Journal of Economics*, Spring 1977.

의 부채 증가를 성공적인 미래성과의 신호로 읽고, 부채의 감소를 미진한 미래성과의 신호라고 해석할 것이다. 기업의 미래성과에 대한 투자자들의 기대에 의해 기업가치는 결정된다. 따라서 부채비율이 높을수록 기업가치는 높게 평가될 것이다. 경영자는 기업의 미래성과에 대해 충분한 정보를 갖고 있고 투자자들은 그렇지 않다. 이러한 정보비대칭 상황에서 자본구조는 미래성과에 대한 경영자의 정보를 투자자들에게 전달하는 수단, 즉 신호(signal)가 된다.[24]

그렇다면 경영자의 정보는 투자자들에게 잘 전달될 수 있는가? 기업의 미래성과가 성공적일 것이라는 정보를 보유하는 경영자는 정보가 없는 투자자들에게 그 정보를 전달하려는 강한 유인을 갖는다. 왜냐하면 기업가치를 높임으로써 경영자 자신의 보수도 높일 수 있기 때문이다. 또한 경영자가 투자자들을 속일 경우 그에 상응하는 벌금이 부과된다면, 경영자는 잘못된 신호를 전달하려고 하지 않을 것이다. 따라서 경영자가 가지고 있는 정보와 신호가 일치하는 신호균형(signaling equilibrium)이 성립될 수 있다.

3.4.2 자본조달순위이론

마이어즈와 마즐루프(S. Myers and N. Majluf)는 경영자와 투자자들 사이의 정보비대칭으로 인해 기업의 자본조달원천에는 일정한 우선순위가 있다고 주장하였다.[25] 기업은 소요자본을 내부금융, 부채사용, 신주발행의 순으로 조달하여야 한다는 것이다. 이를 자본조달순위이론(pecking order theory)이라고 한다.

예컨대, 가나(주)가 고혈압을 완치하는 신약을 개발하였으며 이 사실을 경쟁기업이 알 수 없도록 신약 판매시점까지 시장에 공시하지 않는다고 하자. 가나(주)는 신약생산을 위한 자본을 어떻게 조달하여야 하는가? 투자자들은 신약개발에 관한 정보를 모르고 있으므로 이 정보는 아직 주가에 반영되어 있지 않다. 만일 신주를 발행한다면 기존주주들은 엄청난 미래성과를 새로운 주주들과 나누어야만 한다. 따라서 신주발행은 기존주주들에게 크게 불리하다.

반대로 다라(주)는 탄소배출을 줄이기 위해 기존의 설비를 대체하여야 하며 이

---

24) 기업은 경영내용을 모두 공개할 수는 없으며, 공시제도를 통하여 공개하는 경영내용도 투자자들의 신뢰를 얻지 못하는 경우가 많다. 그러나 자본구조의 변경은 기업의 실질을 바꾸는 것이므로 신뢰성 있는 정보전달효과를 가져온다.

25) Myers, S. and N. Majluf, "Corporate Financing and Investment Decisions When Firms Have Information That Investors Do Not Have," *Journal of Financial Economics*, June 1984. Myers, S., "The Capital Structure Puzzle," *Journal of Finance*, July 1984.

익이 크게 감소할 것으로 예상된다. 다라(주)는 신주발행에 의해 자본을 조달하려고 할 것이며, 이는 나쁜 결과를 새로운 주주들과 함께 분담할 수 있기 때문이다. 그렇다면 투자자들은 신주발행에 대해 어떻게 반응하겠는가? 투자자들은 신주를 발행하는 기업의 가치를 부정적으로 평가하며, 신주의 가격이 충분히 하락하였다고 여겨질 때까지 신주를 매입하지 않을 것이다. 더구나 투자자들의 신주에 대한 부정적인 시각은, 전망이 크게 나쁘지 않은 기업의 신주가격을 실제가치보다 훨씬 낮게 하락시키는 결과를 가져온다. 이러한 투자자들의 반응은 타당한 비용으로 자본을 조달하는 것을 어렵게 한다.

결론적으로 신주발행보다는 부채나 내부금융에 의한 자본조달이 바람직하다. 채권은 채무불이행만 없으면 확정된 원리금을 받을 수 있기 때문에 가치가 잘못 평가될 수 있다는 투자자들의 우려는 주식보다 덜하다. 그럼에도 불구하고 기업의 미래성과에 대한 정보를 갖고 있지 않은 투자자들은 기업이 발행하는 채권에 대해서도 주식과 마찬가지로 부정적인 시각으로 가치를 평가할 것이다. 그러므로 기업은 투자자들의 부정적인 평가와 무관한 내부금융, 즉 유보이익을 자본조달원천으로 사용하는 것이 가장 유리하다. 더욱이 내부금융에 의한 자본조달에는 발행비용이 소요되지 않는다. 내부금융에 의해 소요자본을 다 조달할 수 없으면, 부채를 사용한다. 그리고 부채사용이 한계에 이르면 마지막으로 기업은 신주발행을 고려하여야 한다.

자본조달순위이론에 따르면 기업의 최적자본구조, 즉 목표자본구조는 존재할 수 없다. 왜냐하면 자기자본인 내부금융과 신주가 자본조달의 첫 번째와 마지막 순서이기 때문이다. 자본조달순위이론은 수익성이 낮은 기업의 부채비율이 높은 이유를 설명해 준다. 수익성이 낮은 기업은 내부에 축적된 유보이익이 충분하지 않으므로 외부금융 중 조달순위가 앞서는 부채에 크게 의존하는 까닭이다. 또한 이 이론은 기업이 재무적 여력(financial slack), 즉 여유자금을 보유하려는 동기도 설명해 준다. 수익성이 있는 투자기회가 있을 때 쓰일 자본을 외부금융이 아닌 내부금융에 의해 조달할 수 있기 때문이다.

제4절 기업의 실제 자본구조

4.1 기업의 부채비율

재무관리에 있어서 이론의 발전이 가장 크게 이루어진 영역이 자본구조라고 할 수 있다. 지금까지 뛰어난 통찰력을 가진 재무학자들의 자본구조와 기업가치의 관계에 대한 논리를 살펴보았다. 각각의 자본구조이론은 매우 설득력 있는 주장을 하고 있지만 현실 세계에 적용하는 데는 한계가 있다. 이론들로부터 기업의 최적자본구조를 결정하기 위한 정확한 공식을 얻을 수가 없기 때문이다.

모든 기업은 보다 유리한 자본구조를 갖기 위하여 노력하지 않겠는가? 따라서 현실 세계에서 기업들의 자본구조가 나타내는 공통적으로 의미 있는 현상을 관찰하면 자본구조결정에 도움이 될 수 있을 것이다. 실제 기업의 자본구조에서 눈여겨볼만한 현상은 다음과 같다.[26)]

첫째, 대부분 기업의 부채비율은 낮다. [그림 8-6]은 우리나라, 미국, 그리고 일본 제조업의 2009년부터 2013년까지의 부채비율을 나타내고 있다. 지난 5년간 우리나라 제조업의 부채비율은 점점 하락하였으며, 5년 평균은 106%이고 2013년은 93%였다. 한편 2013년 미국의 부채비율은 120%, 일본은 122%이다. 앞에서 설명하였듯이 부채사용은 세금절감효과를 가져오지만, 실제 부채비율은 기업의 부채사용에 한도가 있음을 나타낸다.[27)] 그 이유는 재무적 곤경비용 때문일 것이다.

---

26) 다음 문헌 참고

Ross, S., R. Westerfield, and J. Jaffe, *Corporate Finance*, 9th ed., McGraw-Hill, 2010, pp. 544-547.

27) 다음 논문은 기업이 세금을 완전히 절감할 수 있는 한도까지 부채를 사용하지는 않는다는 것을 보여준다.

Graham, J., "How Big Are the Tax Benefits of Debt?," *Journal of Finance*, October 2000.

또한 다음 논문에서는 1979년부터 1983년까지 장기부채를 전혀 사용하지 않은 104개 미국 상장기업을 조사하였다. 이 기업들은 어떤 유형의 부채도 회피하는 것으로 나타났다.

Agrawal, A. and N. Nagarajan, "Corporate Capital Structure, Agency Costs, and Ownership Control : The Case of All-Equity Firms," *Journal of Finance*, September 1990.

그림 8-6
한국, 미국, 일본 제조업의 부채비율

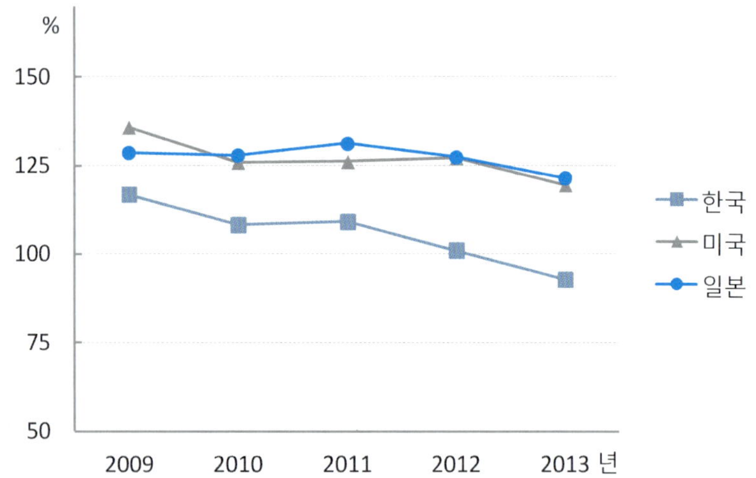

자료 : 한국은행, 「2013년 기업경영분석」, 2014.
한국은행 경제통계시스템(ECOS)

둘째, 산업별로 부채비율은 차이가 있다. [표 8-4]는 우리나라 주요 산업의 2009년부터 2013년까지 5년간의 평균 부채비율을 나타내고 있다. 부동산업 및 임대업의 5년 평균 부채비율은 616%에 이르고 출판, 영상, 방송통신 및 정보서비스업은 100%로 가장 낮다.

표 8-4
우리나라 주요 산업별 부채비율

산업	부채비율(%)*
부동산업 및 임대업	616
도매 및 소매업	190
운수업	172
전문, 과학 및 기술서비스업	165
건설업	152
제조업	106
출판, 영상, 방송통신 및 정보서비스업	100

* 2009년부터 2013년까지의 5년 평균 부채비율
자료 : 한국은행 경제통계시스템(ECOS)

셋째, 대부분의 기업은 목표부채비율을 설정한다. 그레이엄과 하비(J. Graham and C. Harvey)는 최고재무책임자(CFO)를 대상으로 목표자본구조를 설정하는지에 대한 설문조사를 하였다.[28] 392명의 응답자 중 19%는 설정하지 않으며, 37%는 탄력적으로 설정하고, 34%는 다소 엄격한 범위를 설정하며, 나머지 10%는 엄격하게 설정하고 있다고 답하였다.

4.2 목표부채비율의 설정

기업은 목표부채비율(target debt ratio)을 어떻게 설정하여야 하는가? 목표부채비율의 설정에 영향을 미치는 중요한 요인은 다음과 같다.

(1) 세금

부채사용은 세금절감효과를 가져온다. 따라서 세금절감효과로부터 보다 큰 이득을 기대할수록 목표부채비율은 높아야 한다.

(2) 자산의 유형

재무적 곤경비용은 기업이 보유하는 자산의 유형에 따라 다르다. 토지, 건물 등 유형자산보다 연구개발에 많이 투자하는 기업의 재무적 곤경비용이 더 클 것이다. 왜냐하면 연구개발능력은 토지보다 재매각가치가 작으므로 그 가치의 대부분은 기업이 재무적 곤경에 처하면 사라지기 때문이다. 또한 연구개발능력은 토지보다 대출의 담보로써 덜 적합하다. 따라서 연구개발보다 유형자산에 많이 투자하는 기업의 목표부채비율이 높을 것이다.

(3) 영업이익의 불확실성

영업이익의 불확실성, 즉 영업위험은 경기변동에 따른 매출액의 변동성과 영업레버리지에 기인한다. 영업위험이 큰 기업은 재무적 곤경에 처할 확률이 높다. 이러한 기업은 목표부채비율을 낮추어야만 한다.

---

28) Graham, J. and C. Harvey, "The Theory and Practice of Corporate Finance : Evidence from the Field," *Journal of Financial Economics*, May 2001.

(4) 재무 유연성

기업은 유리한 투자기회에 필요한 자본을 안정적으로 조달할 수 있어야 하며, 이는 성공을 위해 무엇보다 중요하다. 그러므로 기업은 재무 유연성, 즉 어려운 시장상황에서도 타당한 비용으로 자본을 조달할 수 있는 능력을 가져야 한다. 이러한 재무 유연성을 위해 기업은 현재 부채사용을 줄임으로써 미래의 차입능력을 제고하여야 하며, 따라서 목표부채비율을 낮출 필요가 있다.

정리하는 문제

1. 자본구조란 무엇인가?

2. MM의 무관련이론을 설명하시오.

3. 법인세가 기업가치에 미치는 영향에 대해 설명하시오.

4. 가나(주)와 다라(주)는 기대영업이익이 6억원으로 동일하며 영업위험 역시 동일하다. 가나(주)는 무부채기업으로 자기자본비용이 12%이고, 다라(주)는 이자율 9%의 부채 30억원을 사용하고 있다. 두 기업의 법인세율은 20%이다.
   (1) 가나(주)의 기업가치는 얼마인가?
   (2) 가나(주)의 총자본비용은 얼마인가?
   (3) 다라(주)의 기업가치는 얼마인가?
   (4) 다라(주)의 레버리지 이득은 얼마인가?
   (5) 다라(주)의 주식가치는 얼마인가?
   (6) 다라(주)의 자기자본비용은 얼마인가?
   (7) 다라(주)의 가중평균자본비용은 얼마인가?
   (8) 개인소득세를 고려할 경우 밀러의 주장에 따르면 다라(주)의 기업가치는 얼마인가?

5. 직접적인 재무적 곤경비용과 간접적인 재무적 곤경비용에는 어떤 것이 있는가?

6. 재무적 곤경비용에 의한 최적자본구조론을 설명하시오.

7. 자기자본의 대리인비용이란 무엇인가?

8. 주주와 채권자의 이해가 상충될 수 있는 상황으로는 어떤 것이 있는가?

9. 대리인비용에 의한 최적자본구조론을 설명하시오.

10. 주식투자소득보다 이자소득에 대한 세율이 높을 경우 자본구조는 기업가치에 어떤 영향을 미치는가?

11. 부채비율이 경영자의 정보를 투자자들에게 전달하는 신호로 사용될 수 있는 이유는 무엇인가?

12. 자본조달순위이론을 설명하시오.

13. 기업이 실제로 목표자본구조를 설정할 때 고려하여야 할 요인을 생각해 보시오.

제 9 장

배당정책

제9장 배당정책

제1절 배당정책이란 무엇인가

1.1 배당정책의 의의

배당(dividend)은 기업이 얻은 순이익을 주주에게 소유지분에 따라 배분하는 것이다. 기업이 배당과 관련하여 직면하는 문제는 배당정책이다. 배당정책(dividend policy)이란 순이익을 배당과 사내유보로 나누는 의사결정을 말한다. 기업은 배당을 할 수도 있고 미래 투자기회에 사용하기 위해 배당을 하지 않을 수도 있다. 기업은 순이익 중 얼마만큼을 주주들에게 배당하여야 하는가?

주주들은 당연히 많은 배당을 선호하지 않는가? 마이크로소프트(Microsoft)는 1975년에 설립되었지만 2003년이 되어서야 처음 배당을 실시하였으며, 애플(Apple)의 경우 1995년부터 2011년까지 무배당기업이었다. 그럼에도 불구하고 이 기간 중 두 기업의 시장가치는 엄청나게 상승하였다. 주주들로부터 그만큼 좋은 평가를 받았다는 뜻이다. 두 기업은 배당 대신 성장기회에 자금을 투자하였고 이것이 주주들에게 큰 부를 안겨주었다.

주주들이 얻는 소득은 배당소득(dividend income)과 자본이득(capital gain)으로 나눌 수 있다. 기업이 순이익을 배당으로 지급하면 주주들은 배당소득을 실현하게 된다. 그러나 순이익을 기업 내부에 유보하여 투자기회에 사용하게 되면 성장률을 높여 주주들은 배당소득이 아니라 주가 상승에 의한 자본이득을 얻게 될 것이다. 결국 배당정책은 주주들이 배당소득과 자본이득 중 어느 것을 더 선호하느냐에 따라 결정되어야 한다.

기업의 목표는 기업가치를 극대화하는 것이다. 따라서 배당정책에 있어서의 논점도 자본구조의 경우와 마찬가지다. 첫째, 배당정책이 기업가치에 영향을 미치는가? 둘째, 만일 그렇다면 기업가치를 극대화하는 최적배당정책(optimal dividend policy)은 어떻게 결정되는가? 2절에서 살펴보기로 한다.

1.2 배당은 어떻게 지급되나

1.2.1 배당의 유형과 척도

(1) 배당의 유형

배당의 일반적인 유형은 현금으로 지급되는 현금배당(cash dividend)이다. 현금배당은 매년 정기주주총회의 결의를 거쳐 정기적으로 지급된다. 또한 이사회의 결의에 의해 영업연도 중 1회에 한하여 중간배당을 할 수 있으며 3, 6, 9월 말일에 분기배당을 할 수도 있다.[1] 미국의 경우 현금배당은 이사회의 결의에 의해 분기별로 지급된다.

배당의 또 다른 유형은 주식으로 지급되는 주식배당(stock dividend)이다. 주식배당은 현금배당으로 사용될 수 있는 이익잉여금을 자본금으로 전입하고 늘어난 자본금만큼 새로운 주식을 발행하여 주주들에게 나누어 주는 것이다. 한편, 배당은 아니지만 현금배당과 동일한 효과가 있는 것이 자사주매입(stock repurchase)이다. 자사주매입은 기업이 발행된 자기회사 주식의 일부를 매입하여 소각하거나 사내에 금고주(treasury stock)로 보관하는 것이다. 주식배당과 자사주매입에 대해서는 4절에서 살펴볼 것이다.

(2) 배당의 척도

기업이 배당을 얼마나 하고 있는가? 이를 나타내는 척도로써 주당배당, 배당률, 배당수익률, 배당성향, 내부유보율 등이 사용된다.

(1) 주당배당(dividend per share : DPS)은 주식 1주에 대한 현금배당액을 말한다. (2) 배당률(dividend ratio)은 액면가에 대한 주당배당의 비율이다. (3) 배당수익률(dividend yield)은 주식의 시장가치에 대한 주당배당의 비율이며, 배당으로 얻는 투자수익률을 나타낸다. 액면가는 주주의 부와 관련이 없음에도 불구

---

1) 중간배당은 상법, 분기배당은 자본시장과 금융투자업에 관한 법률에 규정되어 있다.

하고 배당률이 배당정책의 척도로써 주로 사용되었다. 그러나 액면가와 주가의 차이가 클 경우 배당률과 배당수익률 사이에 괴리가 커지므로 기업이 배당을 공시할 때 배당률이 아니라 시가배당률, 즉 배당기준일 주가로 계산한 배당수익률을 명시하도록 의무화되었다. (4) 배당성향(dividend payout ratio)은 순이익 중 배당으로 지급되는 비율을 말하며, 기업 사이의 배당정책의 상대적 척도로써 흔히 사용된다. (5) 내부유보율(retention ratio)은 순이익 중 사내에 유보되는 유보이익의 비율이므로 1에서 배당성향을 차감한 값과 같다.

표 9-1
배당정책의 척도

척도	산식
주당배당	배당금 / 발행주식수
배당률	주당배당 / 액면가
배당수익률	주당배당 / 주가
배당성향	(주당)배당금 / (주당)순이익
내부유보율	유보이익 / 순이익

1.2.2 배당의 지급절차

우리나라의 상법은 배당지급에 관한 사항을 매 사업연도 종료일로부터 3개월 내에 열리는 주주총회에서 결의하도록 규정하고 있다. 그러나 실질적으로 배당에 관한 사항은 주주총회 전에 열리는 이사회에서 결정된다. 주주총회에서 확정된 배당은 배당지급시기를 따로 정하지 않는 한 1개월 이내에 지급되어야 한다.

배당기준일(dividend record date)은 사업연도의 마지막 날로서 배당을 받게 될 주주를 확정하고 주주명부를 폐쇄시키는 날이다. 배당락일(ex-dividend date)은 배당 받을 권리가 상실되는 첫 거래일을 말한다. 우리나라는 주식매매 결제일이 거래체결일을 포함하여 체결일로부터 3일째 날이 되는 보통거래를 따르므로, 배당락일은 배당기준일 1일 전이 된다. 따라서 배당 받을 권리를 갖기 위해서는 배당기준일 2일 전까지 주식을 매수하여야 한다.[2] 배당락일 이전의 주가를 배당부주가(cum dividend price), 배당락일에 형성되는 주가를 배당락주가(ex-dividend price)라고 한다.

---

2) 증권시장은 12월말 하루 휴장하기 때문에 다른 휴일이 없다면 12월말 결산법인은 12월 28일까지 주식을 매수하여야 배당 받을 권리를 갖게 된다.

그림 9-1
배당의 지급절차

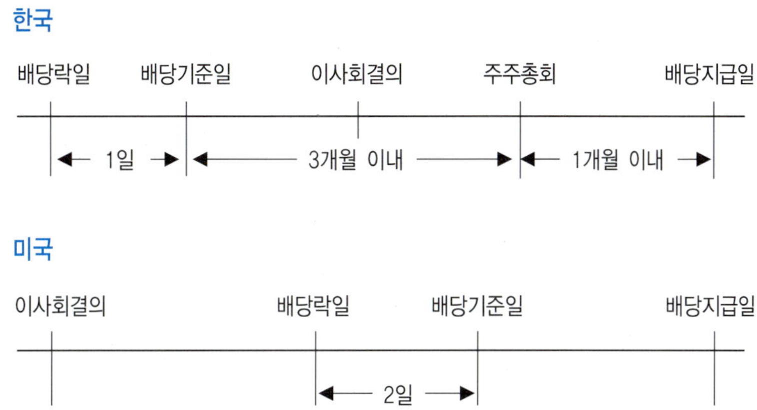

[그림 9-1]은 우리나라와 미국의 배당지급절차를 나타내고 있다. 미국의 경우 이사회에서 배당기준일, 배당금, 배당지급일을 결의하고 이를 공시하며, 따라서 투자자들이 배당에 관한 확실한 정보를 가진 상태에서 배당락가격이 형성된다. 예컨대, ABC(주)의 배당부주가가 50달러이고 이사회가 주당배당금을 4달러로 결의하였을 때, 자본시장이 효율적이고 배당소득세가 없다면 배당락주가는 46달러가 될 것이다. 그러나 우리나라에서는 배당금이 확정되지 않은 상태에서 기대되는 배당금에 의해 배당락가격이 형성되는 문제가 있다.

제2절 배당정책과 기업가치

2.1 MM의 배당무관련이론

밀러와 모딜리아니(M. Miller and F. Modigliani : 이하 MM이라 씀)는 배당정책과 기업가치는 무관하다는 배당무관련이론(dividend irrelevance theory)을 주장하였다.[3] MM이 설정한 가정은 다음과 같다. (1) 합리적인 투자자가 거래

3) Miller, M. and F. Modigliani, "Dividend Policy, Growth and the Valuation of Shares,"

하며 거래비용이 없는 완전자본시장이다. (2) 세금이 존재하지 않는다. (3) 투자정책은 주어져 있다. 이러한 가정에 기초한 MM의 주장은, 기업가치는 투자결정으로부터 얻는 현금흐름에 의해서만 결정되며, 배당정책은 기업가치에 영향을 미치지 않는다는 것이다.

MM의 세계에서는 주주들이 고배당을 선호할 경우 그들이 원하는 배당을 하여도 기업은 계획하는 투자안을 잃지 않을 수 있다. 왜냐하면 고배당으로 인해 유보이익이 부족하더라도 투자안에 필요한 자본을 신주발행으로 조달하면 되기 때문이다. 반대로, 주주들이 저배당을 선호하여 유보이익이 투자안의 소요자본을 충당하고도 남을 경우 자사주매입을 통해 유보이익을 줄일 수 있다. 따라서 배당과 사내유보로 나누는 배당정책은 투자결정에 아무런 영향을 미치지 않으며, 결과적으로 투자결정에 따른 현금흐름에 의해서만 결정되는 기업가치와도 무관하게 된다.

주주의 입장에서 보면, 기업이 고배당을 할 경우 배당소득은 증가하지만 부족한 투자자금을 메우기 위한 신주발행으로 인해 미래 수익을 새로운 주주와 나누어야 하므로 주가가 하락하여 자본이득이 감소하게 된다. 반대로, 저배당을 하면 비록 배당소득은 감소하지만 고배당을 할 때보다 더 큰 자본이득을 얻을 수 있다. 결국 어떤 배당정책을 펴더라도 주주의 부에는 변함이 없는 결과를 가져온다.

간단한 예를 들어보자. 무부채기업인 가나(주)는 현재시점과 1년 후 각각 1,000만원의 현금흐름을 얻고 해산한다. 발행주식수는 1,000주, 주주들의 요구수익률은 10%이다. 배당정책이 달라지면 기업가치는 어떻게 변하는가?

표 9-2
배당무관련이론

(단위 : 만원)

	현재시점 배당	1년 후 배당	기업가치	주가
배당정책 A	1,000	1,000	$1{,}000+\dfrac{1{,}000}{(1+0.1)^1}=1{,}909$	1,909
배당정책 B	1,200	780	$1{,}200+\dfrac{780}{(1+0.1)^1}=1{,}909$	1,909

가나(주)가 배당정책 A처럼 현재시점과 1년 후에 얻는 현금흐름과 동일한 배당을 한다면, 기업가치는 1,909만원이며 이를 발행주식수로 나눈 주가는 1,909만원이 된다. 만일 배당정책 B와 같이 신주발행으로 200만원을 조달하여 현재시점에서 1,200만원을 배당한다면, 1년 후 1,000만원의 현금흐름 중 10%의 수익

Journal of Business, October 1961.

률을 요구하는 새로운 주주들의 몫이 220[=200(1+0.1)]만원이므로 기존의 주주들에게 지급되는 1년 후의 배당은 780만원이 된다. 이 경우에도 기업가치는 여전히 1,909만원이며 주가는 1.909만원이 된다. [표 9-2]는 매우 단순한 예이지만 배당정책으로 인해 기업가치가 바뀌지 않는다는 것을 보여준다.

다시 말하면, 배당정책 A처럼 현재시점에서 1,000만원을 배당할 경우 주주들이 얻는 주당배당은 1만원이고 배당 직후 배당락주가는 0.909만원이 된다. 배당정책 B를 선택하면 주당배당은 1.2만원으로 증가하지만 배당락주가는 0.709만원으로 감소하게 된다. 어떤 경우에도 주주의 부는 1.909만원으로 변함이 없다.

배당무관련이론은 홈메이드 배당(homemade dividends)의 논리에 의해서도 설명할 수 있다. MM은 주주가 자신이 선호하는 배당정책을 스스로 만들 수 있다고 주장하였다. 즉, 기업으로부터 받는 배당이 주주가 원하는 수준에 미치지 못할 때에는 보유하고 있는 주식을 매각하여 배당을 만들어 낼 수 있다. 반대로, 기업이 주주가 원하는 수준 이상의 배당을 지급하면 주주는 원하지 않는 배당금으로 주식을 매입하면 된다. 기업이 어떤 수준으로 배당을 지급하든 주주들은 자신이 원하는 배당 수준을 유지할 수 있는 것이다. 따라서 주주들은 기업의 특정한 배당정책에 가치를 더 매길 이유가 없다. 이는 배당정책으로 기업가치를 늘릴 수는 없다는 것을 뜻한다.

2.2 배당정책에 영향을 미치는 현실적 요인

MM의 배당무관련이론은 배당정책과 기업가치의 관계에 대한 논의의 출발점이라고 할 수 있다. MM이 설정한 세계는 현실과는 차이가 있기 때문이다. 이제 배당정책에 영향을 미치는 현실적 요인들을 살펴보자.

(1) 투자기회의 상실

현실은 완전자본시장과는 거리가 있어 자본조달에 제약이 따른다. 기업의 많은 배당은 사내유보를 축소시켜 내부자금을 줄인다. 이로 인해 수익성 높은 투자기회들을 상실할 수도 있다. 그만큼 기업가치를 증가시킬 수 없게 되는 것이다.

투자기회를 잃지 않으려면 필요한 자본을 외부로부터 조달하여야 하지만, 자본조달순위이론에서 설명하였듯이 내부금융을 사용하는 것보다 유리하지 않다. 심지어 소요되는 자본을 충분히 조달하지 못할 수도 있다.

(2) 세금

MM의 배당무관련이론은 세금이 없다는 가정에 기초하고 있다. 그러나 현실에서는 투자소득에 대해서 개인소득세가 부과된다. 배당소득과 자본이득에 대한 세율이 다르다면 배당소득과 자본이득에 대한 주주들의 선호가 같을 수 없을 것이다.

우리나라의 경우 상장기업 주식에 대한 투자소득 중, 배당소득에 대해서는 과세하고 있으나 자본시장 육성을 위해 자본이득에 대해서는 과세하지 않고 있다.[4] 따라서 동일한 금액이어도 배당소득보다 자본이득의 형태로 주어지는 것이 주주들에게 더 큰 세후 소득을 가져다준다. 그러므로 기업은 저배당정책으로 배당보다 자본이득을 크게 함으로써 주주들의 부, 즉 기업가치를 증가시킬 수 있다.[5]

(3) 정보효과

8장에서 경영자와 투자자들 사이에 정보비대칭이 존재할 때, 자본구조가 경영자의 정보를 투자자들에게 전달하는 신호(signal)로 사용될 수 있다고 설명하였다. 자본구조와 마찬가지로 배당정책 역시 신호로 쓰일 수 있다. 일반적으로 기업이 배당을 늘린다고 발표하면 주가는 상승하고, 배당을 줄인다고 발표하면 주가는 하락한다. 이를 어떻게 설명할 수 있을까? 배당의 크기가 아니라, 배당의 변화에 담긴 정보가 주가의 변화를 가져오지는 않았을까?

기업은 지속적으로 높은 배당을 유지할 수 있을 만큼 충분한 미래 현금흐름을 얻을 수 있을 때만 배당을 올리려고 한다. 따라서 배당을 늘리면 경영자가 기업의 전망을 밝게 본다는 신호가 되며, 투자자들의 낙관적인 기대로 이어져 주가는 상승하게 된다. 반대로, 배당을 줄이면 기업전망에 대한 부정적인 신호가 되어 주가는 하락하게 될 것이다. 이와 같은 배당의 정보전달효과를 배당의 정보효과(information content effect) 또는 신호효과(signaling effect)라고 한다.

한편, 역시 8장에서 설명하였듯이 자본조달순위이론에 따르면 기업은 내부금융에 의해 자본을 조달하는 것이 가장 유리하다. 따라서 수익성이 높은 투자기회를 갖고 있는 기업은 가능한 한 많은 내부자금을 확보하기 위하여 적게 배당하려고 할 것이다. 정보비대칭 상황에서 기업이 배당을 줄이면, 투자자들은 기업이 수익성 높은 투자기회를 보유하고 있다는 신호로 해석할 수도 있다. 이는 배당을

---

4) 배당소득세율은 15.4%이다. 단, 대주주의 경우 고배당기업 주식에 한해서는 다르게 적용한다. 한편 비상장주식의 자본이득과 대주주의 상장주식 자본이득은 과세대상이다.

5) 밀러와 숄즈(M. Miller and M. Scholes)는 배당소득에 대한 세금을 피할 수 있는 방법을 보여주고 있다. 그러나 우리나라의 소득세제하에서는 가능하지 않다.
Miller, M. and M. Scholes, "Dividends and Taxes," *Journal of Financial Economics*, December 1978.

줄이면 오히려 주가는 상승한다는 것으로 위의 결과와는 상반된다. 결국 기업의 배당정책을 투자자들이 어떤 신호로 해석하느냐에 따라 기업가치는 달라질 것이다.

(4) 대리인비용

대리인 문제에 대해서는 1장과 8장에서 살펴보았다. 기업의 여유자금이 많을수록 경영자가 특권적 소비와 방만한 경영 등을 일삼을 개연성은 커진다.[6] 이는 대리인비용을 더 크게 발생시켜 주주의 부를 한층 감소시키는 결과를 가져올 것이다.

기업이 배당을 늘리고 사내유보를 줄이면 경영자 재량으로 사용할 수 있는 재원이 줄어들기 때문에 대리인비용을 감소시킬 수 있다. 또한 배당을 늘리면 그만큼 투자기회에 필요한 자본을 외부로부터 조달하여야 한다. 이 과정에서 대출금융기관의 심사, 신용평가기관의 평가 등 시장의 감시를 더 많이 받아야만 하며, 따라서 주주들이 부담하여야 하는 감시비용은 줄어든다. 즉, 기업의 고배당정책은 대리인비용을 감소시켜 기업가치를 증가시킨다.

(5) 현재 소득에 대한 선호

사람들은 미래의 소득보다 현재의 소득을 선호하는 성향을 갖고 있다. 따라서 기업의 이익을 미래에 얻게 될 자본이득보다 현재의 소득인 배당으로 받기를 원한다. 물론 자본이득을 현재의 소득으로 바꾸기 위해 보유하고 있는 주식의 일부를 매각하면 되지만, 매각에 따른 비용을 부담하고 시간을 소모하여야 한다. 또한 투자자들은 주식의 매각으로 투자원금이 줄어드는 것을 꺼릴 수도 있다.

(6) 불확실성의 해소

고든(M. Gordon)과 린트너(J. Lintner)는 투자자들이 현재의 확실한 배당소득을 미래의 불확실한 자본이득보다 높게 평가한다고 주장하였다.[7] 투자자들은 사내유보에 의해 실현되는 자본이득이 불확실하다고 인식하기 때문에 기업이 배

---

6) 다음 논문은 여유자금이 많은 기업이 적은 기업보다 나쁜 성과를 가져오는 기업인수를 하는 경향이 있다는 것을 보고하고 있다.
Lang, L., R. Stulz, and R. Walkling, "Management Performance, Tobin's Q, and the Gains from Successful Tender Offers," *Journal of Financial Economics*, September 1989.

7) Gordon, M., "Optimal Investment and Financing Policy," *Journal of Finance*, May 1963. Lintner, J., "Dividends, Earnings, Leverage, Stock Prices, and the Supply of Capital to Corporations," *Review of Economics and Statistics*, August 1962.

당을 늘릴수록 불확실성이 점차 해소되어 기업가치가 증가한다는 것이다.

그러나 MM은 이러한 주장을 '손 안의 새의 오류'(bird-in-the-hand fallacy)라고 하였다.[8] 주주들은 언제든지 주식의 일부를 매각하여 '손 안의 새'를 만들 수 있다는 것이다. 주주들이 부담하는 위험은 오직 투자결정에 따른 미래 현금흐름의 변동성에 의해 결정되며 배당정책과는 무관하다는 것이 MM의 관점이다.

(7) 발행비용

기업이 많은 배당을 하여 내부자금이 부족하면 새로운 투자에 필요한 자본을 신주 및 사채발행 등에 의해 외부로부터 조달하여야 한다. 이 과정에서 발행비용(flotation costs), 즉 중개기관에 대한 인수수수료와 발행자의 비용이[9] 소요된다. 그러나 배당 대신 사내유보를 늘리면 그만큼 외부에서 조달해야 할 자본이 감소하여 발행비용이 줄어든다. 따라서 저배당정책은 발행비용을 줄여 기업가치를 증가시킨다.

(8) 거래비용

MM은 홈메이드 배당(homemade dividends)을 설명하면서 기업으로부터 받는 배당보다 더 큰 소득을 원하면 보유하고 있는 주식을 일부 매각하면 되고, 원하는 수준 이상의 배당을 받으면 초과하는 배당금으로 주식을 매입하면 된다고 하였다. 그러나 주식 매매는 거래수수료와 증권거래세 등 거래비용을 수반한다. 거래비용은 투자자들에게 배당소득과 자본이득을 무차별하지 않게 한다.

표 9-3
배당정책에 영향을 미치는 현실적 요인

고배당정책을 유리하게 하는 요인	저배당정책을 유리하게 하는 요인
미래 전망에 대한 정보효과	투자기회의 상실 방지
대리인비용의 감소	세금절감
현재소득에 대한 선호	수익성 높은 투자기회에 대한 정보효과
불확실성의 해소	발행비용의 감소
주식매각 거래비용의 감소	주식매입 거래비용의 감소

8) '손 안의 새'는 서양 속담으로 손 안의 한 마리 새는 숲속의 두 마리 새와 가치가 같다는 것이다. 여기서 손 안의 한 마리 새는 확실한 배당소득, 숲속의 두 마리 새는 불확실한 자본이득을 비유한다.

9) 발행자의 비용은 법적 비용, 회계비용, 인쇄비용 등이다.

[표 9-3]에는 지금까지 살펴본 배당정책에 영향을 미칠 수 있는 현실적 요인들이 요약되어 있다. 서로 다른 두 방향의 요인들 중 어느 방향의 요인들이 더 지배적인지는 알 수 없다. 자본구조와 마찬가지로 배당정책 역시 기업가치와의 관계에 대한 정론은 존재하지 않는다.

2.3 고객효과

투자자들마다 선호하는 배당정책이 다르다. 일반적으로 은퇴한 사람이나 연기금 등은 현금수입을 선호하기 때문에 기업이 보다 많은 배당을 지급하기를 원한다. 이러한 투자자들의 세금에 대한 부담은 상대적으로 크지 않다. 반면에, 배당 외에도 충분한 소득을 얻는 투자자들은 기업이 이익을 배당하지 않고 사내에 유보하여 재투자하기를 원할 것이다. 소득수준이 높은 투자자들은 당장 현금수입이 크게 필요하지 않고 배당으로 받을 경우 다시 투자하기 위해서는 거래비용을 부담하여야 하며, 특히 세금부담을 줄일 수 있기 때문이다.

따라서 투자자들은 자신이 선호하는 배당정책을 펴는 기업을 선택할 것이며, 이러한 현상을 고객효과(clientele effect)라고 한다. 고객효과의 의미는, 기업가치가 그 기업의 배당정책을 선호하는 투자자들의 수요와 공급에 의해서 결정된다는 것이다. 예컨대, 투자자의 60%가 고배당을 원하지만 기업의 40%만 고배당을 하고 있다면, 고배당 주식의 공급이 부족하기 때문에 주가는 오른다. 저배당을 하는 기업들은 고배당정책을 펼 것이며 결국 수요와 공급이 일치하는 균형상태에 이를 것이다.

균형상태, 즉 기업의 배당정책이 투자자들의 선호와 일치하는 상태가 되면 더 이상 배당정책의 변경은 의미가 없게 된다. 다시 말하면, 어떤 기업도 배당정책을 바꿈으로써 기업가치를 증가시킬 수는 없다는 것이다. 만일 기업이 배당정책을 변경하면, 변경된 배당정책을 선호하는 투자자들로 기업의 주주가 바뀔 뿐이며, 이 과정에서 고객인 투자자들을 곤란하게 함으로써 주가에 오히려 나쁜 영향을 미칠 수 있다.

제3절 기업의 실제 배당정책

3.1 잔여배당정책

신주발행보다 내부금융에 의한 자본조달이 훨씬 유리하다. 기업은 투자기회에 필요한 자본을 조달하기 위하여 내부금융을 우선적으로 활용하려고 할 것이다. 따라서 기업이 얻은 순이익 중 투자기회에 필요한 자금을 먼저 사내에 유보하고 남은 자금이 배당으로 지급된다. 이와 같이 잔여자금을 배당으로 지급하는 정책을 잔여배당정책(residual dividend policy)이라 한다.

예컨대, 가나(주)의 순이익이 100억원이고 새로운 투자에 필요한 자본은 160억원이며 목표부채비율은 100%라고 하자. 가나(주)는 얼마만큼 배당할 수 있는가? 목표부채비율이 100%이므로 새로운 투자를 위해 부채와 자기자본으로 각각 80억원씩 조달하여야 한다. 잔여배당정책에 따르면, 순이익 100억원 중 투자에 소요되는 자기자본으로 80억원을 사내에 유보하여야 하므로 남은 20억원을 배당으로 지급할 수 있다.

잔여배당정책을 시행할 경우 투자기회가 많은 기업은 배당이 적어지는 반면에, 투자기회가 적은 기업은 배당이 많아질 것이다. 마이크로소프트(Microsoft)와 애플(Apple)이 빠르게 성장하는 동안 배당을 전혀 지급하지 않은 것을 상기하라. 그들은 잔여자금조차 배당하지 않았다.

한편, 기업이 잔여배당정책을 시행하면 배당은 순이익의 크기와 투자기회에 따라 달라진다. 따라서 안정적인 배당지급이 어려워질 것이다. 투자자들은 안정적인 배당을 선호하기 때문에 잔여배당정책을 경직되게 펼치는 것은 바람직하지 않다.

3.2 안정배당정책

일반적으로 기업은 주당배당을 일정하게 유지하려고 한다. 기업은 이익이 일시적으로 증가하더라도 이익의 증가가 미래에도 지속될 수 있다고 판단되지 않으면 배당을 증가시키지 않는다. 이익이 감소하는 경우에도 마찬가지다. 이와 같이 이익의 일시적인 변동과 관계없이 목표배당, 즉 정해진 주당배당을 지키려는 정책을 안정배당정책(stable dividend policy)이라고 한다.

[그림 9-2]를 보라. 제너럴 모터스(GM)는 1985년부터 2006년까지 주당이익이 매우 크게 변동하였다. 그렇지만 이 20년이 넘는 기간 동안 단지 7번만 주당배당을 바꾸었다.[10] 제너럴 모터스가 취한 배당정책은 많은 기업에서 볼 수 있는 전형적인 배당정책이라 할 수 있다.

그림 9-2
제너럴 모터스(GM)의 이익과 배당

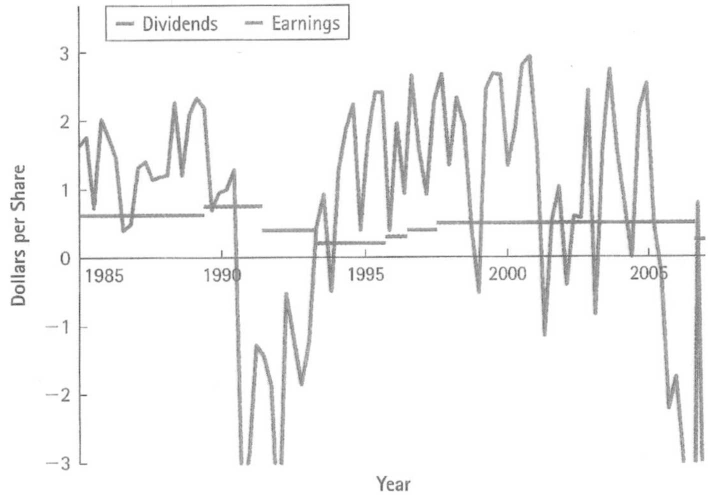

다음 문헌에서 발췌
Berk, J., P. DeMarzo, and J. Harford, *Fundamentals of Corporate Finance*, Pearson, 2009, p. 544.

기업이 안정배당정책을 선택하는 이유로는 다음을 들 수 있다. (1) 투자자들이 얻는 현금흐름의 불확실성을 줄인다. 이는 특히 안정적인 소득을 원하는 투자자들에게 매우 중요하다. (2) 잦은 주당배당의 변경은 잘못된 신호를 전달할 수 있다. 일시적 이익 증가로 배당을 높여 투자자들에게 미래성과에 대한 긍정적인 신호를 전달한 후 다시 배당을 낮춤으로써 투자자들을 실망시킬 필요가 없다. 또한 일시적 이익 감소로 배당을 낮추어 미래성과까지 부정적이라는 신호를 전달할 이유도 전혀 없다. (3) 경영성과인 배당을 안정적으로 지급함으로써 기업에 대한 신뢰를 높일 수 있을 것이다. (4) 고객효과에 따르면 투자자들은 예측할 수 있는

10) 다음 문헌 참고
Berk, J., P. DeMarzo, and J. Harford, *Fundamentals of Corporate Finance*, Pearson, 2009, pp. 543-544.

배당정책을 선호한다.

기업의 안정배당정책이 주당배당은 절대로 변경되지 않는다는 것을 뜻하지는 않는다. 장기적으로 순이익이 증가하게 되면 배당도 어느 정도의 시차를 두고 증가할 것이다. 대부분의 기업은 잔여배당정책과 안정배당정책을 절충하는 것으로 여겨진다.

3.3 그 밖의 배당결정요인

잔여배당정책과 안정배당정책은 배당결정의 기본적 틀이라고 할 수 있다. 기업이 실제 배당결정을 내릴 때 고려하여야 할 그 밖의 중요한 요인은 다음과 같다.

(1) 법적 규제와 채무계약

우리나라 상법은 주주의 배당결정권 남용을 억제하여 채권자를 보호하기 위해 이익의 배당을 제한하고 있다.[11] 또한 8장의 대리인비용에서 살펴보았듯이 채무계약의 보호조항(protective covenants)도 채권자들의 기업에 대한 청구권의 가치가 지켜질 수 있도록 배당을 제약한다.

(2) 유동성

배당은 현금유출이므로 기업의 유동성이 높을수록 배당지급능력은 커진다. 기업의 배당가능한 유보이익은 모두 현금으로 보유되고 있는 것이 아니라 상당 부분이 비유동자산에 투자되어 있다. 따라서 실제로 배당은 재무상태표 상에 나타나는 유보이익의 크기가 아니라 기업의 유동성에 따라 결정된다. 유동성이 부족하거나 배당지급 후 유동성이 우려될 경우 배당은 제한될 수밖에 없다.

(3) 자본조달능력

기업이 외부로부터 어렵지 않게 자본을 조달할 수 있다면 보다 탄력적으로 배당을 할 수 있다. 많은 배당으로 인해 내부자금이 부족해지더라도 언제든지 필요한 자본을 조달함으로써 수익성 높은 투자기회를 잃지 않을 수 있으며, 또한 유

---

11) 재무상태표의 순자산액에서 자본금, 그 결산기까지 적립된 자본준비금과 이익준비금, 그 결산기에 적립하여야 할 이익준비금 등을 공제한 나머지 금액을 한도로 이익배당을 할 수 있게 규정하고 있다.

동성을 유지할 수 있기 때문이다.

(4) 기업의 지배권

많은 배당을 하면 수익성 있는 투자기회에 소요되는 자본을 조달하기 위하여 신주발행을 하여야 한다. 신주를 발행하면 기존 대주주의 지분율이 희석되어 기업의 지배권이 약화될 수 있다.

3.4 우리나라 기업은 얼마나 배당하는가

[그림 9-3]은 우리나라 제조업의 2009년부터 2013년까지 5년간의 주당배당, 배당수익률, 그리고 배당성향을 나타내고 있다. 지난 5년간의 소액주주에 대한 평균주당배당금은 528원이며, 평균배당수익률은 1.1%에 그치고 있다. 그리고 평균배당성향은 21.8%이다.

그림 9-3
우리나라 제조업의 주당배당, 배당수익률, 그리고 배당성향

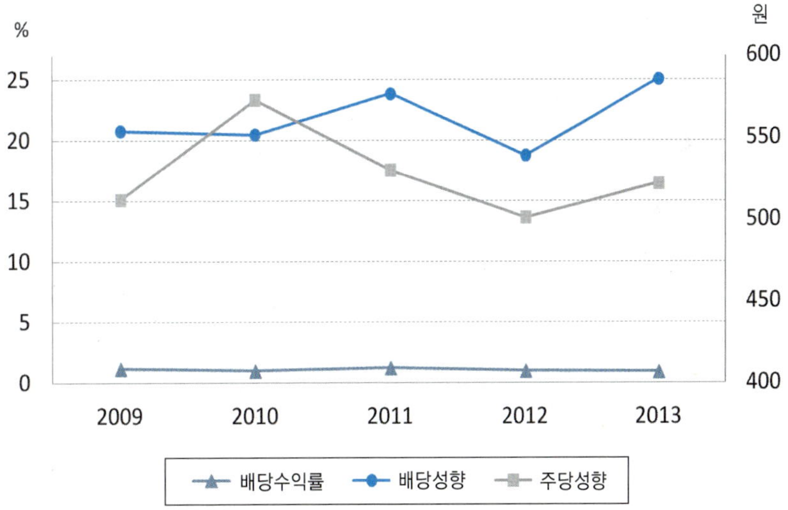

주당배당과 배당수익률은 유가증권시장 상장 제조업 대상, 배당성향은 제조업 중 대기업 대상
자료 : 한국상장회사협의회 기업정보(KOCO info)
한국거래소 주식통계
한국은행 경제통계시스템(ECOS)

제4절 주식배당과 자사주매입

배당의 일반적인 유형은 현금으로 지급되는 현금배당이다. 배당의 또 다른 유형으로 주식으로 지급되는 주식배당이 있으며, 배당은 아니지만 현금배당과 동일한 효과를 가져다주는 자사주매입이 있다.

4.1 주식배당

주식배당(stock dividend)은 주주총회의 결의에 의하여 이익의 배당을 새로이 발행하는 주식으로 지급하는 것을 말한다. 주식배당은 이익잉여금의 일부 또는 전부를 자본금으로 전입하고, 전입된 자본금만큼 새로운 주식을 발행하여 지분율에 따라 주주들에게 무상으로 나누어주는 것이다.[12)]

주식배당은 주주의 부에 어떤 영향을 미치는가? 다음 예를 보자.

표 9-4
주식배당 전후의 자기자본

(단위 : 억원)

주식배당 전		주식배당 후	
자본금(5,000원×80만주)	40	자본금(5,000원×88만주)	44
자본잉여금	5	자본잉여금	5
이익잉여금	10	이익잉여금	6
자기자본 총액	55	자기자본 총액	55

가나(주)는 액면가액 5,000원인 보통주 80만주를 발행하고 있다. 가나(주)가 10%의 주식배당을 하면 어떻게 되나? 새로이 발행되는 주식수는 8만주(=80만주×10%)이므로 4억원(=5,000원×8만주)의 이익잉여금이 자본금에 전입되며 자기자본 총액은 전혀 변하지 않는다. 그러나 주식수가 늘어나기 때문에 주식의 가치는 하락한다.[13)] 한편 새로운 주식 8만주가 주주들에게 지분율에

12) 상법에서 주식배당은 이익배당총액의 1/2에 상당하는 금액을 초과하지 못하도록 규정하고 있다. 그러나 자본시장과 금융투자업에 관한 법률은 상장기업의 경우 시가가 액면가보다 높으면 이익배당총액 전부를 주식으로 배당할 수 있도록 허용하고 있다.

13) 주식배당 전의 주가가 1만원이라면 시가총액은 80억원(=1만원×80만주)이므로, 이론적으로 주식배당 후의 주가는 0.9091만원(=80억원/88만주)으로 하락하여야 한다.

따라 배당되면, 주주의 보유주식수는 증가하지만 지분율은 바뀌지 않는다. 따라서 이론적으로 주주의 부는 변함이 없다.

그러나 현실적으로 주식배당은 주주의 부, 즉 기업가치에 유리한 영향을 미칠 수 있으며, 그 이유는 다음과 같다. (1) 이익의 사외유출을 방지하여 기업의 유동성을 높인다. (2) 유동적인 이익잉여금이 영구적인 자본금에 전입되어 자본의 안정성이 높아진다. (3) 수익성 높은 투자기회에 필요한 자본을 마련하려고 한다는 긍정적인 신호로 해석될 수 있다. (4) 주식수를 증가시켜 유동성을 높여줄 뿐만 아니라 주가를 낮추어 매매가 보다 쉽게 이루어지도록 한다.

반면에 주식배당은 다음과 같이 기업가치에 불리한 영향을 미칠 수도 있다. (1) 주식수의 증가로 인해 미래 과중한 배당압력을 받을 수 있다. (2) 현금배당을 할 수 없을 정도로 어려운 상황이라는 부정적인 신호로 해석될 수 있다. (3) 새로운 주식의 발행비용이 든다.

4.2 자사주매입

자사주매입(stock repurchase)은 기업이 발행된 자기회사 주식의 일부를 매입하여 소각하거나 사내에 금고주(treasury stock)로 보관하는 것을 말한다. 자사주매입은 주식수를 감소시켜 주식의 가치를 상승시킨다. 기업의 자사주매입은 주로 배당 대신 시행되지만, 주가관리, 경영권 보호,[14] 자본구조의 변경,[15] 그리고 임직원의 스톡옵션 행사에 대비하여 이루어지기도 한다. 자사주매입의 중요성은 갈수록 커지고 있다.

기업은 배당 가능한 이익의 한도 내에서 자사주를 매입할 수 있으며, 그 방법으로는 다음의 두 가지가 있다. 첫째, 공개시장매입(open market purchase)으로 일반투자자들과 마찬가지로 시장가격으로 주식을 매입하는 방법이다. 둘째, 공개매수(tender offer)로 매입가격과 매입수량, 그리고 매입기간을 시장에 공시한 후 주주들의 청약을 받아 주식을 매입하는 방법이다.

자사주매입은 현금배당과 동일한 효과가 있다. 예를 들어보자. [표 9-4]에서와 같이 가나(주)의 발행주식수는 80만주이고 주가는 1만원이다. 가나(주)는 이익잉

14) 자사주는 의결권이 인정되지 않으므로 기업의 자사주매입은 소각하지 않더라도 발행주식수를 줄여 지배주주의 의결권을 확대하는 효과를 가져온다. 또한 우호적인 기업과 서로 자사주를 교환함으로써 우호지분을 확보할 수 있다.

15) 부채를 사용하여 조달한 자금으로 주식을 소각함으로써 신속하게 자본구조를 변경할 수 있다.

여금 중 8억원으로 현금배당을 하거나 자사주매입을 하려고 한다. 주식 1주를 보유하고 있는 주주의 부는 현금배당과 자사주매입에 따라 어떻게 달라지는가?

표 9-5
현금배당과 자사주매입에 따른 주주의 부

	현금배당	자사주매입
주당배당	1,000원(= 8억원/80만주)	0원
주가	9,000원(= 72억원/80만주)	10,000원(= 72억원/72만주)
주주의 부	10,000원	10,000원

가나(주)의 시가총액, 즉 기업가치는 80억원(= 1만원 × 80만주)이다. 현금배당을 하면 주당배당금은 1,000원(= 8억원/80만주)이 된다. 8억원의 배당 후 기업가치는 72억원이 되므로 배당락주가는 9,000원(= 72억원/80만주)이다.[16)] 한편 자사주매입을 하는 경우 8만주(= 8억원/1만원)를 매입할 수 있으므로 가나(주)의 주식수는 72만주로 줄어든다. 자사주매입에 8억원을 사용하기 때문에 주가는 1만원(= 72억원/72만주)이 된다.

[표 9-5]에서 볼 수 있듯이, 자사주매입은 주식수의 감소로 인해 주당배당만큼 주가가 상승하기 때문에 주주의 부에 미치는 영향은 현금배당과 동일하다. 다만, 배당소득이 자본이득으로 대체될 뿐이다.

한편, 배당과 마찬가지로 자사주매입 역시 경영자가 갖고 있는 정보를 투자자들에게 전달하는 신호가 될 수 있다. 만일 주식의 가격이 과대평가되어 있다면 경영자가 자사주매입을 시도하겠는가? 이는 주주들에게 손실을 가져다줄 것이며, 따라서 주식가격이 과소평가되어 있을 때에만 경영자는 자사주를 매입하려고 할 것이다. 그러므로 경영자가 투자자들보다 기업에 대해 더 나은 정보를 갖고 있으며 경영자가 주주들의 이익에 반한 행동을 하지 않을 것이라고 투자자들이 여긴다면, 자사주매입의 공시에 대해 투자자들은 긍정적으로 반응할 것이다. 최고재무책임자(CFO)의 87%가 주식가격이 과소평가되어 있을 때 자사주매입을 하여야 한다고 응답한 조사결과가 보고된 바 있으며,[17)] 또한 투자자들이 자사주매입을 긍정적인 신호로 해석한다는 실증적 연구 결과 역시 제시되었다.[18)]

16) 배당락주가는 1만원에서 1,000원의 주당배당을 하면 9,000원이 되어야 한다.

17) Brav, A., J. Graham, C. Harvey, and R. Michaely, "Payout Policy in the 21st Century," *Journal of Financial Economics*, September 2005.

18) Ikenberry, D., J. Lakonishok, and T. Vermaelen, "Market Underreaction to Open Market Share Repurchases," *Journal of Financial Economics*, October 1995.

자사주매입이 기업가치에 유리한 영향을 미칠 수 있는 이유는 다음과 같다. (1) 기업의 자사주매입으로 인해 주주들이 얻는 자본이득은 배당소득과는 다르게 과세되지 않는다. (2) 자사주매입 공시는 앞에서 설명한 것처럼 경영자가 현재의 주가가 저평가된 것으로 판단한다는 긍정적인 신호가 될 수 있다. (3) 일시적으로 많은 이익이 발생하였을 경우, 향후 유지하기 어려운 수준의 배당을 지급하는 것보다 자사주매입이 낫다. (4) 부채를 사용하여 조달한 자금으로 자사주매입을 하면 부채사용에 따른 세금절감효과를 얻을 수 있다. (5) 기업의 여유자금을 자사주매입에 사용함으로써 경영자 재량으로 사용할 수 있는 재원을 줄여 대리인비용을 감소시킬 수 있다.

그러나 자사주매입은 다음과 같이 기업가치에 불리한 영향을 미칠 수도 있다. (1) 주주들은 자본이득보다 배당소득이 확실하다고 여기기 때문에 자사주매입보다 현금배당을 더 선호할 것이다. (2) 기업의 수익성 높은 투자기회가 소진되었다는 부정적인 신호가 될 수 있다. (3) 기업이 자사주를 시장가격보다 높은 가격으로 매입하면 자사주를 매입하지 못한 주주들로부터 매입한 주주들에게로 부의 이전이 발생한다.

정리하는 문제

1. 배당정책이란 무엇인가?

2. 우리나라의 배당지급절차는 어떤 문제를 갖고 있는가?

3. MM의 배당무관련이론을 설명하시오.

4. MM의 홈메이드 배당의 논리를 설명하시오.

5. 고배당정책이 기업가치를 높일 수 있는 현실적 요인으로는 어떤 것이 있는가?

6. 저배당정책이 기업가치를 높일 수 있는 현실적 요인으로는 어떤 것이 있는가?

7. 배당의 고객효과를 설명하시오.

8. 잔여배당정책을 설명하시오.

9. 많은 기업이 안정배당정책을 시행하는 이유는 무엇인가?

10. 기업이 실제 배당결정을 내릴 때 고려하여야 할 요인을 생각해 보시오.

11. 관심 있는 기업의 최근 몇 년간의 배당정책을 살펴보시오.

12. 주식배당은 무엇이며 주주의 부에 어떤 영향을 미치는가?

13. 자사주매입이 주주의 부에 미치는 영향을 설명하시오.

14. 가나(주)의 발행주식수는 4백만주이고 목표부채비율은 60%이며 올해 순이익은 650억원이다. 가나(주)는 잔여배당정책을 채택하고 있으며 새로운 투자를 위해 800억원이 필요하다.
(1) 부채와 자기자본으로 각각 얼마씩 조달하여야 하는가?
(2) 주당배당은 얼마나 할 수 있는가?
(3) (2)의 경우 배당성향은 얼마인가?

15. 다라(주)의 주가는 현재 2만원이고 발행주식수는 4만주이다. 다라(주)는 현금 5천만원으로 배당을 지급하거나 자사주를 매입하는 방안을 검토하고 있다.
   (1) 현금배당을 하면 주가와 주주의 부는 얼마가 되는가?
   (2) 자사주매입의 경우에는 주가와 주주의 부가 얼마가 되는가?

제 10 장
운전자본관리

제10장 운전자본관리

제1절 운전자본관리란 무엇인가

1.1 운전자본관리의 의의

일반적으로 기업은 원재료를 비롯한 생산요소를 구입하고 제품을 만든 후 판매하여 이익을 실현하는 일련의 영업활동을 수행한다. 기업의 일상적인 영업활동과 관련된 자본운용과 자본조달에 관한 의사결정, 즉 단기재무의사결정을 운전자본관리(working capital management)라고 한다.

운전자본(working capital)이란 영업활동을 수행하기 위한 운영자금을 뜻하며, 유동자산을 가리키기도 하고 유동자산에서 유동부채를 뺀 순운전자본(net working capital)을 의미할 때도 있다. 여기서 유동자산은 현금이나 1년 이내에 현금으로 바꿀 수 있는 자산으로 현금 및 현금성자산, 단기금융자산, 매출채권, 재고자산 등을 말한다. 유동부채는 1년 이내에 상환해야 하는 채무로 단기차입금, 매입채무, 미지급금 등이 해당된다. 운전자본관리에 있어서 중요한 개념이 순운전자본이다. 순운전자본은 기업의 유동성(liquidity), 즉 단기채무지급능력을 나타낸다.

생산을 통해 직접적으로 수익을 창출하는 자산은 토지, 기계장치 등과 같은 비유동자산이다. 수익성을 높이기 위해 비유동자산의 보유를 늘리고 유동자산의 보유를 줄이면 예기치 못한 현금수요나 제품수요 등에 즉각적으로 대응하기 어려운 위험에 처하게 된다. 상당수의 기업들이 이익을 실현하거나 예상하면서도 지급불능의 상태에 처해 흑자도산에 직면하는 것이 그 예다. 반대로, 위험을 줄이기 위해 유동자산의 보유를 늘리면 수익성이 낮아지게 된다. 따라서 상반관계에 있는 수익성과 위험을 알맞게 조절하는 것이 운전자본관리의 핵심이다.

표 10-1
우리나라 제조업의 유동자산 및 유동부채의 구성비율

(단위 : %)

	대기업		중소기업	
	2012년	2013년	2012년	2013년
유동자산	39.4	39.8	49.9	49.6
비유동자산	60.6	60.2	50.1	50.4
유동부채	30.9	29.1	42.5	40.7
장기자본	69.1	70.9	57.5	59.3

장기자본은 비유동부채와 자기자본의 합계
자료 : 한국은행, 「2012년 기업경영분석」 및 「2013년 기업경영분석」, 2013과 2014.

[표 10-1]은 2012년과 2013년 우리나라 제조업체의 유동자산과 유동부채의 구성비율을 나타내고 있다. 총자산 중에서 유동자산이 차지하는 비중은 대기업이 40%이며 중소기업의 경우 50%에 이르고 있다. 총자본에 대한 유동부채의 비율은 대기업이 30%, 중소기업은 40%를 넘는다. 기업자산의 효율적 이용은 기업의 수익성 제고로 이어지며, 따라서 총자산(총자본) 중에서 운전자본이 차지하는 높은 비중은 운전자본을 효율적으로 관리하는 것이 얼마나 중요한지를 잘 말해준다.

특히 중소기업의 경우 운전자본관리의 중요성은 한층 더 크다. 중소기업은 대규모 설비투자를 피하기 위해 리스 등을 이용함으로써 비유동자산에 대한 투자지출을 줄일 수는 있지만, 유동자산에 대한 투자는 피할 수 없다. 또한 중소기업은 금융시장으로부터 장기자본을 조달하는 데 한계가 있으므로 유동부채에 크게 의존하지 않을 수 없기 때문이다.

1.2 영업주기와 현금주기

기업의 전형적인 영업활동은 원재료를 구입하고, 그 대금을 현금으로 지급하며, 제품을 만들어 판매하여, 판매대금을 현금으로 회수하는 것이다. 이러한 활동은 현금유입과 현금유출을 발생시킨다. [그림 10-1]은 제조기업의 영업활동에 따른 현금흐름을 나타낸 것이다.[1]

1) 다음 문헌 참고
Ross, S., R. Westerfield, and J. Jaffe, *Corporate Finance*, 9th ed., McGraw-Hill, 2010, pp. 797-799.

그림 10-1
제조기업의 영업활동에 따른 현금흐름

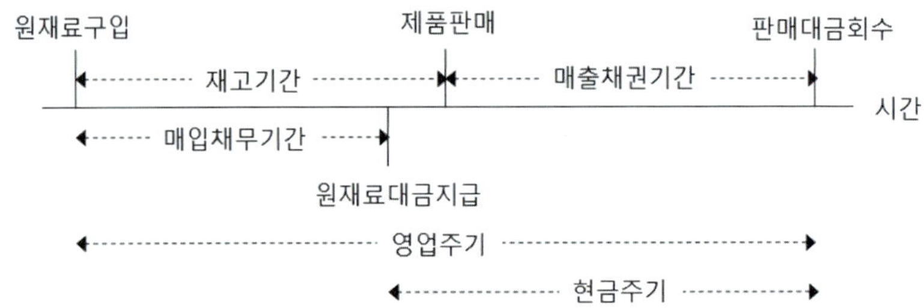

영업주기(operating cycle)는 원재료를 구입한 시점부터 제품판매대금을 회수하는 시점까지의 기간으로 재고기간과 매출채권기간을 더한 것이다. 현금주기(cash cycle)는 원재료구입대금을 현금으로 지급한 시점부터 제품판매대금을 회수하는 시점까지의 기간으로 영업주기에서 매입채무기간을 뺀 것과 같다.

[그림 10-1]에서 보듯이 운전자본관리가 필요한 이유는 현금유출과 현금유입의 발생시점이 다르기 때문이다. 이러한 현금유출과 현금유입의 시간적 차이는 단기차입이나 현금 또는 유가증권 형태의 유동성을 보유함으로써 해결할 수 있다. 또한 이 시간적 차이, 즉 현금주기는 재고기간, 매출채권기간, 매입채무기간을 변경시켜 단축시킬 수도 있다. 현금주기가 짧을수록 운전자본에 대한 투자는 적어진다. 결과적으로 자산 이용의 효율성은 높아지며 이는 기업의 수익성 제고로 이어지게 된다.[2)]

1.3 운전자본정책

운전자본에 대한 정책은 유동자산을 얼마나 보유할 것인지를 결정하는 투자정책과 이에 필요한 자본을 어떻게 마련할 것인지를 결정하는 자본조달정책으로 나눌 수 있다.

---

2) 델(Dell)과 아마존(Amazon)은 주문받은 컴퓨터나 책을 배송하기 전에 고객에게 신용카드 결제를 청구하여 카드사로부터 미리 대금을 지급받는다. 이는 델과 아마존이 음(−)의 현금주기를 갖는다는 것을 의미한다. 매출에 소요되는 운전자본으로 현금유출이 발생하는 것이 일반적이지만, 델과 아마존은 오히려 현금유입을 창출하고 있다. 이것은 두 회사의 기업가치가 높게 평가되는 요인이 될 수 있다.

1.3.1 유동자산 투자정책

유동자산에 대한 기업의 투자규모는 흔히 매출액에 대한 유동자산의 비율로 측정된다. 보수적 유동자산 투자정책(conservative current assets investment policy)은 이 비율을 높게 유지하는 정책인 반면, 공격적 유동자산 투자정책(aggressive current assets investment policy)은 이 비율을 낮게 유지하는 정책을 말한다.

표 10-2
유동자산 투자정책

보수적 유동자산 투자정책	공격적 유동자산 투자정책
현금과 유가증권의 보유수준을 높임 재고자산에 대한 투자 확대 신용판매 확대	현금과 유가증권의 보유수준을 낮춤 재고자산에 대한 투자 축소 신용판매 축소

[표 10-2]는 유동자산 투자정책의 두 가지 유형을 보여주고 있다. 보수적 유동자산 투자정책은 현금과 유가증권, 재고자산, 매출채권에 대한 많은 투자로 인해 많은 비용이 소요된다. 그러나 충분한 현금과 유가증권을 보유하게 되어 추후 유동성 확보에 드는 거래비용을 부담하지 않아도 되고, 재고수준을 높게 유지하여 제품수요에 신속하게 대처할 수 있으며, 신용판매를 확대하여 매출을 늘릴 수 있으므로 미래 현금유입은 커진다. 반면에, 공격적 유동자산 투자정책은 비록 적은 비용이 소요되지만, 미래 현금유입은 보수적 정책으로 얻을 수 있는 현금유입보다 적어질 것이다.

유동자산에 대한 투자가 늘어날수록 증가하는 비용을 유지비용(carrying costs)이라고 하고, 반대로 감소하는 비용을 부족비용(shortage costs)이라고 한다. 유지비용에는 (1) 상대적으로 수익성이 높은 비유동자산을 포기함으로써 발생하는 기회비용과, (2) 유동자산의 경제적 가치를 지키기 위해 발생하는 비용이 있다. 한편 부족비용으로는 (1) 현금을 마련하기 위한 거래비용과, (2) 재고부족으로 인한 판매기회의 상실과 신용축소로 인한 고객상실 등으로 인한 비용을 들 수 있다. 유동자산에 대한 최적투자규모는 이러한 유동자산 유지비용과 부족비용의 상반관계로부터 찾을 수 있다. 즉, 유지비용과 부족비용의 합인, 유동자산에 대한 총투자비용을 최소화하는 수준에서 결정될 것이다.

[표 10-3]은 2012년과 2013년 우리나라 제조업체의 매출액에 대한 유동자산 각 항목별 비율을 나타내고 있다. 매출액에 대한 유동자산의 비율은 대기업의 경

우 평균 37.8%이고 중소기업은 평균 43.5%이다. 2013년 단기금융자산 이외에 모든 항목의 매출액에 대한 비율이 중소기업의 경우 대기업보다 더 높다는 것을 볼 수 있다.

표 10-3
우리나라 제조업의 매출액에 대한 유동자산 항목별 비율

(단위 : %)

	대기업		중소기업	
	2012년	2013년	2012년	2013년
유동자산	36.4	39.2	43.0	43.9
당좌자산	27.2	29.9	32.1	33.1
현금 및 현금성자산	4.2	4.1	5.1	5.8
단기금융자산	5.1	7.5	6.0	6.0
매출채권	14.2	14.3	16.5	16.7
기타당좌자산	3.6	4.1	4.5	4.6
재고자산	9.2	9.2	10.8	10.9

자료 : 한국은행, 「2012년 기업경영분석」 및 「2013년 기업경영분석」, 2013과 2014.

1.3.2 유동자산 자본조달정책

기업의 매출은 경기순환에 따라 변동하고 계절에 따라서도 변동할 수 있다. 경기가 호황일 때 기업의 매출은 증가하며 유동자산도 증가하지만, 반대로 불황일 경우 유동자산은 감소하게 된다. 그러나 현실적으로 유동자산이 0이 될 수는 없으며, 기업은 일정한 수준의 영구적 유동자산(permanent current assets)을 보유하여야 한다. 이는 경기의 저점에서 요구되는 유동자산에 대한 투자규모라고 할 수 있다. 경기회복과 계절적 요인으로 인해 매출이 증가하면 추가적으로 일시적 유동자산(temporary current assets)이 더 필요하게 된다.

유동자산 투자를 위한 자본을 어떻게 조달할 것인가? 이상적인 자본조달정책은 자산과 부채의 만기를 일치시키는 만기일치정책(maturity matching policy)이다. 비유동자산과 영구적 유동자산은 비유동부채와 자기자본으로 구성된 장기자본으로 조달하고, 일시적 유동자산은 유동부채, 즉 단기자본에 의해 조달하는 것이다. 예컨대, 30일 이내에 판매될 것으로 기대되는 재고자산은 30일 만기의 단기차입금으로, 10년 동안 사용할 기계는 10년 만기의 채권으로 자본을 조달하면 된다. 그러나 재고자산이 30일 후에 반드시 판매될 수 있는가? 자산의 잔존기간이 불확실하고 주식처럼 만기가 영구적인 자본도 존재하기 때문에 자산과 부채의 만기를 정확하게 일치시키는 것은 쉽지 않다.

그림 10-2
유동자산 자본조달정책

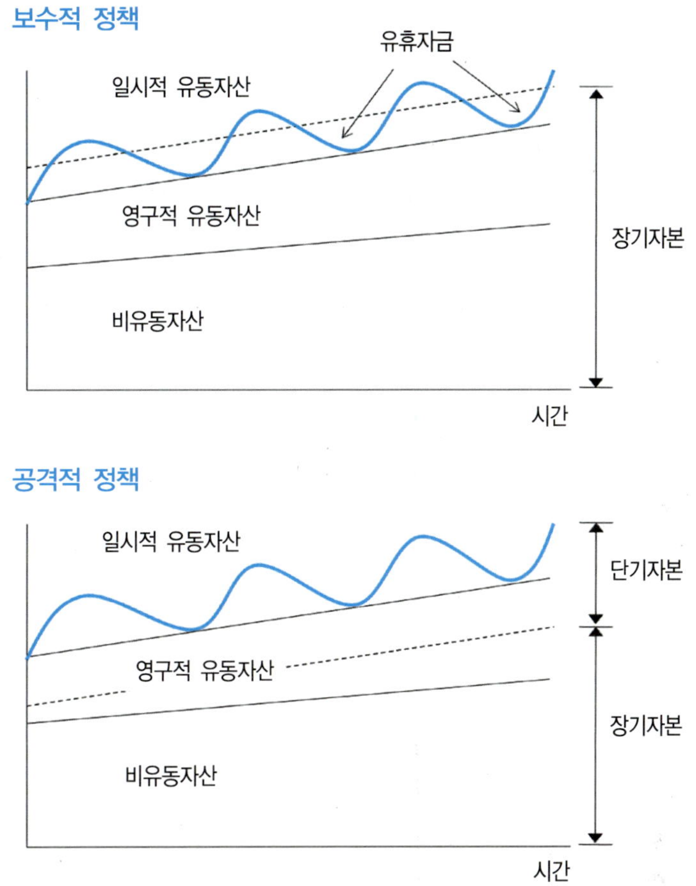

보수적 유동자산 자본조달정책(conservative current assets financing policy)은 일시적 유동자산(의 대부분)과 영구적 유동자산을 장기자본으로 조달하는 정책이다. 자금의 성수기에 소량의 부족자금이 발생하면 단기자본으로 해결하며, 단기적으로 사용하지 않는 유휴자금은 유동성이 높은 유가증권에 투자한다. 유동성을 높일 수 있어 매우 안전하지만 수익성 저하를 감수하여야 한다. 반면에, 공격적 유동자산 자본조달정책(aggressive current assets financing policy)은 영구적 유동자산(의 일부)과 일시적 유동자산을 단기자본으로 조달하는 정책을 말한다. 이러한 정책은 이자율이 상승할 때 비용이 증가하고 수시로 단기자본을 조달하여야 하는 어려움과 함께 유동성이 떨어지는 위험이 따르지만, 유휴자금이 발생하지 않도록 하여 수익성 측면에서 유리하다. 유동자산의 자본조달원천에 대해서는 7장 1.2의 단기자본조달원천을 참고하라.

제2절 현금 및 유가증권의 관리

기업은 영업활동을 원활하게 수행하는 데 부족하지 않을 만큼 현금을 보유하여야 한다. 그러나 현금 자체는 수익을 발생시키지 못하는 유휴자산(idle assets)이기 때문에 가능한 한 보유수준을 최소화할 필요가 있다. 최적의 현금보유수준을 결정하고 현금의 수납과 지출이 효율적으로 이루어질 수 있도록 통제하는 것을 현금관리(cash management)라고 한다.

한편, 기업은 일시적인 여유자금을 시장성 유가증권(marketable securities)에 투자한다. 일반적으로 낮은 채무불이행위험과 높은 유동성을 갖는 단기금융자산이 그 대상이 된다. 기업은 시장성 유가증권에 투자함으로써 비록 낮은 수준이지만 수익을 얻을 수 있으며 필요한 경우 매각하여 신속하게 현금으로 바꿀 수 있다.

2.1 왜 현금을 보유하는가

현금(cash)은 통화뿐만 아니라 수표와 우편환증서 등의 통화대용증권(currency equivalents), 그리고 보통예금과 당좌예금 등의 요구불예금(demand deposit)을 뜻한다. 기업이 현금을 보유하는 동기로는 세 가지를 들 수 있다.

(1) 거래적 동기

거래적 동기(transaction motive)란 기업이 일상적인 거래활동을 위하여 현금을 보유하는 것을 말한다. 기업은 임금, 매입채무, 이자, 배당, 세금 등을 지급하여야 한다. 한편 기업은 제품판매, 자산매각, 새로운 자본조달 등으로 현금을 얻을 수 있다. 만일 현금의 유출과 유입의 크기와 시기가 정확하게 일치한다면 기업은 현금을 보유하고 있어야 할 필요가 없다. 그러나 이는 현실적으로 가능하지 않으며 따라서 원활한 영업활동을 위해 일정한 수준의 현금을 보유하여야 한다.

(2) 예비적 동기

예비적 동기(precautionary motive)란 우발적인 상황의 예기치 못한 지출에 대비하기 위하여 현금을 보유하는 것을 말한다. 미래 자금수요에 대한 예측력이 높고 자본조달능력이 크며 긴급한 재난에 대처할 수 있는 보험이 잘 설계되어 있을수록 예비적 동기에 의한 현금보유의 필요성은 적어진다.

(3) 투기적 동기

투기적 동기(speculative motive)란 큰 이익을 얻을 수 있는 유리한 기회를 이용하기 위하여 현금을 보유하는 것을 말한다. 증권, 부동산, 원자재 등을 낮은 가격으로 매입한 후 가격이 오르면 매각하여 큰 이익을 얻어낼 수 있다. 기업의 정상적인 영업활동과는 무관하게 투기적 이익을 실현하기 위한 자산매입에 필요한 현금을 보유하는 것이다.

2.2 현금보유수준의 결정

현금관리의 과제 중 하나는 현금의 수납과 지출을 효율적으로 통제하는 것이다. “빨리 회수하고 늦게 지급하라”는 격언은 이러한 과제에 대한 해답이 된다. 즉, 현금의 수납은 신속하게 하고 지출을 억제함으로써 결과적으로 기업이 가능한 한 많은 현금을 갖도록 할 수 있다.[3)]

현금관리에 있어서 또 하나의 과제는 최적의 현금보유수준을 결정하는 것이다. 기업이 과다한 현금을 보유하면 자금을 원활하게 이용할 수는 있지만, 다른 수익성 있는 투자기회를 잃어버리게 되는 기회비용이 크게 발생한다. 반대로, 현금보유량이 적으면 자금수요에 대응하기 위하여 자주 유가증권 등을 매각하여 현금화하여야 하며 이에 따라 많은 거래비용이 발생하게 된다. 따라서 기회비용과 거래비용의 상반관계로부터 최적현금보유수준을 찾을 수 있다. 최적현금보유수준을 결정하는 두 가지 모형을 살펴보자.

---

3) 예컨대, 기업이 고객에게 수표를 수취하거나 발행할 때 결제까지는 시간적 차이가 발생한다. 플로트(float)는 결제까지 소요되는 시간으로 인한 은행의 계정잔고와 기업의 장부잔고의 차이를 말한다. 수표를 수취할 때의 수납플로트는 음(−)이고, 수표를 발행할 때의 지출플로트는 양(+)이 된다. 수납플로트와 지출플로트를 더한 것이 순플로트(net float)이며, 순플로트가 0보다 크면 그만큼 기업이 유동성을 확보하는 결과가 된다.

2.2.1 보몰의 모형

보몰(W. Baumol)은 일정기간 동안의 현금의 수요를 정확히 예측할 수 있고 현금유출은 일정하게 발생한다는 가정하에 재고자산관리에 있어서 경제적 주문량을 찾는 방법을 이용하여 최적현금보유수준을 결정하는 모형을 제시하였다.[4] 기업은 주기적으로 유가증권을 매각하여 현금을 조달하며, 현금의 조달 및 보유에 따른 비용은 다음과 같다.

$$\text{현금의 조달 및 보유비용} = \text{조달비용(거래비용)} + \text{보유비용(기회비용)} = \frac{T}{c}b + \frac{c}{2}i$$

여기서, T : 1기간 동안 필요한 현금총액
c : 1회 현금조달액
b : 1회 현금조달에 따른 거래비용
i : 유가증권 수익률

1기간 동안 필요한 현금총액 T를 1회 현금조달액 c로 나누면 1기간 동안 현금을 조달하여야 하는 횟수가 되며, 조달횟수에 1회 현금조달에 따른 거래비용 b를 곱하면 1기간 동안의 조달비용이 된다. 1회에 c만큼 현금을 조달하면 평균현금잔고는 $c/2$이며,[5] 평균현금잔고에 수익률 i를 곱하면 현금보유로 인해 잃어버리는 수익, 즉 보유비용이 된다.

[그림 10-3]은 보몰의 모형에 따른 최적현금보유수준이 어떻게 결정되는가를 보여준다. 현금의 조달 및 보유비용을 최소화하는 1회 현금조달액 c^*는 식 (10-1)과 같이 결정된다.[6]

---

4) Baumol, W., "The Transactions Demand for Cash : An Inventory Theoretic Approach," *Quarterly Journal of Economics*, November 1952.

5) 1회 현금조달액은 c이며 현금유출은 일정하게 발생하는 것으로 가정한다.

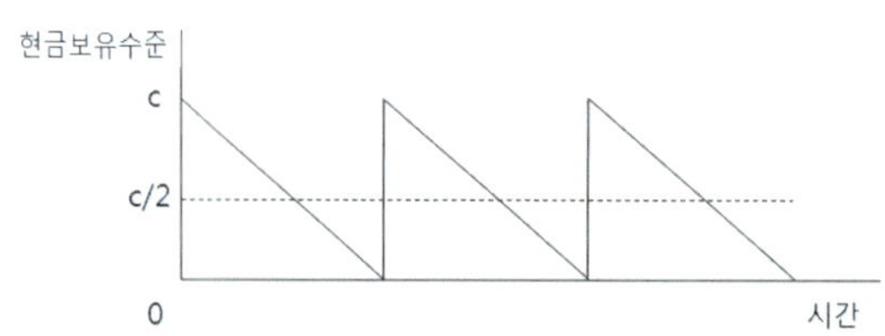

6) 현금의 조달 및 보유비용 TC를 최소화하는 1회 현금조달액 c^*는 TC를 c에 관해 미분하여 구할 수 있으며, 그림표에서 보듯이 조달비용 $\frac{T}{c}b$와 보유비용 $\frac{c}{2}i$를 일치시키는 c를 구하여도 결과는 같다.

그림 10-3
현금보유수준 : 보몰의 모형

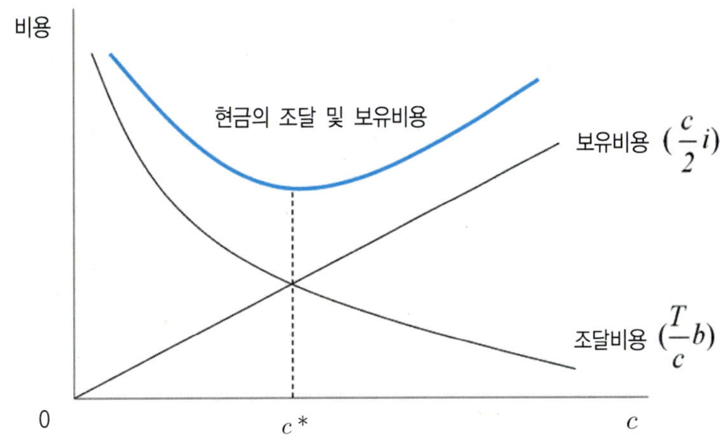

$$c^* = \sqrt{\frac{2Tb}{i}} \tag{10-1}$$

보몰의 모형은 단순하지만 현금관리에 대한 기본적인 논리를 잘 보여준다. 그러나 이 모형은 현금의 수요를 확실하게 알 수 있으며 또한 현금유출이 일정하게 발생한다는 비현실적인 가정에 기초하고 있다는 점에서 한계가 있다.

예제 10-1

가나(주)가 1년간 필요한 현금은 50억원이고 현금유출은 일정하게 발생한다고 가정한다. 가나(주)는 투자하고 있는 유가증권을 주기적으로 매각하여 일정한 금액의 현금을 조달한다. 유가증권의 수익률은 10%이고, 유가증권을 현금으로 바꿀 때 금액의 크기에 관계없이 30만원의 거래비용이 발생한다. 1회에 얼마의 현금을 조달하여야 하나? 그 때 현금의 조달 및 보유에 따른 비용은 얼마인가?

▸▸▸ 풀이

1회 현금조달액

$$c^* = \sqrt{\frac{(2)(500{,}000)(30)}{0.10}} = 17{,}321(\text{만원})$$

현금의 조달 및 보유비용

$$TC^* = \frac{500,000}{17,321}(30) + \frac{17,321}{2}(0.10) = 1,732(\text{만원})$$

2.2.2 밀러와 오어의 모형

밀러와 오어(M. Miller and D. Orr)는 미래의 현금흐름이 불확실할 때 현금보유수준의 통제범위와 목표현금보유수준을 결정하는 모형을 제시하였다.[7] 그들은 매일의 순현금흐름이 무작위로 변한다고 가정한다.

그림 10-4

현금보유수준 : 밀러와 오어의 모형

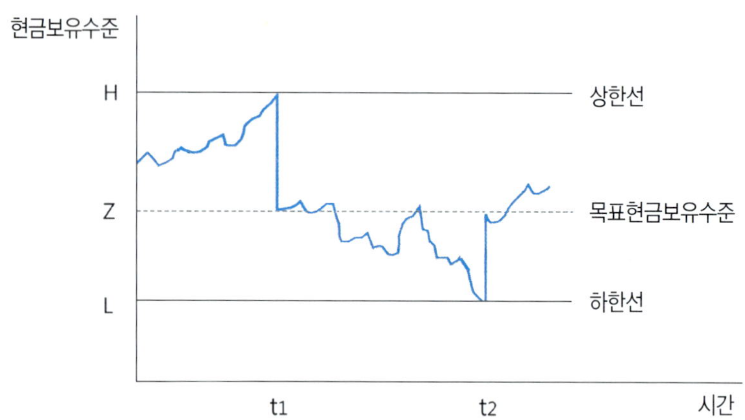

[그림 10-4]에서 보듯이 매일의 순현금흐름이 무작위로 변동하므로 기업의 현금보유수준도 무작위로 변동한다. H와 L은 현금보유의 상한선과 하한선을 나타낸다. 시점 t_1에서 기업의 현금보유수준이 상한선인 H 수준까지 올라가면 유가증권을 매입하여 현금보유수준을 목표현금보유수준인 Z 수준까지 내리고, 시점 t_2에서 현금보유수준이 하한선인 L 수준까지 내려가면 유가증권을 매각하고 현금을 조달하여 현금보유수준이 Z 수준까지 올라가도록 한다.

7) Miller, M. and D. Orr, "A Model of the Demand for Money by Firms," *Quarterly Journal of Economics*, August 1966.

밀러와 오어는 하한선 L은 경영자가 설정한다고 전제하였다. 그들은 현금보유에 따른 기회비용과 현금조달을 위한 거래비용의 합인 총비용이 최소화되는 목표현금보유수준 Z와 상한선 H를 찾는 식 (10−2a)와 (10−2b)를 도출하였다. 밀러와 오어의 모형은 매일의 순현금흐름의 분산, 즉 위험이 클수록 목표현금보유수준과 현금보유의 상한선이 높아져야 한다는 것을 나타낸다. 이는 직관적으로도 쉽게 이해할 수 있는 결과이다. 그러나 기업의 일상적인 영업활동으로 인해 발생하는 순현금흐름이 무작위로 변동한다는 그들의 가정 역시 현실과는 차이가 있다.

$$Z = L + \left(\frac{3F\sigma^2}{4r}\right)^{\frac{1}{3}} \qquad (10\text{-}2a)$$

$$H = 3Z - 2L \qquad (10\text{-}2b)$$

여기서, F : 1회 유가증권 거래비용
σ^2 : 매일의 순현금흐름의 분산
r : 유가증권 일간수익률

예제 10-2

가나(주)의 1회 유가증권의 거래에 소요되는 비용은 30만원, 매일의 순현금흐름의 표준편차는 700만원, 유가증권의 수익률은 연 10%이다. 경영자가 설정한 현금보유의 하한선이 5,000만원일 때 목표현금보유수준과 현금보유의 상한선은 얼마인가?

▸▸▸ **풀이**

유가증권의 일간수익률 r을 구하면

$$(1+r)^{365} = (1+0.10) \quad \therefore\ r = 0.00026$$

목표현금보유수준 Z와 현금보유의 상한선 H는

$$Z = 5{,}000\text{만} + \left[\frac{(3)(30\text{만})(700\text{만})^2}{(4)(0.00026)}\right]^{\frac{1}{3}} = 8{,}487\text{만원}$$

$$H = (3)(8{,}487\text{만}) - (2)(5{,}000\text{만}) = 15{,}461\text{만원}$$

2.3 유가증권관리

시장성 유가증권(marketable securities)이란 시장에서 원하는 시기에 적정한 가격으로 매매할 수 있는 유가증권을 말한다. 기업이 시장성 유가증권을 보유하는 목적은 두 가지이다. (1) 영업활동을 위하여 유가증권을 보유한다. 기업은 유가증권을 보유함으로써 비록 낮지만 투자수익을 얻을 수 있으며, 언제든지 매각하여 현금으로 전환할 수 있으므로 영업활동에 쓰일 유동성을 확보할 수 있다. (2) 일상적인 영업활동 이외의 목적으로도 유가증권을 보유한다. 수익성이 높은 기업의 경우 유동성 확보에 필요한 것보다 훨씬 더 많은 유가증권을 보유하기도 한다. 이러한 유가증권은 적절한 시기에 현금으로 전환되어 자사주매입, 부채상환, 기업인수, 사업확장 등에 사용된다. 운전자본을 살펴보는 여기서는 영업활동을 위한 유가증권의 보유에 대해 초점을 맞춘다.

기업은 여유자금을 짧은 기간 동안 유가증권의 형태로 보유하다가 언제든지 영업활동에 필요한 현금으로 전환할 수 있어야 한다. 따라서 기업이 보유하는 유가증권은 주로 시장성이 높은 단기금융자산이다. 화폐시장(money market), 즉 단기금융시장에서 거래되는 단기금융자산으로는 양도성예금증서, 기업어음, 환매조건부채권, 단기국공채 등이 있다. 기업이 보유하는 단기금융자산은 유동성 확보와 일시적 투자라는 두 가지 목적에 적합하여야 한다. 그러므로 기업은 단기금융자산을 선택할 때 각 자산이 갖는 특성, 즉 (1) 만기(maturity), (2) 채무불이행위험(default risk), (3) 시장성(marketability) 등을 고려할 필요가 있다.

제3절 신용관리

3.1 신용관리의 의의

기업은 제품이나 서비스를 현금판매도 하지만 외상판매, 즉 신용으로 판매하기도 한다. 신용판매(credit sales)는 제품이나 서비스의 판매대금을 일정기간이 지난 후에 수금하는 조건으로 판매하는 것이다. 기업이 구매자에게 신용을 제공하는 것은 일정기간 동안 판매대금을 대여해 주는 것과 동일하며, 이는 구매자에 대한 운전자본 투자이다. 신용판매로 인해 발생하는 채권을 매출채권(accounts receivable)이라고 하며 외상매출금과 받을어음이 이에 해당된다.

기업은 왜 신용을 제공하는가? 이는 매출을 증대시킬 수 있기 때문이다. 구매자에게 보다 유리한 신용을 제공할수록 매출액은 늘어날 것이다. 반면에, 신용판매의 증대로 인해 매출채권이 늘어나면 매출채권 투자로 인한 기회비용도 커지며 대손의 가능성도 높아진다. 신용을 확대함으로써 얻는 이득과 부담하는 비용은 상반관계에 있으며, 따라서 신용정책을 적절하게 결정하는 것이 신용관리의 과제라고 할 수 있다. 신용정책(credit policy)은 어떤 조건으로 어떤 구매자에게 신용으로 판매하며 어떻게 수금할 것인가에 대한 방침이다. 신용정책의 세 가지 구성요소인 판매조건, 신용분석, 회수정책에 대해 살펴보자.

3.2 신용정책의 결정

3.2.1 판매조건

기업은 제품과 서비스를 어떻게 판매할 것인가를 결정하여야 한다. 현금판매를 할 것인가 혹은 신용판매를 할 것인가? 신용판매를 한다면 어떤 조건으로 할 것인가? 판매조건(terms of sale)은 신용기간, 현금할인 등에 관한 조건을 말한다. 예컨대, 「3/10, net 60」이라는 조건으로 판매한다면, 이는 송장일(invoice date)로부터 60일 이내에 대금을 지불하여야 하며, 10일 이내에 지불하면 대금의 3%를 할인해 준다는 것을 말한다.

(1) 신용기간

신용기간(credit period)은 구매자에게 주어진 구매대금의 지불기간으로, 위의 판매조건 중 'net 60'이 신용기간을 나타낸다. 구매자들은 보다 긴 신용기간을 선호하기 때문에 신용기간이 길어질수록 매출액은 늘어나지만, 매출채권의 기회비용이 커지고 대손의 가능성이 높아지게 된다. 일반적으로 구매자의 신용이 높고, 거래규모가 크며, 제품의 담보가치가 높고, 구매자를 유인할 필요성이 클수록 신용기간은 길어진다.

(2) 현금할인

현금할인(cash discount)은 구매자가 일찍 구매대금을 지불하는 경우 이에 대한 보상으로 주어지는 가격할인으로, 위의 예에서 '3/10'으로 나타나 있다. 현금할인은 신용판매대금의 회수를 촉진하기 위한 것이다. 현금할인은 제품과 서비스를 낮은 가격으로 판매하는 것을 의미하기 때문에 매출을 늘리지만 가격할인을 상쇄할 정도로 매출이 늘어나지 않으면 기업의 수익은 오히려 감소하게 된다.

(3) 판매조건의 결정

기업은 판매조건을 어떻게 결정하여야 하는가? 최적판매조건을 결정하는 정형화된 공식은 없다. 그러나 명확한 원칙은, 신용정책 역시 기업가치 극대화를 위한 것이므로 판매조건은 순현재가치(NPV)를 극대화할 수 있도록 결정되어야 한다는 것이다. 따라서 판매조건을 변경함으로써 양(+)의 순현재가치를 얻을 수 있다면 판매조건을 변경하여야 한다. 판매조건의 변경은 기본적으로 다음 요인들의 변화를 가져오며, 결국 순현재가치에 영향을 미치게 된다.

- **판매수익**
  신용을 확대하면 가격을 높일 수 있고 판매량을 증가시켜 수익이 증가한다.
- **생산비용**
  판매량의 변화는 생산비용의 변화를 가져온다.
- **매출채권의 기회비용**
  신용을 확대할수록 매출채권이 증가함에 따라 기회비용도 증가한다.
- **대손**
  신용을 확대할수록 매출채권이 증가하므로 회수하지 못하는 대금도 증가한다.
- **회수비용**
  신용을 확대할수록 매출채권이 증가하므로 회수비용도 증가한다.
- **현금할인**
  매출채권 회수속도가 달라지므로 기회비용이 변하며, 판매수익도 변한다.

3.2.2 신용분석

기업이 신용판매를 하더라도 모든 구매자에게 동일하게 신용을 허용할 수는 없다. 기업은 각 구매자들의 신용거래요청에 대해 이를 수락할 것인지를 결정하여야 한다. 신용분석(credit analysis)은 특정 구매자에게 신용을 허용할 것인가를 결정하기 위하여 구매자의 신용도(creditworthiness)를 평가하는 것을 말한다. 이는 평가에 필요한 정보를 획득하고 신용제공의 가치를 판단하는 두 단계로 이루어진다.

구매자의 신용도 평가를 위한 정보는 구매자의 재무제표, 신용평가기관의 신용평가 결과, 과거의 거래경험, 기업 간의 정보교환 등으로부터 얻어진다. 획득된 정보를 바탕으로 구매자의 신용도가 평가된다. 신용도를 평가하기 위한 특별한 공식은 없으며, 전통적으로 신용의 5C(five Cs of credit)라고 부르는 다섯 가지 주관적인 기준이 평가에 사용되어 왔다.

- **특성**(character) : 채무상환 의지
- **능력**(capacity) : 영업현금흐름에 의한 채무상환 능력
- **자본**(capital) : 재무상태
- **담보**(collateral) : 담보자산의 가치
- **상황**(conditions) : 일반적인 경제 상황

한편, 신용평점(credit scoring)은 획득된 정보에 기초하여 구매자의 신용도를 점수로 나타낸 것이다. 이는 구매자의 신용도를 가장 잘 평가할 수 있다고 판단되는 항목을 선정하고 각 항목에 대해 점수를 부여한 후 부여된 점수를 모두 더하여 구한다. 구매자의 신용평점이 구해지면 미리 설정된 평점기준에 의거하여 신용의 허용 여부를 결정한다. 그러나 이러한 신용평점 역시 평가항목의 선정과 항목에 대한 점수 부여 등에 있어서 평가자의 주관적 판단을 배제할 수 없으며 평점기준을 어떻게 설정하느냐에 따라 신용의 허용 여부가 달라질 수 있다는 한계를 갖는다.

3.2.3 회수정책

회수정책(collection policy)은 매출채권의 회수를 위한 정책이다. 즉, 채무불이행의 가능성이 높은 매출채권을 감시하고 신용기간이 지난 매출채권의 대금을 지불받기 위한 방침을 말한다. 기업이 매출채권의 회수를 촉진하면 회수비용은 늘어나지만 매출채권의 기회비용과 대손을 줄일 수 있다.

회수정책에 유용하게 쓰이는 도구가 평균회수기간과 매출채권 경과일수표이다. 일정시점에서 매출채권 잔액은 신용판매에 의한 매출액과 매출채권의 회수기

간에 따라 결정된다. 예컨대, 가나(주)의 1일 신용매출액이 10억원이고 20일 후에 대금을 지불받는다면, 가나(주)는 매출채권으로 200억원을 투자하여야 한다.

$$\text{매출채권} = \text{일신용매출액} \times \text{회수기간} = 10\text{억원} \times 20\text{일} = 200\text{억원}$$

만일 회수기간이 40일로 2배 늘어나면 매출채권에 대한 투자액도 2배가 늘어나 200억원의 추가자금이 필요하게 된다. 이는 회수기간에 주의를 기울여야 한다는 것을 잘 말해준다. 매출채권의 평균회수기간(average collection period : ACP)은 다음과 같이 구할 수 있다.

$$\text{매출채권 평균회수기간} = \frac{\text{매출채권 잔액}}{\text{일평균신용매출액}} \tag{10-3}$$

평균회수기간은 회수정책의 효율성을 평가할 수 있는 지표가 된다. 가나(주)가 「3/10, net 60」의 판매조건으로 매출하였다면, 가나(주)의 평균회수기간은 60일보다 길지 않아야만 한다. 평균회수기간이 길어진다는 것은 매출채권의 기회비용과 대손 가능성이 커진다는 것을 나타낸다.

매출채권 경과일수표(aging schedule of accounts receivable)는 [표 10-4]와 같이 매출채권을 신용이 제공된 시점부터 경과일수에 따라 분류한 표이다. 이 표는 기업의 필요에 따라 더 상세하게 작성되어 활용된다. 매출채권 경과일수표를 통해 매출채권의 회수상황을 파악할 수 있다. 신용기간이 지난 매출채권에 대해서는 경과일수에 따라 (1) 신용기간이 지났음을 알리는 통지 발송, (2) 구매자에게 직접 통화, (3) 회수 대리인 고용, (4) 법적 조치 등의 회수절차를 밟게 된다.

표 10-4
매출채권 경과일수표

경과일수	전체 매출채권에서 차지하는 비율
0 ~ 20일	30%
21 ~ 60일	45%
61 ~ 80일	20%
81일 이상	5%
	100%

한편, 기업은 매출채권에 투자된 자금을 회수하기 위해 팩토링을 이용할 수 있다. 팩토링(factoring)은 기업이 금융기관, 즉 팩터에게 매출채권을 할인하여 매각하는 것을 말한다. 이 경우 기업은 비록 실제 가격보다 낮은 가격으로 판매하는 셈이 되지만, 자금순환을 원활하게 할 수 있고 매출채권의 회수비용을 부담하지 않으며 대손의 위험을 금융기관에 전가할 수 있다.

정리하는 문제

1. 운전자본이란 무엇인가?

2. 영업주기와 현금주기는 무엇인가?

3. 기업이 운전자본을 보유하여야 하는 이유를 설명하시오.

4. 유동자산의 유지비용과 부족비용에는 어떤 것이 있는가?

5. 운전자본의 조달에 있어서 보수적 정책과 공격적 정책을 설명하시오.

6. 현금관리의 과제에 대해 설명하시오.

7. 기업이 유가증권을 보유하는 이유는 무엇인가?

8. 신용정책에 대해 설명하시오.

9. 신용평점이란 무엇인가?

10. 가나(주)의 연간 현금소요액은 40억원이고 현금유출은 일정하게 발생한다. 가나(주)의 경영자는 보유하고 있는 유가증권을 주기적으로 매각하여 일정한 금액의 현금을 조달할 계획이다. 유가증권의 수익률은 9%이고 유가증권의 거래비용은 1회에 20만원이다.
    (1) 1회에 얼마씩 조달하여야 하는가?
    (2) (1)의 경우 현금의 조달 및 보유에 따른 비용은 얼마인가?

11. 다라(주)의 매일의 순현금흐름의 분산은 9,000만원이고 유가증권의 수익률은 연 12%이며 유가증권의 1회 거래에 20만원이 소요된다. 경영자가 설정한 현금보유의 하한선은 4,000만원이다. 밀러와 오어의 모형을 이용하여 답하시오.
    (1) 목표현금보유수준을 구하시오.
    (2) 현금보유의 상한선을 구하시오.

12. 마바(주)는 제품 Q를 모두 신용판매하고 있으며 매출액은 70억원이다. 판매조건은 「2/10, net 30」이며, 구매자의 40%는 현금할인을 받는 것으로 알려져 있다.

(1) 매출채권 평균회수기간을 구하시오.

(2) 매출채권에 대한 투자는 얼마인가?

제 Ⅳ 부

기업분석과 전략

제 11 장

재무분석

제11장 재무분석

제1절 재무분석이란 무엇인가

재무분석(financial analysis)은 재무의사결정에 유용한 정보를 추출하기 위한 정보처리시스템(information processing system)이다.[1] 기업의 이해관계자들이 합리적인 의사결정을 내리기 위해서는 기업의 경영내용에 대한 정보가 필요하며, 그들에게 재무분석, 즉 기업의 재무상태와 경영성과에 대한 정보를 얻기 위해 자료를 수집하고 분석하는 작업은 필수적이다. 재무분석은 경영분석(business analysis)과 동일한 의미로 사용되며, 분석자료의 범위를 좁혀 재무제표분석(financial statement analysis)이라고도 한다. [그림 11-1]은 재무분석의 의미를 알기 쉽게 보여준다.

그림 11-1
재무분석의 의미

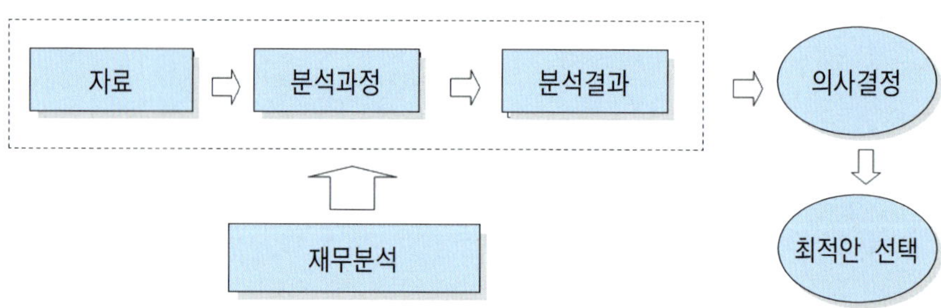

1) 다음 문헌 참고
Lev, B., "*Financial Statement Analysis : A New Approach,*" Prentice-Hall, 1974, p. 1.

기업 이해관계자들마다 다루는 의사결정의 문제는 다르며, 각 이해관계자들에게 필요한 기업의 경영내용에 대한 정보도 차이가 있을 수밖에 없다. 그러므로 기업의 이해관계자, 즉 경영정보의 수요자에 따라 재무분석의 내용도 달라진다. 경영자는 경영계획의 수립과 내부통제 등을 위해 경영내용의 전반을 파악하는 내부분석(internal analysis)을 한다. 투자자 및 증권분석기관은 포트폴리오의 구성, 투자정보의 제공 등을 위해 증권의 수익과 위험을 측정하는 증권분석(securities analysis)이 필요하다. 금융기관 등의 채권자는 대출을 결정하기 위해 기업의 채무상환능력을 평가하는 신용분석(credit analysis)을 하지 않을 수 없다. 또한 주주들의 경영자 감시, 근로자들의 단체교섭, 기업의 경쟁회사에 대한 대응전략수립, 정부기관의 감독 및 규제, 세무당국의 적정과세 등을 위해서도 목적에 적합한 재무분석이 요구된다.

재무분석에는 기업의 내부자료와 외부자료가 이용된다. 내부자료에는 기업의 재무상태와 경영성과를 보고하는 재무제표, 즉 회계자료(accounting data)와 시장점유율, 종업원 수, 경영자의 역량, 경영전략, 기술수준, 제품의 품질 등과 같은 기업의 양적, 질적 특성을 나타내는 비회계자료(nonaccounting data)가 있다. 외부자료로는 주식의 가격 및 거래량, 채권수익률 등의 자본시장자료(capital market data)와 경제지표, 경기변동지표, 통화 및 재정금융통계 등의 경제동향자료(economic trend data)를 들 수 있다.

재무분석의 방법으로는 기업 이해관계자의 목적에 보다 적합하고 의미 있는 정보를 얻을 수 있도록 다양한 이론모형과 세련된 분석기법이 활용되고 있다. 이 장에서는 오랫동안 사용되어 왔으며 현재도 가장 널리 쓰이는 재무비율분석(financial ratio analysis)에 대해서 살펴보기로 한다.

제2절 재무분석과 재무제표

2.1 재무제표

재무분석은 기본적으로 기업의 재무상태와 경영성과를 파악하는 것이다. 이를 위해 쓰이는 가장 기초적인 자료가 재무제표이다. 재무제표(financial statements)는 기업의 경영활동을 일반적으로 인정된 회계원칙에 따라 집약하여 표시한 보고서를 말한다. 재무제표는 공시자료이므로 매우 손쉽게 구할 수 있다.[2] 흔히 회계를 기업의 언어라고 한다. 재무제표의 중요성을 잘 나타내는 표현이다. 재무제표가 기업의 경영활동을 표시하는 보고서인 만큼, 재무제표를 잘 읽으면 기업의 경영내용을 잘 알 수 있지 않겠는가?

재무제표는 발생주의 회계(accrual accounting)에 의해 작성된다. 발생주의 회계는 실제 현금이 오간 시점이 아니라 현금의 수입과 지출이 일어나게 된 근원적인 거래가 발생한 시점에서 수익과 비용을 인식하는 것으로, 일정기간 동안의 성과를 보다 합리적으로 측정할 수 있다는 장점을 갖는다. 회계기준(accounting standards)은 회계수치의 왜곡을 방지할 수 있도록 기업이 준수하여야 하는 회계처리방법을 규정한 지침이다. 과거 회계기준은 한국회계기준원에서 제정한 기업회계기준(K-GAAP)이었다. 그러나 2011년부터 상장기업은 한국채택국제회계기준(K-IFRS), 비상장기업은 일반기업회계기준에 의거하여 재무제표를 작성하도록 변경되었다. 회계정책(accounting policy)은 회계기준을 준수하는 범위 내에서 경영자 재량으로 선택하여 적용할 수 있는 회계처리에 관한 방침을 말한다. 그러므로 재무제표의 회계수치는 경영자의 회계정책에 따라 달라질 수 있음에 유의하여야 한다.

재무제표에는 재무상태표, 손익계산서, 자본변동표, 현금흐름표가 있으며 주석이 포함된다. 재무상태표(statement of financial position)는 일정시점에 있어서 기업의 재무상태를, 손익계산서(income statement)는 일정기간 동안의 경영성과를 나타낸다. 자본변동표(statement of changes in equity)는 일정기간 동안의 자기자본의 변동내용을, 현금흐름표(statement of cash flows)는 일정기간 동안의 현금흐름의 변동내용을 보여준다. 그리고 주석(footnotes)은 재무제표의 전반과 특정과목에 관한 세부적인 내용을 기재한 것이다. 여기서는 재무상태표, 손익계산서, 현금흐름표에 대해 알아보기로 한다.

2.2 재무제표의 종류

2.2.1 재무상태표

재무상태표(statement of financial position)는 일정시점에 있어서 기업의

2) 금융감독원 웹사이트의 DART전자공시 등에서 찾아볼 수 있다.

자산과 부채 및 자본에 대한 내용을 표시한 재무보고서이다. 재무상태표의 양식은 계정식과 보고식이 있다. 계정식은 왼쪽인 차변에 자산(assets)을, 오른쪽인 대변에 부채(liabilities)와 자본(equity)을 표시한다. 보고식은 위에서 아래쪽으로 자산, 부채, 자본의 순서로 표시한다.

재무상태표에서 자산항목은 자금의 운용상태를, 부채와 자본항목은 자금의 조달원천을 나타낸다. 따라서 재무상태표는 기업이 자금을 어떻게 운용하고 있으며 그 자금을 어떻게 조달하였는가를 보여준다. 운용하고 있는 자금과 조달한 자금의 액수는 같아야 하므로 재무상태표는 식 (11-1)과 같이 표현할 수 있으며, 이를 재무상태표 등식이라 한다.

$$\text{자산} = \text{부채} + \text{자본} \tag{11-1}$$

재무상태표의 자산항목은 유동성이 높은 순서로 위에서부터 표시하며, 유동자산과 비유동자산으로 크게 나눈다. 유동자산(current assets)은 1년 이내에 현금화할 수 있는 자산을 말한다. 유동자산은 현금, 매출채권 등과 같이 쉽게 현금화할 수 있는 당좌자산과 상대적으로 어려운 재고자산으로 구분할 수 있다. 비유동자산(non-current assets)은 1년 이내에 현금화하기 어려운 자산으로 투자자산, 유형자산, 무형자산으로 구성된다. 투자자산은 기업의 고유한 영업활동과는 무관하게 다른 기업을 지배하거나 유휴자금을 활용하기 위해 장기투자를 목적으로 보유하고 있는 자산이다. 유형자산과 무형자산은 영업활동에 장기간 사용하기 위한 자산으로, 유형자산은 토지, 건물, 기계장치 등 물리적 형체가 있는 자산이며, 무형자산은 산업재산권, 영업권 등과 같이 물리적 형체가 없는 자산이다.

부채는 미래에 갚아야 할 의무가 있는 타인자본으로 상환기한이 빠른 순서로 항목을 표시하며, 유동부채와 비유동부채로 나눈다. 유동부채(current liabilities)는 상환기한이 1년 미만인 단기부채이고, 비유동부채(non-current liabilities)는 상환기한이 1년 이상인 장기부채이다.

재무상태표에 표시되는 자본은 자산에서 부채를 뺀 순자산으로 자기자본을 뜻한다. 기업 소유자의 지분인 자기자본은 자본금, 자본잉여금, 자본조정, 기타포괄손익누계액, 이익잉여금으로 구성된다. 자본금(capital stock)은 보통주와 우선주의 액면총액을 말한다. 자본잉여금(capital surplus)은 주식발행, 증자, 감자 등과 같은 자본거래에서 발생한 잉여금이다. 자본조정(capital adjustment)

은 자본금, 자본잉여금 및 이익잉여금 중 어느 항목에도 속하지 않는 임시적 성격의 자본항목으로 자기주식, 주식매입선택권 등이 이에 해당된다. 기타포괄손익누계액(accumulated other comprehensive income)은 포괄손익 계산에는 포함되지 않은 기타손익항목으로 매도가능금융자산평가손익, 해외사업환산손익 등을 말한다. 이익잉여금(earned surplus)은 영업활동으로 얻은 이익 중 배당 등으로 사외로 유출되지 않은 유보이익이다. [표 11-1]은 삼성전자(주)의 재무상태표를 예시한 것이다.

표 11-1
재무상태표

삼성전자(주) 제 45기 2013년 1월 1일부터 2013년 12월 31일까지 (단위 : 백만원)

자산	제 45기	부채와 자본	제 45기
유동자산	60,603,694	유동부채	27,597,944
당좌자산	54,723,231	매입채무	5,742,116
현금 및 현금성자산	2,030,307	단기차입금	2,811,565
단기금융자산	28,951,872	기타 유동부채	19,044,263
매출채권	17,748,978	비유동부채	4,857,246
기타 당좌자산	5,992,074	사채	66,079
재고자산	5,880,463	장기미지급금	769,002
		기타 비유동부채	4,022,165
		(부채 총계)	32,455,190
비유동자산	94,222,263	자본금	897,514
투자자산	46,215,001	보통주자본금	778,047
유형자산	41,439,372	우선주자본금	119,467
무형자산	2,495,302	자본잉여금	4,403,893
기타 비유동자산	4,072,588	자본조정	(5,567,465)
		기타포괄손익누계액	607,406
		이익잉여금	122,029,419
		(자본 총계)	122,370,767
자산 총계	154,825,957	부채와 자본 총계	154,825,957

자료 : 금융감독원, DART 전자공시
한국상장회사협의회, 기업정보

2.2.2 손익계산서

손익계산서(income statement)는 일정기간 동안 기업에서 발생한 수익과 비용을 대응시켜 당해기간의 손익을 표시한 재무보고서이다.[3] 손익계산서는 일정기간 동안의 기업의 경영성과를 나타내며, 식 (11-2)와 같은 손익계산서 등식에 의해 작성된다.

$$\text{손익} = \text{수익} - \text{비용} \tag{11-2}$$

표 11-2
손익계산서

삼성전자(주) 제 45기 2013년 1월 1일부터 2013년 12월 31일까지 (단위 : 백만원)

과목	제 45기
매출액	158,372,089
매출원가	110,731,528
매출총이익	47,640,561
판매비와 관리비	25,833,556
영업이익	21,807,005
기타수익	3,130,308
기타비용	792,210
금융수익	3,918,900
금융비용	3,846,744
법인세비용차감전순이익	24,217,259
법인세비용	6,287,739
당기순이익	17,929,520
주당이익(단위 : 원)	118,946

자료 : 금융감독원, DART 전자공시

매출총이익(gross profit)은 매출액에서 제조원가인 매출원가를 차감한 금액으로 제조활동의 성과를 나타낸다. 영업이익(operating income)은 매출총이익에서 판매비와 관리비를 차감하여 구하며, 영업활동의 성과를 보여준다. 법인세비

3) 한국채택국제회계기준(K-IFRS)은 손익에 기타포괄손익을 더한 총포괄손익을 표시한 포괄손익계산서(statement of comprehensive income)를 작성하도록 요구하고 있다. 여기서는 재무비율분석에 필요하지 않은 기타포괄손익을 제외한 손익계산서에 대해 설명한다.

용차감전순이익(earnings before taxes)은 영업이익에 기타수익과 금융수익을 합하고 기타비용과 금융비용을 차감한 금액이다. 당기순이익(net income)은 법인세비용차감전순이익에서 법인세비용을 차감하여 구하며, 일정기간 동안의 경영활동의 최종 성과로서 주주에게 귀속되는 이익이다. [표 11-2]는 삼성전자(주)의 손익계산서를 예시한 것이다.

2.2.3 현금흐름표

현금흐름표(statement of cash flows)는 일정기간 동안 기업의 현금흐름의 변동내용을 표시한 재무보고서이다. 현금흐름표는 기업의 경영활동을 다음과 같은 세 가지 부문으로 나누어 현금의 유입과 유출에 관한 정보를 제공한다.

- **영업활동** : 구매, 생산, 판매활동과 같은 경상적인 활동
- **투자활동** : 비유동자산의 취득과 처분 등의 활동
- **재무활동** : 자금의 차입 및 상환, 신주발행이나 배당금 지급 등의 활동

손익계산서에 표시되는 순이익은 현금이 아니다. 재무관리의 목표가 기업가치의 극대화이고, 기업가치의 중요한 결정요인이 기업이 얻는 현금흐름이라는 것을 상기하라. 현금흐름표는 재무상태표와 손익계산서로는 할 수 없는 현금흐름분석을 가능하게 해준다. [표 11-3]은 삼성전자(주)의 현금흐름표를 예시한 것이다.

표 11-3
현금흐름표

삼성전자(주)　　제 45기 2013년 1월 1일부터 2013년 12월 31일까지　　(단위 : 백만원)

과목	제 45기
영업활동 현금흐름	28,443,058
영업에서 창출된 현금흐름	31,520,938
이자의 수취	441,659
이자의 지급	(65,476)
배당금 수입	711,925
법인세 납부액	(4,165,988)
투자활동 현금흐름	(27,325,848)
단기금융자산의 순증감	(14,029,139)
장기매도가능금융자산의 처분	1,606,436
장기매도가능금융자산의 취득	(1,253,174)
종속, 관계, 공동기업 투자의 처분	57,779
종속, 관계, 공동기업 투자의 취득	(2,882,883)
유형자산의 처분	224,663
유형자산의 취득	(10,283,821)
무형자산의 처분	917
무형자산의 취득	(748,080)
기타 투자활동으로 인한 현금유출입액	(18,546)
재무활동 현금흐름	(1,356,325)
단기차입금의 순차입(상환)	(178,713)
주식선택권의 행사로 인한 자기주식의 처분	34,390
사채 및 장기차입금의 상환	(5,356)
배당금 지급	(1,206,646)
현금 및 현금성자산의 순증가(감소)	(239,115)
기초 현금 및 현금성자산	2,269,422
기말 현금 및 현금성자산	2,030,307

자료 : 금융감독원, DART 전자공시

제3절 재무비율분석

3.1 재무비율분석의 의의

기업의 경영내용을 표시하는 재무제표를 어떻게 해석하고 사용할 것인가? 재무제표는 매우 복잡하기 때문에 이로부터 의사결정에 필요한 정보를 얻는 것은 쉬운 일이 아니다. 더욱이 재무제표의 회계수치만으로 단순하게 기업을 평가하는 것은 잘못될 수도 있다. 예컨대, 가나(주)와 다라(주)의 순이익이 각각 10억원과 20억원이라고 하자. 총자산이 100억원인 가나(주)보다 총자산이 400억원인 다라(주)가 순이익이 더 크다고 수익성이 더 높다고 평가할 수 있겠는가? 재무비율분석은 재무제표를 해석할 수 있는 손쉬운 방법이면서도 유용한 정보를 제공해 주기 때문에 기업 이해관계자들의 의사결정에 널리 이용된다.

재무비율(financial ratio)은 재무제표 항목 사이의 비율을 구한 것이다. 재무비율분석(financial ratio analysis)은 분명한 경제적 의미를 갖는 재무비율을 계산하여, 이 재무비율에 의해 기업의 재무상태와 경영성과를 평가하는 방법을 말한다. 재무비율분석의 유용성을 들면 다음과 같다.

첫째, 재무비율을 계산하기 위한 자료인 재무제표를 거의 비용을 들이지 않고 신속하게 구할 수 있다.

둘째, 재무비율은 논리적 연관성이 있는 재무제표 항목 사이의 비율을 구한 것으로 그 계산이 용이하고 이해하기 쉽다.

셋째, 적은 수의 재무비율로 기업의 중요한 경영내용을 간편하게 평가할 수 있다. 재무제표의 항목을 대비하면 무수히 많은 재무비율이 만들어지지만, 경제적 의미가 분명한 소수의 재무비율만으로도 의사결정에 필요한 정보를 얻는 것이 가능하다.

넷째, 개별기업의 과거 재무비율뿐만 아니라 산업평균비율 등에 관한 통계가 축적되어 있어 3.3.1에서 설명할 재무비율의 비교분석에 의해 기업의 경영내용을 보다 쉽고 의미 있게 해석할 수 있다.

3.2 재무비율

3.2.1 재무비율의 분류

갖고 있는 모든 파일을 하나의 폴더에 담아두면 어떠하겠는가? 우리는 일정한 기준을 정해 파일들을 몇 개의 폴더에 나누어 보관한다. 여러 가지 재무비율도 경제적 의미가 유사한 비율들끼리 몇 가지 범주로 분류하면 체계적으로 이해할 수 있고 사용하기도 편리하다. 여기서는 재무비율을 유동성비율, 레버리지비율, 활동성비율, 수익성비율, 성장성비율, 생산성비율, 시장가치비율 등 7가지 범주로 분류하기로 한다.

- 유동성비율(liquidity ratios) : 단기채무 지급능력을 나타내는 비율
- 레버리지비율(leverage ratios) : 장기채무 상환능력을 나타내는 비율
- 활동성비율(activity ratios) : 자산이용의 효율성을 나타내는 비율
- 수익성비율(profitability ratios) : 이익창출능력을 나타내는 비율
- 성장성비율(growth ratios) : 규모나 성과가 늘어난 정도를 나타내는 비율
- 생산성비율(productivity ratios) : 생산요소의 효율성을 나타내는 비율
- 시장가치비율(market value ratios) : 시장의 평가를 나타내는 비율

3.2.2 주요 재무비율의 계산과 의미

(1) 유동성비율

유동성(liquidity)은 단기채무의 지급능력을 말한다. 자산의 현금화에 걸리는 시간이 짧을수록, 현금화에 따른 자산가치의 손실이 작을수록 유동성은 높다. 기업의 단기채무는 유동부채이고, 이 유동부채를 상환하기 위해 사용할 수 있는 자산은 쉽게 현금화할 수 있는 유동자산이다. 그러므로 기업의 유동성을 평가하기 위해서는 유동부채에 비해 유동자산을 얼마나 많이 보유하고 있는가를 살펴보아야 한다. 또한 유동자산들마다 현금화의 속도와 불확실성이 다르므로 이를 고려할 필요가 있다. 기업의 유동성을 평가하는 유동성비율(liquidity ratios)에는 유동비율, 당좌비율, 현금비율 등이 있다.

표 11-4
유동성비율

주요비율	계산	의미
유동비율 (current ratio)	$\frac{\text{유동자산}}{\text{유동부채}}$	단기채무를 감당할 수 있는 유동자산이 얼마나 되는가를 측정한다. 기업의 유동성을 평가하는 대표적인 지표로서 유동비율이 높을수록 단기채무 지급능력이 양호하다고 할 수 있다. 은행가비율(banker's ratio)이라고도 한다.
당좌비율 (quick ratio)	$\frac{\text{당좌자산}}{\text{유동부채}}$	재고자산은 다른 유동자산에 비해 현금화되는 속도가 늦고 현금화의 불확실성이 크다. 따라서 유동자산 중 재고자산을 제외한 당좌자산을 유동부채로 나누어 유동성을 평가한다. 산성시험비율(acid-test ratio) 또는 신속비율이라고도 부른다.
현금비율 (cash raio)	$\frac{\text{현금 및 현금성자산}}{\text{유동부채}}$	당좌자산 중 현금 및 현금성자산으로 유동부채를 얼마나 상환할 수 있는가를 나타낸다. 기업의 초단기채무 지급능력을 파악할 수 있는 비율이다.

(2) 레버리지비율

레버리지비율(leverage ratios)은 일반적으로 재무레버리지비율(financial leverage ratios)을 의미한다. 즉, 기업의 부채의존도를 나타내는 비율이다. 레버리지비율은 자본구조비율(capital structure ratios)이라고도 하며, 기업의 재무위험과 장기채무 상환능력에 관한 정보를 제공한다. 레버리지비율을 측정하기 위해서는 총자본, 자기자본, 부채가 어떻게 구성되어 있는지를 보거나, 영업이익으로 부채사용에 따른 재무비용을 어느 정도 부담할 수 있는지를 재는 두 가지 방법이 사용된다. 레버리지비율에는 부채비율, 이자보상비율 등이 있다.

한편, 조달된 자본이 비유동자산에 투자되면 이 자본은 장기적으로 묶이게 된다. 따라서 비유동자산 투자자금은 장기적으로 안정성 있는 자본, 즉 자기자본이나, 범위를 확대하면 장기부채를 사용하는 것이 바람직하다. 이를 나타내는 비율이 비유동비율과 비유동장기적합률이다.

표 11-5
레버리지비율

주요비율	계산	의미
부채비율 (debt ratio)	$\frac{\text{부채}}{\text{자기자본}}$	가장 대표적인 레버리지비율로서, 부채비율이 낮을수록 재무위험이 작고 장기채무 상환능력이 양호하다고 평가한다. 한편 부채를 총자본으로 나눈 비율을 부채구성비율, 자기자본을 총자본으로 나눈 비율은 자기자본비율이라고 한다.
이자보상비율 (times interest earned)	$\frac{\text{영업이익}}{\text{이자비용}}$	영업활동으로부터 얻은 영업이익이 이자비용의 몇 배가 되는지를 나타낸다. 기업의 이자지급능력을 평가하는데 유용한 지표가 된다. 이자보상비율이 1보다 작으면 영업이익으로 이자지급조차 하지 못한다는 것을 의미한다. 이자보상비율은 퇴출기업 평가의 기준으로 사용된다.
비유동비율 (non-current ratio)	$\frac{\text{비유동자산}}{\text{자기자본}}$	장기적으로 자금이 고착되는 비유동자산은 상환기한이 없는 자기자본으로 충당하는 것이 기업의 안정성을 위해 바람직하다. 따라서 이 비율이 낮을수록 안정성이 있다고 평가한다. 그러나 거액의 설비투자가 필요한 산업의 경우 소요자금을 자기자본만으로 충당하기는 어렵다. 장기부채도 단기부채에 비해 안정성 있는 장기자금이므로 비유동자산을 자기자본과 장기부채를 더한 장기자본으로 나눈 비유동장기적합률도 안정성의 지표로 쓰인다.

(3) 활동성비율

활동성비율(activity ratios)은 기업의 보유자산이 얼마나 효율적으로 이용되고 있는가를 나타내는 비율로서, 효율성비율(efficiency ratios) 또는 자산관리비율(asset management ratios)이라고도 한다. 활동성비율은 매출액을, 평가하고자 하는 특정자산으로 나누어 계산한 회전율(turnover)로 표시된다. 회전율이 높을수록 특정자산에 투하된 자본 한 단위당 매출액이 많다는 것을 의미하므로 판매활동이 잘 이루어지고 있거나 그 자산을 효율적으로 이용하고 있다는 것을 나타낸다. 활동성비율에는 총자산회전율, 매출채권회전율, 재고자산회전율 등이 있다.

표 11-6
활동성비율

주요비율	계산	의미
총자산회전율 (total asset turnover)	$\frac{\text{매출액}}{\text{총자산}}$	기업이 보유하고 있는 전체 자산이 1년 동안 몇 번 회전하였는가를 측정하는 재무비율이며 전체 자산의 이용 효율성을 평가하는 지표이다.
매출채권회전율 (receivables turnover)	$\frac{\text{매출액}}{\text{매출채권}}$	매출채권이 1년 동안 몇 번 회전하였는가를 나타내므로 매출채권관리의 효율성을 평가하는 지표가 된다. 매출채권의 현금화 속도가 빠를수록 매출채권의 평균회수기간은 짧아지며 매출채권회전율은 높아진다.
재고자산회전율 (inventories turnover)	$\frac{\text{매출액}}{\text{재고자산}}$	재고자산의 회전속도, 즉 재고자산이 현금 등 당좌자산으로 바뀌는 속도를 나타낸다. 이 비율이 높을수록 재고자산관리가 효율적으로 이루어지고 있다는 것을 의미한다. 그러나 수요변동에 대처할 수 있을 만큼 재고를 적정수준으로 유지하지 못할 경우에도 이 비율이 높아질 수 있음에 유의하여야 한다.

(4) 수익성비율

수익성비율(profitability ratios)은 이익창출능력을 나타내는 재무비율이며 기업의 경영정책과 경영의사결정의 종합적 결과인 경영성과를 측정하는 지표가 된다. 따라서 투자자, 경영자, 채권자 등 기업 이해관계자들의 의사결정에 가장 중요한 정보로 쓰인다. 기업의 이익은 매출이라는 과정을 통해 창출되므로 수익성비율은 두 가지 형태로 측정된다. 하나는 매출액에 비해 얼마만큼의 이익이 얻어졌는가를 나타내는 매출액이익률이고, 다른 하나는 투자자본에 대한 이익을 측정하는 투자이익률이다. 수익성비율에는 매출액영업이익률, 총자산순이익률, 자기자본순이익률 등이 있다.

표 11-7
수익성비율

주요비율	계산	의미
매출액영업이익률 (operating margin on sales)	$\frac{\text{영업이익}}{\text{매출액}}$	영업활동의 성과를 평가하기 위한 지표이며 영업효율성(operating efficiency)을 나타내는 척도가 된다.
총자산순이익률 (return on assets : ROA)	$\frac{\text{순이익}}{\text{총자산}}$	기업의 자산 1원당 얼마의 순이익이 창출되는지를 측정하는 재무비율로서 총자산에 대한 투자효율성을 평가하는 지표이다. 총자산순이익률은 경영활동의 평가 등에 많이 쓰인다. 그러나 총자산, 즉 총자본은 주주와 채권자의 지분을 합한 것이므로, 주주에게 귀속되는 순이익 대신 영업이익을 총자산으로 나눈 총자산영업이익률이 기업자산의 수익성을 논리적으로는 더 적절하게 나타낸다고 할 수 있다.
자기자본순이익률 (return on equity : ROE)	$\frac{\text{순이익}}{\text{자기자본}}$	주주들의 지분인 자기자본에 대한 투자효율성을 평가하는 지표이다. 기업의 소유자인 주주들이 어느 정도의 수익을 얻는지를 나타내며, 이는 회계적인 면에서 기업의 성과를 측정하는 가장 중요한 기준이라고 할 수 있다.

(5) 성장성비율

성장성비율(growth ratios)은 기업의 경영규모와 경영성과가 얼마나 늘어났는가를 보여주는 재무비율이다. 기업의 경쟁력과 미래 이익창출능력을 간접적으로 나타낸다. 성장성비율은 각 재무항목의 일정기간 동안의 증가율로 측정된다. 대표적인 성장성비율로는 총자산증가율, 매출액증가율, 순이익증가율 등이 있다.

표 11-8
성장성비율

주요비율	계산	의미
총자산증가율 (growth rate of total assets)	$\frac{\text{당기말총자산} - \text{전기말총자산}}{\text{전기말총자산}}$	전기보다 당기의 총자산이 얼마나 늘어났는가를 나타내며 기업의 전체적인 성장성을 평가하는 지표이다.
매출액증가율 (growth rate of sales)	$\frac{\text{당기매출액} - \text{전기매출액}}{\text{전기매출액}}$	전기보다 당기의 매출액이 얼마나 늘어났는가를 보여주며 기업의 외형적인 신장세를 나타내는 대표적인 재무비율이다. 시장규모가 변하지 않는다면 매출액증가율은 시장점유율의 증가를 의미하므로 기업의 경쟁력을 평가하는 하나의 지표가 된다.

주요비율	계산	의미
순이익증가율 (growth rate of net income)	$\frac{\text{당기순이익} - \text{전기순이익}}{\text{전기순이익}}$	경영활동의 최종 성과인 순이익이 전기에 비해 얼마나 늘어났는가를 나타내는 재무비율이다. 자본금의 변화가 있을 수 있으므로 주주에게는 주당순이익의 증가율이 실질적인 의미가 있다.

(6) 생산성비율

일반적으로 생산성(productivity)은 노동, 자본 등 생산요소의 투입량에 대한 산출량의 정도를 의미한다. 생산성비율(productivity ratios)은 생산요소가 달성한 효율성과 성과배분의 합리성을 평가하기 위한 지표이다. 생산성은 흔히 부가가치를 기준으로 분석한다. 부가가치(value added)란 기업 경영활동의 결과로 새로이 창출된 가치를 말한다. 생산성비율에는 부가가치율, 종업원 1인당 부가가치, 총자본투자효율 등이 있다.

표 11-9
생산성비율

주요비율	계산	의미
부가가치율 (gross value added to sales)	$\frac{\text{부가가치}}{\text{매출액}}$	일정기간 동안 창출된 부가가치를 같은 기간의 매출액으로 나누어 구한다. 매출액 중 생산활동에 투입된 생산요소에 귀속되는 소득의 비율을 나타내므로 소득률이라고도 한다. 부가가치율이 높을수록 생산성이 높으며, 기업활동의 이해관계자들에게 분배되는 몫이 크다는 것을 의미한다.
종업원 1인당 부가가치 (gross value added per employee)	$\frac{\text{부가가치}}{\text{종업원 수}}$	노동생산성(productivity of labor), 즉 노동력의 단위당 성과를 평가하는 대표적인 지표이다. 노동력이 얼마나 효율적으로 이용되었는지를 나타낸다.
총자본투자효율 (gross value added to total assets)	$\frac{\text{부가가치}}{\text{총자본}}$	자본생산성(productivity of capital), 즉 투하자본의 단위당 성과를 평가하는 대표적인 지표이다. 이 비율이 높을수록 총자본이 효율적으로 운용되었음을 나타낸다.

(7) 시장가치비율

지금까지 살펴본 재무비율들은 회계수치, 즉 장부가치에 근거하고 있다. 장부가치는 실제로 시장에서 평가되는 시장가치와는 차이가 있다. 주식의 액면가액과 시장가격은 다르지 않은가? 주식의 시장가격, 즉 주가(stock price)는 기업의 현재의 재무상태와 경영성과에 대한 평가뿐만 아니라 미래의 전망까지도 담고 있기 때문에 기업의 실질적 가치를 가장 잘 나타낸다. 따라서 주가로부터 장부가치에 근거한 재무비율들이 제공하지 못하는 정보를 얻을 수 있다. 시장가치비율(market value ratios)은 주가와 회계수치를 대비한 비율로 기업의 수익가치나 자산가치에 대한 시장의 평가를 나타내는 비율이다. 시장가치비율에는 주가수익비율, 주가순자산비율, 토빈(J. Tobin)의 q비율 등이 있다.

표 11-10
시장가치비율

주요비율	계산	의미
주가수익비율 (price earning ratio : PER)	$\frac{\text{주가}}{\text{주당이익}}$	이익승수(earnings multiple)라고도 하며 기업의 이익 1원에 대해 투자자들이 얼마나 지불하고 있는지를 측정하는 재무비율이다. 기업의 수익력에 대한 상대적 주가수준을 나타낸다. 증권분석의 실무에서는 흔히 PER이 낮을수록 수익력에 비해 주가가 상대적으로 낮게 평가되어 있으므로 주가가 상승할 가능성이 높다고 판단한다. 그러나 성장성이 높고 위험이 낮을수록 PER이 높아짐에 유의하여야 한다.
주가순자산비율 (price book-value ratio : PBR)	$\frac{\text{주가}}{\text{주당순자산}}$	순자산은 총자산에서 총부채를 차감한 것이다. PBR은 주당순자산, 즉 주당장부가치에 대한 상대적 주가수준을 나타낸다. 주가장부가치비율이라고도 부른다. 기업의 미래 수익전망이 밝고 자산운용이 효율적일수록 시장가치와 장부가치의 차이는 커져 PBR은 높아질 것이다.
토빈의 q비율 (Tobin's q ratio)	$\frac{\text{자산의 시장가치}}{\text{자산의 대체원가}}$	대체원가는 보유하고 있는 자산을 현재의 가격으로 재구입하는 데 소요되는 원가를 말한다. 자산에 대한 평가액은 증권시장과 실물시장에서 차이가 날 수 있다. q비율이 1보다 낮다면 기업의 자산가치가 시장에서 과소평가되어 있다는 것을 나타낸다. 특히 q비율이 1보다 아주 낮은 기업은 M&A의 표적이 되기 쉽다.

3.3 재무비율에 의한 경영평가

3.3.1 재무비율의 비교분석

재무비율을 구하는 것은 어렵지 않다. 그렇다면 재무비율의 값으로 기업의 재무상태와 경영성과의 좋고 나쁨은 어떻게 판단할 것인가? 예컨대, 가나(주)의 유동비율이 120%라고 하자. 가나(주)의 유동성은 어떤가? 각각의 재무비율을 평가할 수 있는 절대적인 기준이 없기 때문에 설령 재무비율을 구한다 하더라도 그 비율이 현저히 높거나 낮은 경우가 아니라면 기업의 경영내용에 대한 판단을 내리기는 어렵다. 그러나 재무비율을 다른 기업의 재무비율과 비교하거나 또는 다른 기간의 재무비율과 비교함으로써 보다 쉽고 의미 있는 해석을 할 수 있다.

(1) 기업 간 비교

기업 간 비교(inter-firm comparison)는 분석대상기업의 재무비율을 다른 기업의 재무비율과 비교하여 경영내용의 좋고 나쁨을 판단하는 방법이다. 앞에서 든 예처럼 가나(주)의 유동비율이 120%이고 가나(주)가 속한 산업 내 대부분의 기업의 유동비율이 110%라면, 가나(주)의 유동성은 문제가 없다고 판단할 수 있다. 기업 간 비교의 타당성을 높이기 위해서는 비교대상이 되는 기업이 분석대상기업과 공통된 성격을 지녀야 한다. 즉, (1) 영업내용이 유사한 동종 산업에 속하고, (2) 규모가 비슷하며, (3) 회계처리방법이 동일하여야 한다.

현실적으로 재무비율을 비교하기 위한 기준이 되는 비율, 즉 표준비율(standard ratio)로는 어떤 것이 적합할까? 표준비율로는 이상적 표준비율, 경쟁기업 또는 선도기업의 재무비율, 산업평균비율 등이 사용된다.

이상적 표준비율

경험에 기초한 것으로 특정 재무비율의 이상적인 값을 말한다. 흔히 유동비율은 200% 이상, 당좌비율은 100% 이상, 부채비율은 100% 이하, 비유동비율은 100% 이하이면 양호하다고 평가한다. 그러나 이상적 표준비율을 표준비율로 삼는 것은 적절하지 않다. 왜냐하면 이상적 표준비율은 경제동향, 산업의 특성, 기업의 규모 등의 차이를 전혀 고려하지 않고 있기 때문이다.

경쟁기업 또는 선도기업의 재무비율

경쟁기업의 재무비율을 표준비율로 삼으면 유용하다. 경쟁기업은 영업의 특성이나 기업의 규모 등이 비슷하므로 유사한 조건하에서 나타난 재무상태와 경영성과의 차이를 비교하는 데 적절하다. 또한 분석대상기업이 여러 산업에 걸쳐 사업을 영위하는 복합기업(conglomerate)이라면 산업분류가 어려우며, 이 경우 특정 산업평균비율을 이용하기 곤란하기 때문에 좋은 대안이 된다. 한편, 동종 산업 내 선도기업의 재무비율과 비교함으로써 분석대상기업의 상대적 강점과 약점을 파악할 수도 있다.

산업평균비율

표준비율로 가장 널리 사용되는 것은 산업평균비율(industrial average ratio)이다. 산업평균비율은 경쟁기업의 재무비율과는 다르게 산업 전반적인 추세를 반영한다는 측면에서 의미가 크다. 산업평균비율은 한국은행의 기업경영분석 또는 경제통계시스템(ECOS) 등으로부터 쉽게 구할 수 있다.

(2) 기간 비교

기간 비교(inter-period comparison)는 재무비율의 여러 기간에 걸친 값들을 비교하여 기업의 재무상태와 경영성과의 추세(trend)를 파악하는 방법이다. 재무비율은 그 크기뿐만 아니라 추세도 중요하다. 기업의 재무상태와 경영성과가 점차 개선되고 있는지 또는 악화되고 있는지를 나타내기 때문이다. 예컨대, 가나(주)의 자기자본순이익률이 9%이고 자기자본순이익률의 산업평균은 11%라고 하자. 비록 가나(주)의 자기자본순이익률이 산업평균보다 낮지만, 지난 5년간 4%, 6.2%, 6%, 7.4%, 9%로 변화하였다면 가나(주)의 주주들의 수익성은 개선되고 있으므로 긍정적으로 평가할 수 있다.

재무비율의 기간 비교가 유용성을 가지려면 분석기간 동안 분석대상기업의 영업성격이 바뀌지 않아야 하며, 분석대상기업의 회계처리방법이 일관성 있게 유지되어야 한다. 한편, 기간 비교의 분석기간이 충분히 길어야만 재무비율의 추세에 대한 보다 의미 있는 정보를 얻을 수 있을 것이다.

이제 재무비율을 비교분석하는 예를 보자. 그림으로 나타내면 비교하기 쉽다. 기업 간 비교와 기간 비교가 가능하도록 4년간의 삼성전자(주)의 주요 재무비율과 그 비율의 산업평균이 [그림 11-2]에 그려져 있다. 경제적 의미를 기준으로 재무비율을 분류한 7개의 범주마다 하나의 비율을 선정하였으며, 한국채택국제회계기준(K-IFRS)에 따른 일관성 있는 자료를 구할 수 있는 기간을 비교대상으로 하였다.[4] 삼성전자(주)의 재무상태와 경영성과에 대해 어떻게 평가하겠는가?

그림 11-2
재무비율의 기업 간 비교와 기간 비교 : 삼성전자(주)의 예

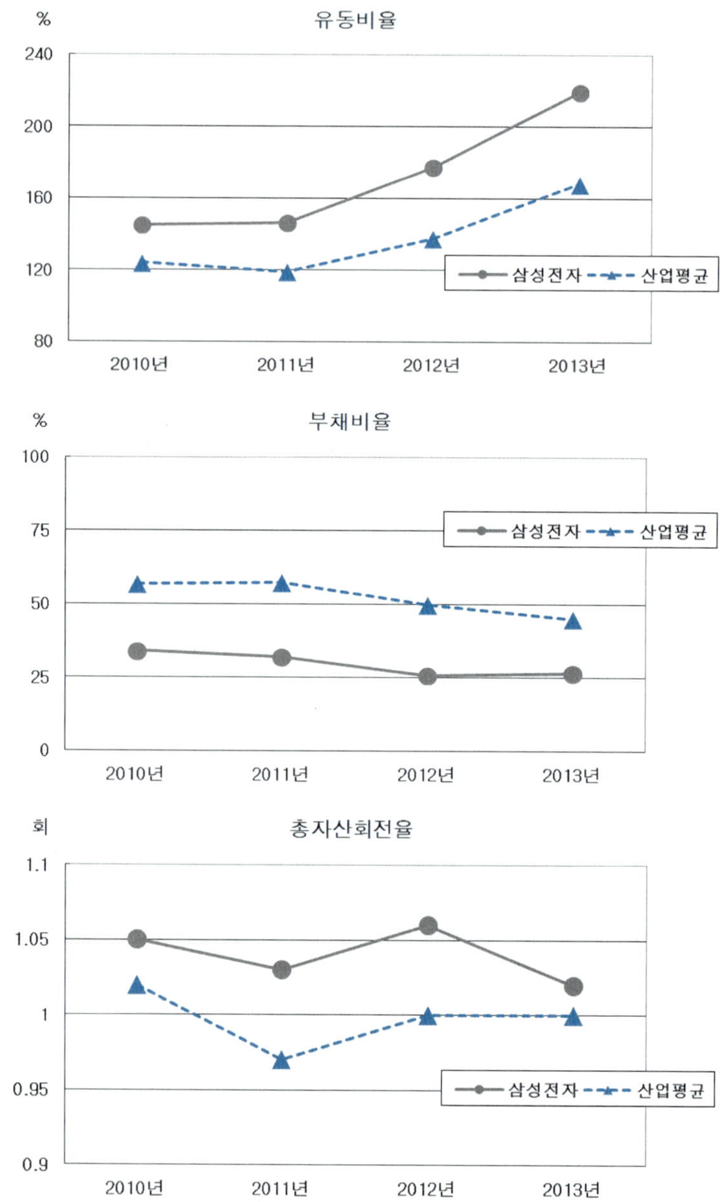

4) 자료는 한국상장회사협의회 기업정보(KOCO info)에서 구하였다.

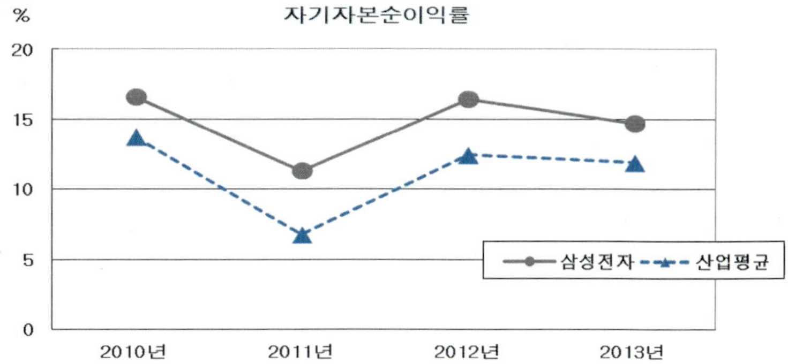
%
자기자본순이익률
20
15
10
5
0
삼성전자
산업평균
2010년
2011년
2012년
2013년

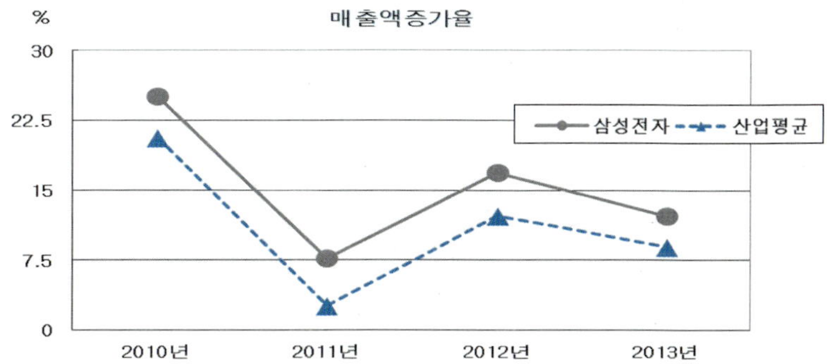
%
매출액증가율
30
22.5
15
7.5
0
삼성전자
산업평균
2010년
2011년
2012년
2013년

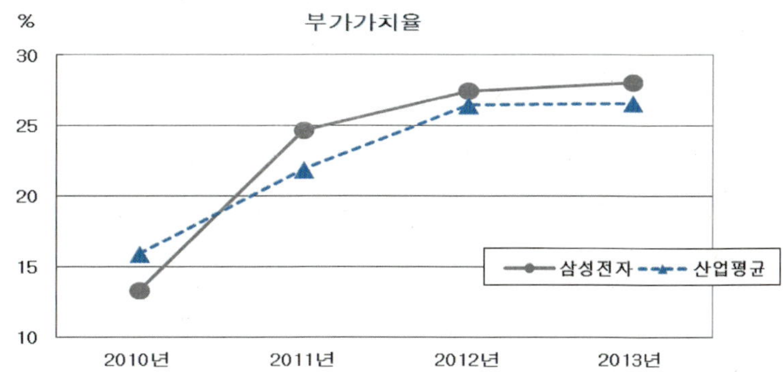
%
부가가치율
30
25
20
15
10
삼성전자
산업평균
2010년
2011년
2012년
2013년

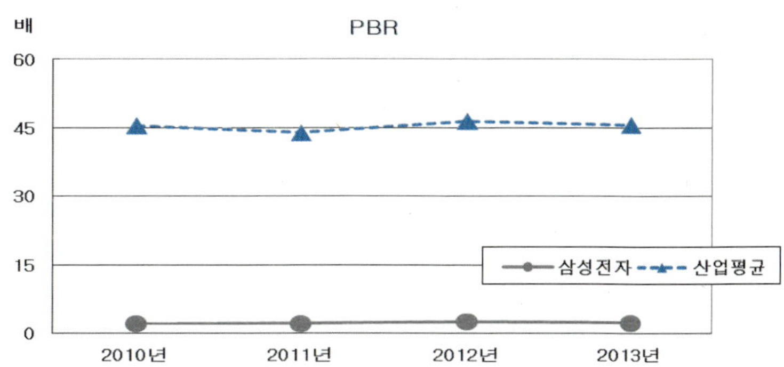
배
PBR
60
45
30
15
0
삼성전자
산업평균
2010년
2011년
2012년
2013년

3.3.2 ROI분석과 지수법

앞에서 살펴보았던 재무비율을 비교분석하는 방법은 기업의 재무상태나 경영성과의 특정한 측면을 개별적으로 평가하는 것이다. 그러나 기업의 유동성이 높아지면 활동성이나 수익성이 떨어지는 것처럼 특정한 측면이 양호하다고 해서 기업의 경영내용을 긍정적으로 평가할 수는 없다. 기업의 재무상태와 경영성과에 대한 종합적인 판단을 위해서는 경제적 의미가 다른 범주에 속하는 재무비율들을 동시에 고려할 필요가 있다. 이러한 분석방법으로 ROI분석과 지수법이 있다.

(1) ROI분석

ROI분석은 기업의 경영성과를 나타내는 투자수익률(return on investment : ROI)을 여러 재무요인으로 분해하여 경영성과의 변동원인을 분석하는 기법이다. 1920년대 미국의 듀퐁(Du Pont)사에 의해 개발되어 널리 알려진 재무통제시스템으로 듀퐁시스템(Du Pont system)이라고도 한다. ROI로는 총자산순이익률(return on total assets : ROA) 또는 자기자본순이익률(return on equity : ROE)이 사용된다.

ROA분석

수익성비율인 ROA는 식 (11-3)과 같이 역시 수익성비율인 매출액순이익률과 활동성비율인 총자산회전율로 분해할 수 있다. 기업의 ROA가 변동하였다면 이는 매출액순이익률과 총자산회전율 중 어느 하나 또는 둘 모두에 그 원인이 있음을 의미한다. ROA분석은, ROA가 어떤 요인으로 인해 변동하였는지를 찾고 그 요인에 영향을 미치는 항목들에 대해 세부적으로 살펴봄으로써 기업이 갖고 있는 문제를 파악하여 효율적인 재무통제를 가능하게 한다.

$$\text{총자산순이익률}(ROA) = \frac{\text{순이익}}{\text{매출액}} \times \frac{\text{매출액}}{\text{총자산}} \qquad (11\text{-}3)$$
$$= \text{매출액순이익률} \times \text{총자산회전율}$$

ROE분석

기업의 목표가 주주 부의 극대화에 있으므로 기업의 경영성과를 나타낼 때 총자산순이익률보다 자기자본순이익률이 훨씬 중요한 의미를 갖는다. ROE는 식

(11-4)와 같이 분해할 수 있다.[5)]

$$\text{자기자본순이익률}(ROE) = \frac{\text{순이익}}{\text{매출액}} \times \frac{\text{매출액}}{\text{총자산}} \times \frac{\text{총자산}}{\text{자기자본}} \quad (11\text{-}4)$$
$$= \text{매출액순이익률} \times \text{총자산회전율} \times \text{자기자본승수}$$

식 (11-4)를 듀퐁항등식(Du Pont identity)이라 한다. 듀퐁항등식은 기업의 ROE가 세 가지 요인, 즉 (1) 수익성을 나타내는 매출액순이익률, (2) 활동성을 나타내는 총자산회전율, (3) 자기자본의 사용 정도를 나타내는 자기자본승수에 의해 결정된다는 것을 말한다. 결국 기업의 ROE는 매출액순이익률에 영향을 미치는 영업활동의 효율성, 총자산회전율에 영향을 미치는 자산이용의 효율성, 그리고 레버리지 수준을 결정하는 자본구조 정책의 결과라고 할 수 있다.

삼성전자(주)의 ROE분석 결과가 [표 11-11]에 제시되어 있다. 삼성전자(주)의 ROE는 산업평균보다 높으며, 이는 삼성전자(주)의 매출액순이익률과 총자산회전율 모두 산업평균보다 높기 때문이다. 듀퐁항등식은 삼성전자(주)가 부채사용을 늘림으로써, 즉 자기자본승수를 키움으로써 ROE를 높일 수 있는 것처럼 보이게 한다. 그러나 부채를 늘리면 지급이자가 증가하여 매출액순이익률이 감소하기 때문에 반드시 ROE가 높아지는 것은 아니다. 특히 부채를 늘리면 재무위험을 증가시키는 결과를 초래한다는 점에 유의하여야 한다.

표 11-11
ROE분석 결과 : 삼성전자(주)의 예

삼성전자		
연도	ROE(%)	매출액순이익률(%)×총자산회전율(회)×자기자본승수
2011년	11.28	8.30 × 1.03 × 1.32
2012년	16.43	12.32 × 1.06 × 1.26
2013년	14.66	11.32 × 1.02 × 1.27
산업평균		
연도	ROE(%)	매출액순이익률(%)×총자산회전율(회)×자기자본승수
2011년	6.78	4.40 × 0.97 × 1.58
2012년	12.44	8.31 × 1.00 × 1.50
2013년	11.92	8.24 × 1.00 × 1.45

ROE와 듀퐁항등식 우변의 계산 결과가 정확하게 일치하지 않는 것은 반올림에 따른 차이이다.
자료 : 한국상장회사협의회 기업정보(KOCO info)

5) 식 (11-4)에서 자기자본승수는 자기자본비율(= 자기자본 / 총자본)의 역수이다.

(2) 지수법

앞에서도 기술하였지만 각각의 재무비율은 기업의 특정한 측면만을 나타낸다. 하나의 값, 즉 단일지수로 전체적인 경영내용의 좋고 나쁨을 평가할 수 있다면 무척 편리하지 않겠는가? 지수법(index method)은 기업의 재무상태와 경영성과에 대한 종합적인 평가를 위해 주요 재무비율을 이용하여 단일지수, 즉 평점을 구하는 방법이다. 지수를 구하는 구체적인 방법은 다음과 같은 순서로 이루어진다.

- 주요 재무비율의 선정
- 선정된 재무비율에 대한 가중치 부여
- 표준비율에 대한 분석대상기업 재무비율의 상대적 지수 계산
- 상대적 지수의 가중평균

오랜 역사를 가진 월(A. Wall)의 지수법을 사용하여 삼성전자(주)를 평가한 결과가 [표 11-12]에 제시되어 있다. [표 11-12]는 자기자본회전율 이외에 삼성전자(주)의 모든 비율이 산업평균비율보다 양호하다는 것을 보여준다. 각 비율의 상대적 지수를 가중평균한 삼성전자(주)의 평점은 133.03으로 산업평균비율의 평점인 100보다 높으므로 경영내용이 전반적으로 좋다고 쉽게 판단할 수 있다.

표 11-12
월의 평점표 : 삼성전자(주)(2013년도)의 예

재무비율	가중치 A	삼성전자(주) B	산업평균 C	상대적 지수 D=(B/C)·100	평점 A*D
유동비율	0.25	219.59	168.26	130.51	32.63
부채비율	0.25	26.52	45.04	169.83*	42.46
비유동비율	0.15	77.00	92.78	120.49*	18.07
매출채권회전율	0.10	9.04	7.84	115.31	11.53
재고자산회전율	0.10	28.26	21.99	128.51	12.85
비유동자산회전율	0.10	1.73	1.58	109.49	10.95
자기자본회전율	0.05	1.39	1.53	90.85	4.54
합계	1.00				133.03

* 부채비율과 비유동비율은 낮을수록 좋다고 평가하므로 상대적 지수를 (C/B)·100으로 계산한다.

지수법은 주요 재무비율들을 동시에 고려함으로써 기업의 경영내용을 종합적으로 평가할 수 있다는 점에서 유용하다. 그러나 지수법은 평점을 산출하기 위한 재무비율의 선정이 자의적일 수밖에 없고, 선정된 재무비율에 부여하는 가중치

역시 객관적으로 주어질 수 없으며, 재무비율의 상대적 지수를 구하기 위한 표준비율로 어떤 것을 사용해야 하는지에 대한 명확한 기준이 없다는 문제를 갖고 있다. 평점산출을 위해 선정되는 재무비율, 가중치, 표준비율이 달라지면 기업에 대한 평가도 바뀔 수 있다는 것은 자명하다.

3.4 재무비율분석의 한계

재무비율분석은 간편하게 기업의 재무상태와 경영성과를 파악할 수 있어 널리 쓰인다. 그러나 다음과 같은 한계가 있음에 유의하여야 한다.

첫째, 재무비율은 재무제표로부터 얻어지므로 재무제표를 신뢰할 수 있어야 한다. 또한 재무비율 간의 비교는 동일한 회계처리방법에 의한 재무제표에 근거하여 이루어져야 한다. 그렇지 않다면 분석결과는 의미를 잃을 것이다.

둘째, 재무상태표는 특정시점의 재무상태를 나타낸다. 회계기간 동안 계정과목들의 값은 크게 변동할 수 있으므로 특정시점을 기준으로 재무상태를 비교하는 것은 왜곡된 결과를 가져올 수 있다. 특히 계절성을 띤 사업을 운영하는 기업의 경우는 더욱 그러하기 때문에 계절적 변동의 영향을 재무제표에 반영하여야 한다.

셋째, 과거 일정기간의 재무제표에 근거한 평가이다. 기업의 이해관계자들에게는 기업의 미래를 예측하는 것이 더할 수 없이 중요하다. 기업의 과거가 미래에 반드시 반복된다는 법은 없다. 지나간 경영활동에 대한 정보는 기업의 미래를 예측하는 데 도움은 되겠지만 한계를 갖는다.

넷째, 재무비율의 값이 어느 정도 되어야 좋다고 해석할 수 있는가? 재무비율을 평가할 수 있는 절대적인 기준은 없다. 결국 비교기준이 되는 표준비율을 선정하여야 하지만 어떤 것이 가장 적합한지 판단하기 힘들며, 무엇을 표준비율로 사용하느냐에 따라 평가는 달라질 수 있다. 따라서 재무비율로 좋고 나쁨을 확정적으로 결론짓기는 어려우며, 단지 재무비율을 기업의 경영상태에 대한 긍정적 또는 부정적 신호(signal)로써 받아들일 필요가 있다.

다섯째, 경영자의 역량, 조직의 효율성, 기술개발력 등과 같은 질적인 요인들은 기업의 경영성과에 중요한 영향을 미치지만 재무제표에는 반영되지 않는다. 결과적으로 재무비율에 의한 경영평가는 충분치 못하다.

정리하는 문제

1. 재무분석이란 무엇인가?

2. 기업의 경영내용에 대한 정보의 수요자로는 누가 있으며 그들에게 필요한 정보는 어떤 것인가?

3. 각각의 재무제표가 보고하는 내용은 무엇인가?

4. 금융감독원 웹사이트의 DART전자공시에서 관심 있는 기업의 사업보고서를 찾아 그 보고서에 담긴 내용을 살펴보시오.

5. 재무비율분석의 유용성에 대해 설명하시오.

6. 재무비율을 분류하여 보시오.

7. PER과 PBR은 무엇을 나타내는가?

8. 재무비율의 기업 간 비교를 위한 표준비율로는 어떤 것이 적합한가?

9. 재무비율의 기간 비교가 필요한 이유를 설명하시오.

10. 관심 있는 기업의 주요 재무비율과 산업평균비율을 조사하고 그 기업을 평가하시오.

11. 관심 있는 기업을 대상으로 ROE분석의 결과를 제시하고 그 결과를 해석하시오.

12. 월의 지수법이 가진 문제점은 무엇인가? 자신의 지수법을 설계한 후 관심 있는 기업의 평점을 계산하고 결과를 평가하시오.

13. 재무비율분석의 한계에 대해 설명하시오.

제 12 장
구조조정과 M&A

제12장 구조조정과 M&A

제1절 구조조정

1997년의 외환위기 이후 우리나라 경제 전반에 걸쳐 고비용, 저효율 구조에 대한 문제가 제기되면서 '선택과 집중', '핵심역량의 강화' 등의 슬로건과 함께 민간과 공공부문 어느 곳에서나 구조조정이 강조되고 있다. 특히 기업은 환경변화에 선제적으로 대응하고 미래의 경쟁력을 확보하기 위하여 사업구조나 조직구조의 개편이 필요하다. 기업의 구조조정(restructuring)은 기업의 사업구조나 조직구조의 효율성을 높이기 위한 기업재조직 작업을 말하며, 기업재편 또는 사업재구축이라고도 한다. 이러한 구조조정은 기업의 소유권, 경영권, 자산구성, 자본구성, 경영조직 등의 변화를 가져오는 모든 경제활동을 포괄하는 뜻으로 사용된다.

기업의 구조조정은 기업의 중 · 장기 경영전략의 핵심이라고 할 수 있으며, 그 유형은 기업확장, 기업분할, 소유구조 및 경영권의 변경 등으로 크게 나눌 수 있다. [그림 12-1]은 기업 구조조정의 유형을 나타낸 것이다.

기업확장

기업확장은 흡수합병, 신설합병, 주식인수, 자산인수, 합작투자 등으로 기업규모를 키우는 구조조정을 가리킨다. 흡수합병(merger)은 한 기업이 다른 기업을 흡수하는 것이고, 신설합병(consolidation)은 둘 또는 그 이상의 기업이 새로운 하나의 기업으로 결합하는 것을 말한다. 주식인수(acquisition of stock)는 대상기업의 의결권부 주식을 매입하여 그 기업의 경영권을 획득하는 것이며, 자산인수(acquisition of assets)는 대상기업의 모든 자산 또는 일부 주요자산을 매입함으로써 실질적으로 기업을 인수하는 것이다. 합작투자(joint venture)는 특정한 사업목적을 위해 두 개 이상의 기업이 자본과 기술 등을 제공하여 새로운 기업을 설립하는 것을 말하며, 현지 자본과 공동으로 투자하여 기업을 운영하는 해외투자의 방식으로 흔히 사용된다. 기업확장과 관련된 구조조정을 M&A라고 하며, 이에 대해서는 이어지는 2절에서 살펴볼 것이다.

그림 12-1
기업 구조조정의 유형

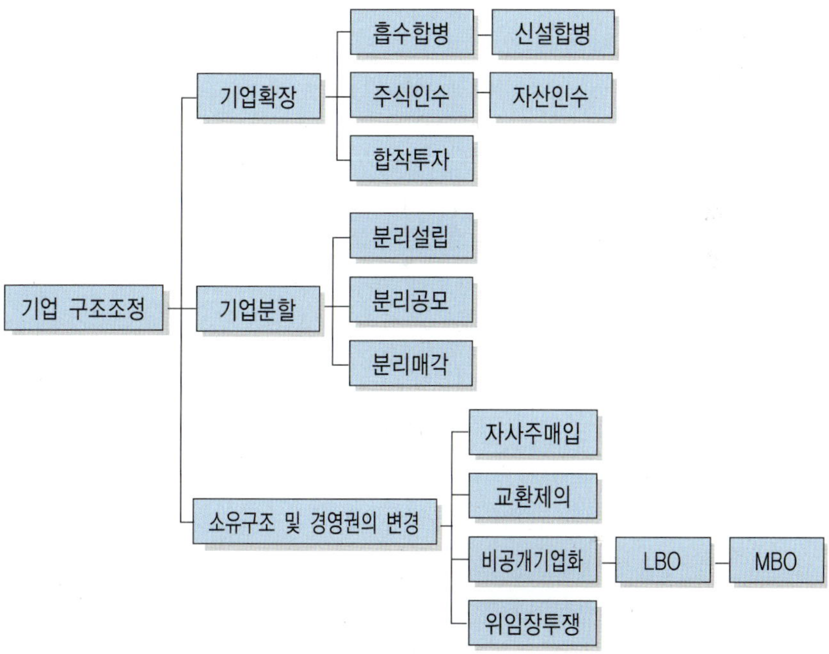

기업분할

기업확장의 반대편에 기업분할이 있다. 이는 기업의 자산, 영업활동, 사업부문의 일부를 떼어내는 축소전략(shrinkage strategy)으로 분리설립, 분리공모, 분리매각 등이 해당된다. 분리설립(spin-off)은 기업의 일부를 떼어내 별도의 새로운 기업을 만들고 기존의 주주들에게 지분비율에 따라 새로운 기업의 주식을 나누어 주는 것이다. 이 경우 주주들에게 새로운 기업의 주식을 무상으로 배부하므로 모기업으로 현금의 유입은 없다. 새로운 기업의 최초 주주는 모기업의 주주와 같지만, 주식이 거래될 것이므로 시간이 지나면 주주구성은 달라질 것이다. 분리설립은 비효율적인 사업부문을 따로 떼어냄으로써 핵심역량을 강화할 수 있게 한다. 분리공모(equity carve-out)는 기업의 일부를 떼어내 새로운 기업을 만든 후, 새로운 기업의 주식 일부를 공모하는 것을 말한다. 기업분할의 규모가 큰 경우에 사용되며, 분리설립과는 다르게 모기업은 현금을 얻게 된다. 만일 새롭게 만든 기업이 수익성이 없는 소형의 기업이라면 주식 공모가 어려울 것이며, 따라서 분리설립으로 갈 수밖에 없다. 분리매각(divestiture)은 현금이나 다른 자산을 받고 기업의 일부를 매각하는 것이다. 분리매각을 통해 기업은 분리설립과 마찬가지로 핵심적인 부문에 집중할 수 있고, 매각에 따른 현금유입으로 유동성을 확보할 수 있으며, 수익성이 낮거나 전략적으로 적합하지 않은 부문을 정리할 수 있다. 분리매각에 관한 실증적 연구들은 분리매각으로 기업가치를 높일 수 있다는 결과를 보여준다.

소유구조 및 경영권의 변경

기업의 소유구조를 바꾸는 방법으로 자사주매입, 교환제의, 비공개기업화 등이 있다. 자사주매입(stock repurchase)은 기업이 자기회사 주식의 일부를 매입하여 소각하거나 사내에 금고주로 보관하는 것으로, 발행주식수를 줄여 기업의 소유구조와 경영권에 영향을 미치게 된다. 교환제의(exchange offer)는 기업이 이미 발행한 증권을 다른 종류의 증권으로 교환할 것을 제의하는 것이다. 예컨대, 신주를 발행하여 회사채나 우선주와의 교환을 제의할 수 있으며, 반대로 회사채나 우선주를 발행하여 보통주와 교환하자고 제의할 수 있다. 증권의 교환은 기업의 자본구조를 변경시키는 결과를 가져오게 된다. 비공개기업화(going private)는 일부 주주들이 공개기업의 대부분의 주식을 매입함으로써 공개기업이 사실상의 개인기업, 즉 비공개기업으로 바뀌는 것이다. 이러한 비공개기업화의 방법으로는, 대상기업의 자산을 담보로 채권을 발행하여 조달한 자금으로 주식을 사들이는 차입매수(leveraged buyout : LBO)가 자주 사용된다. 그리고 차입매수는 대부분 경영자가 주도하는 경영자매수(management buyout : MBO)에 의해 이루어진다. 한편 소유구조의 변경 없이 경영권을 획득하는 방법으로 위임장투쟁이 있다. 위임장투쟁(proxy contest)은 주주총회에서 일부 주주들이 자신들에게 우호적인 주주들로부터 의결권을 위임받아 경영권을 획득하는 것을 말한다.

제2절 M&A

2.1 M&A의 의의와 유형

SK그룹은 1980년 대한석유공사(주), 1994년 한국이동통신(주)을 인수하면서 주력사업을 섬유에서 에너지와 이동통신으로 바꾸어 크게 성장하였고, 현대자동차(주)는 1998년 기아자동차(주)를 인수함으로써 세계적인 자동차 제조회사로 도약할 수 있는 발판을 마련하였다. 또한 두산그룹은 2001년 한국중공업(주), 2005년 대우종합기계(주) 등을 인수하고 소비재에서 중공업 중심으로 사업구조를 재편하여 새로운 성장동력을 확보하였으며, 유선통신회사인 KT(주)는 2009년 무선통신회사인 KTF(주)와의 합병을 통해 이동통신분야로 사업영역을 확장하였다. 기업은 급격한 환경변화 속에서 경쟁력을 확보하고 장기적인 이익을 실현하기 위해 지속적으로 성장해야만 한다. M&A는 기업성장의 가장 중요한 방법 가운데 하나이다.[1)]

M&A(merger and acquisition)는 합병 및 인수, 합병 및 매수, 그리고 법률 용어로는 기업결합 등 여러 가지로 불리지만, 흔히 영어 그대로 사용되거나 인수합병으로 일컬어진다. 합병은 독립적인 둘 이상의 기업이 하나의 기업으로 합해지는 것이고, 인수는 한 기업이 다른 기업을 매입하는 것을 말한다. 합병과 인수는 비록 형태는 다르지만 기업의 인적·물적 자원의 배분에 대한 결정권, 즉 경영권(corporate control)이 이전된다는 공통점을 갖는다.

기업의 경영권이 한 주주 집단에서 다른 주주 집단으로 이전되는 것을 뜻하는 넓은 의미의 용어는 기업인수(takeover)이다. [그림 12-2]에서 보듯이 기업인수에는 M&A, 위임장투쟁, 비공개기업화 등이 포함된다. 그리고 M&A는 흡수합병 및 신설합병, 주식인수, 자산인수 등으로 이루어진다.

---

1) 외적 성장(external growth) 방법이다.

그림 12-2
기업인수의 유형

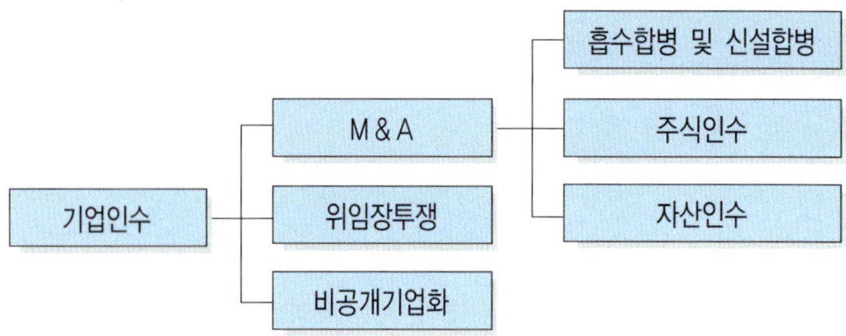

2.1.1 흡수합병 및 신설합병

흡수합병(merger)은 한 기업이 다른 기업을 흡수하는 것을 말한다. 합병회사(acquiring firm)는 이름과 실체를 유지하고 피합병회사(acquired firm)의 모든 자산과 부채를 인수하게 되며, 피합병회사는 독립적인 사업주체로서 더 이상 존재하지 않게 된다. 신설합병(consolidation)은 둘 또는 그 이상의 기업이 새로운 하나의 기업으로 결합하는 것을 의미한다. 결합하려고 하는 기업은 모두 소멸되고 새로운 기업이 설립되어 소멸된 기업의 자산과 부채를 인계받게 된다. 흡수합병과 신설합병은 법률적으로는 차이가 있지만 둘 이상의 기업의 자산과 부채가 하나로 결합된다는 점에서 경제적인 측면에서는 같은 성격을 갖는다.

기업인수에 있어서 합병의 장점은 법적으로 간단하며 다른 유형의 기업인수보다 많은 비용이 들지 않는다는 것이다. 합병이 이루어지려면 각 기업의 주주총회에서 주주들로부터 승인을 받아야 하며, 일반적으로 주주들의 2/3 이상이 찬성하여야 한다. 합병에 반대하는 피합병회사의 주주는 합병회사에게 정당한 가격으로 자신이 보유하고 있는 주식을 매수하도록 요구할 수 있는 주식매수청구권(appraisal rights)을 갖는다. 합병이 되면 개별자산의 소유권을 일일이 이전할 필요 없이 피합병회사의 모든 자산과 부채가 합병회사 또는 신설회사에게 인계된다.

한편, 합병은 합병하는 기업들의 사업성격에 따라서도 분류할 수 있다. 동일한 산업에 속하는 기업 사이에 이루어지는 수평적 합병(horizontal merger), 생산 및 유통과정에서 전후관계에 있는 기업 사이에 이루어지는 수직적 합병(vertical merger), 수평적 또는 수직적 관계가 없는 기업 사이에 이루어지는 다각적 합병(conglomerate merger)으로 나누어진다.

2.1.2 주식인수

주식인수(acquisition of stock)는 현금이나 증권을 지급하고 대상기업의 의결권부 주식을 매입하여 그 기업의 경영권을 획득하는 것이다. 주식인수의 방법으로는 협상에 의한 대주주의 주식매입과 일반주주들로부터의 공개매수가 있다. 공개매수(tender offer or takeover bid : TOB)는 주식의 가격, 수량, 매입기간 등을 광고 등을 통해 발표하고 주식시장 밖에서 대상기업의 주주들로부터 대량의 주식을 매수하는 것이다.

주식인수는 다음과 같은 점에서 합병과 다르다.[2)]

첫째, 주식인수는 주주총회의 승인이 필요하지 않다. 대상기업의 주주들은 그들이 원하지 않으면 공개매수에 응할 필요가 없다.

둘째, 주식인수는 대상기업의 경영자나 이사회를 우회하여 대상기업의 주주들과 직접 거래할 수 있다.

셋째, 흔히 대상기업의 경영자는 주식인수에 대해 저항하며, 이 경우 공개매수에 의한 주식인수는 합병보다 더 큰 비용을 치르게 된다.

넷째, 대다수의 주주들은 공개매수에 응하지 않고 주식을 보유한다. 결과적으로 대상기업은 완전히 흡수되지 않는다.

다섯째, 주식인수에 의해 대상기업을 지배할 수 있게 되지만 합병과는 다르게 대상기업의 실체는 유지된다. 대상기업을 완전히 흡수하기 위해서는 합병의 절차를 거쳐야만 한다.

2.1.3 자산인수

자산인수(acquisition of assets)는 대상기업의 모든 자산 또는 일부 주요자산을 매입함으로써 실질적으로 기업을 인수하는 것을 말한다. 자산인수는 합병과는 다르게 원하지 않는 자산이나 부채는 떠안지 않아도 된다. 자산매각기업의 경영자와의 합의에 의해 이루어지기 때문에 매각에 반대하는 소액주주들의 반발을 피할 수 있으나 개별자산의 소유권 이전에 따른 법적 절차가 번거롭고 비용이 많이 들게 된다.

---

2) 다음 문헌 참고
Ross, S., R. Westerfield, and J. Jaffe, *Corporate Finance*, 9th ed., McGraw-Hill, 2010, p. 876.

자산부채이전(purchase & assumption : P&A)도 자산인수의 하나라고 할 수 있다. 부실금융기관을 정리할 때 흔히 사용되는 P&A는 부실금융기관의 전체 자산과 부채 중에서 양질의 자산과 부채만을 떼어내 우량금융기관에 인수시키는 방법이다.[3] 남은 부실자산과 부채는 배드뱅크(bad bank)라고 부르는 전문적인 부실자산 처리기관에[4] 낮은 가격으로 매각된다.

2.1.4 위임장투쟁

위임장투쟁(proxy contest)은 주주총회에서 일부 주주들이 자신들에게 우호적인 주주들로부터 의결권을 위임받아 경영권을 획득하는 것을 말한다. M&A와는 다른 형태로 경영진의 교체를 포함하여 중요한 경영의사결정에 자신들의 의사를 관철시킬 수 있다. M&A와는 다르게 큰 규모의 자금이 필요하지는 않지만 성공률은 낮다.

2.1.5 비공개기업화

비공개기업화(going private)는 일부 주주들이 공개기업의 대부분의 주식을 매입함으로써 공개기업이 사실상 개인기업이 되고, 그 결과 증권거래소에서 상장이 폐지되어 비공개기업으로 바뀌는 것을 말한다. 비공개기업이 되면 다수 주주들의 이해를 떠나 경영의사결정을 내릴 수 있고 공개기업에 대해 요구되는 공시의무로부터 자유로울 수 있으며 적대적 M&A의 대상에서 벗어날 수 있다.

비공개기업화를 위해서는 상장된 주식의 대부분을 매입해야 하기 때문에 대규모의 자금이 소요된다. 이 경우 대상기업의 자산을 담보로 채권을 발행하여 조달한 자금으로 주식을 사들이는 차입매수(leveraged buyout : LBO)가 흔히 사용된다. LBO에 의한 기업인수는 자기자본이 많이 들지 않지만 위험부담이 매우 큰 기업인수의 방법이다. 일반적으로 LBO는 기업의 내부사정을 잘 아는 현재의 경영자에 의해 이루어지며, 이를 경영자매수(management buyout : MBO)라고 한다.

LBO가 가치를 창출할 수 있는 이유로는 두 가지를 들 수 있다.[5] 첫째, 기업인

---

3) 1998년 대동, 동남, 동화, 경기, 충청 등 5개 은행은 P&A 방식으로 국민, 주택, 신한, 한미, 하나은행에 인수되면서 금융시장에서 퇴출되었다.
4) 한국자산관리공사(KAMCO)가 이 역할을 한다.
5) 다음 문헌 참고

수를 위한 추가적인 부채사용으로 세금절감효과를 얻을 수 있으며, 이는 8장의 자본구조에서 살펴본 것처럼 기업가치를 증가시킨다. LBO는 대부분 안정적인 이익을 실현하며 부채수준이 낮은 기업을 대상으로 이루어진다. 따라서 LBO는 대상기업의 부채수준을 최적수준으로 높이는 결과를 가져올 수 있다. 둘째, LBO는 인수된 기업의 효율성을 높인다. LBO가 경영자에게 '당근과 채찍'이 되는 것이다. LBO에 의해 기업을 인수한 경영자는 소유자가 되며, 따라서 열심히 일할 유인, 즉 당근을 갖는다. 한편, 대규모 차입으로 인한 많은 지급이자는 채찍이 된다. 지급이자를 부담하기 위해 경영자는 수익을 늘리든지 비용을 줄이는 변화를 가져와야만 하기 때문이다. LBO에 관한 실증적 연구들은 평균적으로 LBO에 의해 가치가 창출된다는 결과를 보여주고 있다.

2.2 M&A의 동기

때로는 값비싼 대가를 치르면서까지 기업이 M&A를 하는 동기는 무엇일까? M&A의 동기는 사례마다 다르겠지만 크게 시너지, 기업가치의 저평가, 대리인 문제 등으로 나눌 수 있다.

2.2.1 시너지

M&A의 동기로 가장 먼저 들 수 있는 것은 시너지(synergy)이다. 시너지는 흔히 1+1이 2보다 큰 경우로 표현된다. 즉, 식 (12-1a)과 같이 합병 후의 기업가치가 합병 전 개별기업의 가치의 합계보다 더 커지는 효과를 말한다.

$$\text{시너지} = V_{AB} - (V_A + V_B) > 0 \qquad (12\text{-}1a)$$

여기서, V_{AB} : 기업 A와 B의 합병 후 가치
V_A, V_B : 합병 전 기업 A와 B의 가치

그렇다면 시너지는 어디에서 오는가? 기업가치는 기업이 미래 얻을 수 있는 현금흐름의 현재가치이므로, 시너지는 합병에 따른 미래 현금흐름의 증분의[6] 현재

Ross, S., R. Westerfield, and J. Jaffe, *Corporate Finance*, 9th ed., McGraw-Hill, 2010, p. 906.

가치이다.

$$\text{시너지} = \sum_{t=1}^{\infty} \frac{\Delta CF_t}{(1+k)^t} \qquad (12\text{-}1b)$$

여기서, ΔCF_t: 합병에 따른 시점 t의 현금흐름의 증분

k : 현금흐름의 증분에 적합한 자본비용

식 (12-1b)에서 보듯이 시너지는 현금흐름의 증분이 증가하거나 자본비용이 감소함으로써 얻어진다. 그리고 현금흐름의 증분은 합병으로 인한 수익증대, 비용절감, 세금절감 등으로부터 발생한다. 이 가운데 수익증대와 비용절감은 영업활동과 관련되어 있으므로 영업시너지(operating synergy), 세금절감과 자본비용의 감소는 재무시너지(financial synergy)라고 할 수 있다. 시너지의 구체적인 원천인 수익증대, 비용절감, 세금절감, 자본비용의 감소 등에 대해 살펴보자.[7)]

(1) 수익증대

합병 후 기업은 합병 전 개별기업이 얻는 수익의 합계보다 더 큰 수익을 얻을 수 있다. 이는 마케팅 이득, 전략적 혜택, 시장지배력 등으로부터 발생한다. 합병을 통해 비효율적인 광고, 비체계적인 유통네트워크, 제품믹스의 불균형 등을 개선함으로써 마케팅 이득(marketing gains)을 얻을 수 있다. 또한 합병은 새로운 산업에 진출할 수 있는 교두보를 마련하는 것과 같은 전략적 혜택(strategic benefits)을 가져다준다. 그리고 시장점유율을 높여 독점적 지위를 확보하게 되면, 가격을 결정할 수 있는 시장지배력(market power)을 갖게 되어 독점이윤을 얻을 수 있다. 합병은 시장지배력을 강화시켜 보다 큰 수익을 얻을 수 있게 한다.

(2) 비용절감

합병을 하는 가장 기본적인 이유 중의 하나는 합병함으로써 기업의 효율성을 높일 수 있다는 것이다. 즉, 합병에 따른 규모의 경제, 수직적 통합의 경제, 자원의 상호보완 등은 기업의 비용을 줄여 운영효율성을 높인다. 수평적 합병에 의해

---

6) 합병에 따른 현금흐름의 증분 = 합병 후 기업의 현금흐름 − 합병 전 개별기업의 현금흐름의 합계

7) 다음 문헌 참고

Ross, S., R. Westerfield, and J. Jaffe, *Corporate Finance*, 9th ed., McGraw-Hill, 2010, pp. 879-884.

기업의 영업규모가 커지면 단위당 생산비용이 감소하게 되어 규모의 경제(economies of scale)를 실현할 수 있다. 수직적 합병 역시 각 생산단계에서 효율적인 협조를 가능하게 하고 불필요한 거래비용을 줄이는 수직적 통합의 경제(economies of vertical integration)를 가져다준다. 또한 기업은 합병에 의해 기존에 갖고 있는 자원의 활용도를 높이거나 부족한 자원을 확보할 수 있으며, 이러한 자원의 상호보완(complementary resources)에 의해서도 기업의 운영효율성을 높일 수 있다.

(3) 세금절감

세금절감이 합병의 중요한 동기가 될 수 있다. 세금절감은 피합병기업의 영업손실, 부채수용능력의 제고, 잉여자금의 이용 등에 의해 발생한다. 영업이익을 크게 실현한 기업은 누적된 영업손실(net operating losses)로 인하여 이월결손금을 갖고 있는 기업을 합병함으로써 이월결손금을 넘겨받아 법인세를 절감할 수 있다. 또한 대부분의 기업은 감당할 수 있는 한도까지 부채를 사용하지는 않으며, 합병은 기업 현금흐름의 변동성을 줄여 파산위험을 감소시킨다. 따라서 합병을 통해 기업은 부채수용능력(debt capacity)을 제고할 수 있으며 부채사용이 늘어나면 세금절감효과도 커진다. 그리고 기업이 충분한 잉여자금(surplus funds)을 가지고 있을 경우, 이를 배당으로 지급하지 않고 기업을 인수하는 데 사용하게 되면 주주들은 배당소득세를 피할 수 있다.

(4) 자본비용의 감소

바로 앞에서 간략히 기술한 것처럼 합병, 특히 다각적 합병은 현금흐름을 보다 원활하게 하고 그 변동성을 줄여 파산위험을 감소시킨다. 이를 합병의 공동보험효과(coinsurance effect)라고 한다. 합병의 공동보험효과는 자본비용을 감소시킨다. 또한 합병으로 인해 기업의 규모가 커지면 자본조달규모도 커지며, 증권의 발행 측면에서 규모의 경제에 의해 발행비용이 감소하게 된다. 그리고 자본비용은 외부금융보다 내부금융을 사용할 경우 상대적으로 낮다. 따라서 충분한 여유자금을 갖고 있지만 성장기회가 없는 기업이 유망한 성장기회는 갖고 있으나 투자자금이 부족한 기업을 합병하게 되면 내부금융에 의해 성장기회를 활용할 수 있게 된다.

2.2.2 기업가치의 저평가

기업가치가 시장에서 실제보다 낮게 평가되어 있기 때문에 M&A가 일어날 수 있다. 기업은 M&A를 추진하는 과정에서 인수대상기업의 미래 수익력에 대해 시장에는 알려지지 않은 정보를 획득할 수 있고, 이러한 정보를 바탕으로 인수대상기업의 시장가치가 진정한 내재가치를 반영하지 못하고 있다고 판단할 때 M&A를 시도한다는 것이다. 이를 저평가(undervaluation) 동기라고 한다.

일반적으로 자산의 시장가치를 자산의 대체원가로 나눈 토빈의 q비율(Tobin's q ratio)이 1보다 낮을수록 기업은 저평가되어 있으며 M&A의 표적이 될 가능성이 큰 것으로 판단한다. 기업의 시장가치가 그 기업의 자산을 재구입하기 위해 소요되는 대체원가보다 작으면, 시장가치를 치르고 기업을 인수하는 것이 유사한 기업을 새로이 설립하는 것보다 유리하기 때문이다.

기업가치가 저평가되는 이유는 무엇일까? 그 하나는 경영자가 기업의 잠재력을 충분히 발휘하지 못한 결과일 수 있다. 이러한 대리인 문제는 1장과 8장에서 설명한 바 있다. 다른 하나는 기업에 대한 정보가 감춰져 있는 경우이다. 기업의 미래 수익력에 대한 모든 정보가 시장에 충분히 알려진다는 법은 없다. 또 다른 하나는 투자자들의 근시안적 평가에 기인한 것일 수도 있다. 투자자들은 기업의 단기적인 성과에는 많은 관심을 기울이지만 장기적인 투자계획의 가치는 낮게 평가하는 경향이 있다.

인수기업과 투자자들 사이에 인수대상기업의 미래 수익력에 대한 정보비대칭이 존재할 경우, 일어나는 M&A는 투자자들에게 인수대상기업의 가치가 저평가되어 있다는 신호가 된다. 결과적으로 인수대상기업의 가치는 상승하게 되며 인수기업은 자본이득을 실현할 수 있다.

2.2.3 대리인 문제

(1) 대리인 문제의 해결

주인과 그로부터 의사결정권한을 위임받은 대리인 사이의 이해의 충돌로 인해 주인의 이익에 반하는 의사결정이 이루어지는 대리인 문제(agency problem)에 대해서는 1장과 8장에서 살펴보았다. 적은 지분을 갖고 있는 경영자는 주주의 이익이 아닌 경영자 자신의 이익을 위한 의사결정을 할 개연성이 크다. 그러나 다수의 주주들에게 소유가 광범위하게 분산된 기업에서 주주들은 경영자의 행동을 감시하기 위한 시간과 비용을 들이려 하지 않으며 기업경영에 무관심한 것이 현실이다. 만일 경영자가 특권적 소비를 일삼고 직무를 소홀히 하며 현실에 안주하여 기업가치가 크게 떨어지게 되면, 그 기업은 M&A의 좋은 표적이 된다. 기업가치가 크게 하락한 기업의 주주들은, 적극적으로 경영자를 감시함으로써 경영자 행동을 바로잡을 의사가 없거나 또는 그렇게 하는 것이 어렵다면, 다른 기업의 M&A 제의를 승인함으로써 현재의 경영자를 축출할 수 있다. 즉, M&A를 통해 대리인 문제를 해결하게 된다.

활발한 M&A시장은 대리인 문제를 방지할 수 있는 매우 중요한 역할을 수행한다. M&A시장에서 경영자의 잘못으로 인해 빈약한 성과를 보이는 기업은 기업가치가 하락하여 매력적인 M&A의 대상이 되며, M&A된 기업의 경영자는 그 직위를 잃게 될 것이 거의 확실하다. 따라서 M&A시장은 경영자로 하여금 보다 큰 성과를 실현하여 기업가치를 높이도록 강제하게 한다.

(2) 경영자주의

경영자주의(managerialism)란 오늘날의 대기업이 주주가 아닌 전문경영자에 의해 지배되고 있다는 주장으로, 이는 기업의 중요한 의사결정이 경영자의 이해관계에 따라 좌우된다는 것을 의미한다.[8] 이와 같은 경영자주의 역시 M&A의 동기가 된다.

일반적으로 기업의 규모가 클수록 경영자에게 지급되는 보수도 커진다. 또한 기업의 규모가 클수록 경영자의 위신은 높아지고 권한도 증가한다. 따라서 경영자들은 필요 이상의 비용을 치르고서라도 기업의 규모를 키우고자 하는 유인을 갖게 된다. 즉, 경영자들은 자신들의 이익을 위해 불필요한 M&A를 시도하려는 동기를 갖는다는 것이다. 이는 대리인 문제를 해결하는 수단으로 M&A가 이루어진다는 앞의 경우와는 다르게, M&A가 오히려 새로운 대리인 문제를 야기하는 요인이 된다는 것을 말한다.

(3) 경영자 자만

휴브리스(hubris)란 과거의 성공경험을 과신하여 자신의 능력 또는 자신이 사용하였던 방법에 집착함으로써 실패하게 되는 사람들의 자만을 뜻한다. 경영자의 자만으로 인해 M&A가 일어날 수 있으며, 이를 휴브리스 동기라고 한다.

경제적 이득을 얻지 못하는 경우가 많음에도 불구하고 M&A가 활발하게 이루

---

8) 조 담, 「현대재무관리」, 무역경영사, 2006, 455쪽.

어지는 이유를 이러한 동기에서 찾을 수 있다. 즉, 경영자가 자신의 경영능력과 판단에 대한 자만과 자기과신으로 M&A의 결과에 대해 지나치게 낙관적인 전망을 함으로써 과도한 대가를 지불하면서까지 M&A를 시도한다는 것이다. M&A가 실패로 이어지는 경우가 많다는 것을 경영자도 알지만, 자기만은 그러한 실수를 저지르지 않을 것이라고 자신하기 때문이다. 경영자 자만으로 인한 M&A 역시 결과적으로 주주들의 부를 감소시키지만, 선의에 의해 M&A가 시도되었다는 점에서 2.2.3의 대리인 문제에서 기술하고는 있으나 대리인 문제와는 다르다.

2.3 M&A의 평가

일반적으로 기업의 M&A는 공개매수 또는 협상에 의해 성사된다. 공개매수는 대상기업의 의사에 반하여 경영권을 장악하려는 적대적 기업인수(hostile takeover)이며, 협상은 해당기업이 서로 기업인수의 필요성을 인식하고 있기 때문에 이루어진다는 점에서 우호적 기업인수(friendly takeover)라고 할 수 있다. M&A에 대한 해당기업의 경영자 또는 대주주 사이의 협상에 있어서 가장 핵심적인 사항은 기업을 인수하면서 지급하여야 할 대가, 즉 인수가격과 그 지급방법이다. 인수가격은 대상기업의 가치에 인수에 따른 프리미엄을 더하여 결정된다. M&A로 인한 시너지가 아무리 커도 프리미엄을 과도하게 지급하게 되면 M&A는 오히려 기업가치를 떨어뜨리게 된다. 따라서 적정한 프리미엄을 결정하는 것이 더할 수 없이 중요하다.

1991년 통신회사인 AT&T는 컴퓨터제조회사인 NCR을 시장가치의 두 배가 넘는 75억달러에 합병하고 28억달러를 더 투입하였으나 합병의 효과를 얻지 못한 채 엄청난 손실을 보았으며 결국 1996년 NCR을 분리한 후 컴퓨터사업에서 철수하게 된다. 또한 2006년 금호아시아나그룹은 적정 인수가격이 3조원 내외로 평가되었던 대우건설(주)을 6조 4천억원이라는 높은 가격에 인수한 후 인수자금의 조달에 어려움을 겪으면서 인수한 대우건설(주)을 다시 매각하였으며, 이는 그룹의 재무구조를 악화시켜 그룹 지주회사인 금호산업(주)을 기업 재무구조 개선작업인 워크아웃에 들어가게 하는 결과를 초래하였다.

M&A는 대규모의 투자결정이며, 따라서 그 가치는 NPV에 의해서 평가할 수 있다. 합병회사 A가 피합병회사 B를 합병할 때의 시너지와 프리미엄은 다음과 같이 나타낼 수 있으며, NPV는 시너지에서 프리미엄을 차감한 식 (12-2)와 같다.

$$\text{시너지} = V_{AB} - (V_A + V_B)$$
$$\text{프리미엄} = \text{기업 } B\text{의 인수가격} - V_B$$

$$\text{NPV} = \text{시너지} - \text{프리미엄} \qquad (12\text{-}2)$$

M&A의 NPV는 $(V_{AB} - \text{기업 } B\text{의 인수가격}) - V_A$로 나타나며, 이는 합병 후 기업 A의 가치에서 합병 전 기업 A의 가치를 차감한 것과 동일하다. M&A가 경제적 가치를 갖기 위해서는 NPV가 0보다 커야만 하며, 다르게 말하면 M&A에 따른 프리미엄이 시너지보다 작아야만 한다.

한편, 인수가격의 지급방법으로는 현금지급과 주식교환이 사용된다. 현금지급 방법은 피합병회사의 모든 자산과 부채를 인수하고 그 대가로 현금을 지급하는 것으로, 피합병회사의 순자산을 현금으로 매입하는 셈이다. 주식교환방법은 합병회사가 신주를 발행하여 피합병회사의 주식과 교환하여 주는 것으로, 피합병회사의 주주는 합병이 이루어진 후의 합병회사의 주주가 된다. 현금지급과 주식교환 중 어떤 방법이 더 유리한가? 이 문제에 대한 해답은, 가능한 한 큰 NPV를 얻을 수 있도록 인수가격의 지급방법이 결정되어야 한다는 것이다.

2.3.1 현금지급에 의한 M&A

예컨대, 무부채기업인 A와 B의 기업가치는 각각 400억원과 100억원이다. 만일 기업 A가 기업 B를 인수할 경우 120억원의 시너지가 발생한다면 합병 후의 기업가치 V_{AB}는 620억원이 된다. 기업 B의 이사회가 현금 150억원을 받으면 기업 B를 매각하겠다는 제안을 할 경우 기업 A는 이 제안을 받아들여야 하는가?

기업 A가 기업 B를 인수하였을 때 얻는 NPV는 다음과 같다.

$$\begin{aligned}\text{NPV} &= \text{시너지} - \text{프리미엄}\\ &= [V_{AB} - (V_A + V_B)] - [\text{기업 B의 인수가격} - V_B]\\ &= [620 - (400 + 100)] - [150 - 100]\\ &= 120 - 50\\ &= 70(\text{억원})\end{aligned}$$

NPV가 0보다 크므로 기업 A는 기업 B의 제안을 받아들여 기업 B를 인수하여야 한다. [표 12-1]에서 볼 수 있듯이 기업 A의 발행주식수가 100만주라면 기업 A의 합병 전의 주가는 40,000원이지만 합병 후의 주가는 47,000원으로 올라가게 된다.

표 12-1
현금지급에 의한 M&A의 평가

	합병 전		합병 후 기업 A(현금지급)
	기업 A	기업 B	
시장가치	400억	100억	470억
주식수	100만	50만	100만
주가	40,000	20,000	47,000

2.3.2 주식교환에 의한 M&A

현금지급이 아닌 주식교환에 의해 기업인수가 이루어지면 어떻게 될까? [표 12-2]에서 보듯이 기업 A가 기업 B를 합병하면서 신주 25만주를 발행하여 기업 B의 주식 50만주와 교환하여 준다고 하자. 이 경우 기업 A와 기업 B의 주식교환비율(stock exchange ratio)은 0.5 : 1이다. 합병 후 기업 A의 발행주식수는 125만주가 되며, 기업 B 주주들의 합병 후 기업 A에 대한 지분은 20%(= 25만주/125만주)가 된다. 따라서 기업 B 주주들의 지분가치는 124억원(= 620억원×20%)이며, 이는 기업 B의 인수가격이 124억원인 셈이다. 기업 B의 인수가격이 124억원이면 기업 A가 얻는 합병의 NPV는 다음과 같다.

$$NPV = \text{시너지} - \text{프리미엄} = 120 - 24 = 96(\text{억원})$$

주식교환비율이 0.5 : 1인 경우 현금지급보다 더 큰 NPV를 얻을 수 있다는 것을 알 수 있다. 따라서 기업 A는 주식교환에 의해 기업 B를 합병하는 것이 더 유리하다. 주식교환에 의한 합병 후 기업 A의 주가가 49,600원으로 현금지급에 의한 합병 후 기업 A의 주가 47,000원보다 높다는 것을 확인하라. 이는 주식교환에 의한 방법이 현금지급보다 인수비용을 줄이기 때문이다.

표 12-2
주식교환에 의한 M&A의 평가

	합병 전		합병 후 기업 A(주식교환)		
	기업 A	기업 B	(0.5 : 1)	(0.6382 : 1)	(0.7 : 1)
시장가치	400억	100억	620억	620억	620억
주식수	100만	50만	125만	131.91만	135만
주가	40,000	20,000	49,600	47,000	45,926

만일 기업 A가 기업 B를 합병하면서 신주 35만주를 발행하여 기업 B의 주식 50만주와 교환하여 준다면, 즉 기업 A와 기업 B의 주식교환비율이 0.7 : 1이라면 어떻게 달라지는가? 합병 후 기업 A의 발행주식수는 135만주가 되며, 기업 B의 주주들의 합병 후 기업 A에 대한 지분은 25.93%(= 35만주/135만주)가 된다. 따라서 기업 B의 주주들의 지분가치는 161억원(= 620억원×25.93%)이다. 이 경우 기업 A가 얻는 합병의 NPV는 다음과 같다.

$$NPV = \text{시너지} - \text{프리미엄} = 120 - 61 = 59(\text{억원})$$

주식교환비율이 0.7 : 1이라면 현금지급보다 오히려 NPV는 감소한다. 따라서 기업 A는 주식교환보다 현금지급에 의해 기업 B를 합병하는 것이 더 유리하다.

한편, 기업 B를 현금 150억원으로 인수하는 2.3.1과 동일한 결과를 가져오기 위해서는 주식교환비율이 얼마가 되어야 하는가? 기업 B의 주주들의 합병 후 기업 A에 대한 지분을 α라 하면, 그들의 지분가치는 다음과 같다.

$$\text{기업 B 주주들의 합병후 기업 A의 지분가치} = \alpha \times 620\,\text{억원}$$

지분가치가 기업 B의 현금인수가격 150억원과 같으려면 α는 24.19%(= 150억원/620억원)가 되어야 한다. 따라서 기업 B의 주주들의 주식과 교환하기 위한 신주의 발행수는 다음 식으로부터 구할 수 있다.

$$0.2419 = \frac{\text{신주발행수}}{100\text{만} + \text{신주발행수}}$$

신주발행수는 31.91만주이며, 이를 기업 B의 주식 50만주와 교환하여 주므로 주식교환비율은 0.6382 : 1이 된다. 이때 합병 후 기업 A의 주가 47,000원은 현금지급에 의한 합병 후의 주가와 동일하다는 것을 확인하라.

2.3.3 주식교환비율의 결정

주식교환비율(stock exchange ratio), 즉 합병비율(ratio of merger)은 어떻게 결정되는가? 앞에서 살펴본 것처럼 주식교환비율이 높을수록 합병기업 A의 주주들은 손해를 보고 피합병기업 B의 주주들은 이익을 얻게 된다. 반대로, 주식교환비율이 낮을수록 합병기업 A의 주주들이 이익을 얻고 피합병기업 B의 주주들에게는 손실을 가져다준다. 따라서 두 기업의 주주들 모두가 만족할 수 있게 교환비율이 결정되어야 하며, 이는 합병으로 인해 두 기업의 주주들의 부가 감소하지 않아야 한다는 것을 의미한다.

주식교환비율의 구체적인 값은 규정된 법령에 따라 산정된 합병가액에 기초하여 결정되며, 이 과정에서 해당기업의 협상력 또한 영향을 미친다.[9] 상장기업 사이의 합병에 있어서 합병가액은 합병을 위한 이사회 결의일과 합병계약을 체결한 날 중 앞서는 날의 전일을 기산일로 하여 식 (12-3)과 같이 산정된다.[10]

$$\text{합병가액} = \frac{\text{최근 1개월 평균종가} + \text{최근 1주일 평균종가} + \text{최근일 종가}}{3} \times (1 \pm x) \qquad (12\text{-}3)$$

여기서, $0\% \leq x \leq 30\%$

$0\% \leq x \leq 10\%$(계열회사인 경우)

주식교환비율은 해당기업의 산정된 합병가액에 기초하여 식 (12-4)와 같이 결정된다.

$$\text{주식교환비율} = \frac{\text{피합병기업의 합병가액}}{\text{합병기업의 합병가액}} \qquad (12\text{-}4)$$

9) 2015년 제일모직(주)은 삼성물산(주)을 합병하였으며 주식교환비율은 0.35 : 1로 결정되었다. 이는 삼성물산(주) 주식 1주에 대해 제일모직(주) 주식 0.35주를 교환하여 준다는 것이다. 합병회사가 제일모직(주)이지만 합병 후 사명은 삼성물산(주)을 사용하기로 하였다.

10) 자본시장과 금융투자업에 관한 법률 시행령 제176조의 5

2.3.4 인수가격 지급방법의 결정에 있어서 고려해야 할 요인

인수가격의 지급방법으로 현금지급과 주식교환 중 어떤 것을 선택할 것인가를 결정하기 위해서는 다음과 같은 현실적인 요인들을 고려하여야 한다.

첫째, 인수기업의 주가가 과대평가되어 있다면 현금지급보다 주식교환에 의한 방법이 인수비용을 줄이므로 더 유리하다. 그러나 시장이 알지 못하는 기업 A에 대한 정보를 갖고 있는 인수기업 A의 경영자가 기업 A의 주가가 과대평가되어 있다는 것을 알고 주식교환에 의한 인수를 제안하면 대상기업 B의 경영자 역시 이를 알아채고 더 유리한 조건을 요구할 것이다.

둘째, 주식교환에 의한 기업인수는 합병 후 발생할 수 있는 추가적인 이득을 인수기업과 대상기업의 주주들이 함께 나누게 된다. 따라서 합병으로 추가적인 이득이 예상될 경우 현금지급에 의한 기업인수가 더 유리하다. 물론 이 경우 합병이 성공적이지 못하게 되면 그 손실은 모두 인수기업의 주주들이 부담하여야만 한다.

셋째, 현금지급과는 다르게 주식교환에 의한 기업인수는 인수기업 주주들의 지분율을 희석시키므로 그들의 기업지배력이 약화될 수 있다. 또한 주식교환에 의한 기업인수는 주식수의 증가를 가져와 배당 압력을 높이게 된다.

2.4 M&A의 방어전략

대상기업 경영자 또는 대주주의 의사에 반하여 경영권을 장악하려는 공개매수, 즉 적대적 기업인수가 시도될 경우 대상기업의 경영자 또는 대주주는 저항할 것이다. 이러한 저항은 기업인수에 반대하는 경영자의 의사를 언론을 통해 공표하거나 주주들에게 편지를 보내는 것으로 시작된다. 때로는 기업인수를 저지하려는 대상기업 경영자 또는 대주주의 노력이 인수프리미엄을 높임으로써 대상기업의 주주들에게 이익을 가져다줄 수도 있다.[11] 그러나 흔히 대상기업의 경영자와 대주주는 일반 주주들의 이익과 무관하게 자신의 직위와 경영권을 잃지 않기 위해

---

11) 승자의 저주(winner's curse)는 승자에게 내려진 저주라는 뜻으로, M&A 또는 법원 경매 등의 공개입찰 때 치열한 경쟁에서 승리하였지만 승리를 위하여 지나치게 많은 비용을 지불함으로써 위험에 빠지거나 큰 후유증을 겪는 상황을 가리키는 말이다. 공개매수에 성공하기 위해 과도한 웃돈을 붙여 주식을 매수할 경우 승자의 저주, 즉 승자의 재앙이 발생할 수 있다.

적대적 기업인수에 맞서 다양한 방어전략을 구사한다. 잘 알려진 방어전략은 다음과 같다.

2.4.1 사전적 방어전략

(1) 정관의 개정

회사정관(corporate charter)을 바꾸어 적대적 기업인수를 어렵게 할 수 있다. 상법은 주주총회에서 합병을 승인받기 위한 결의요건을 주주들의 의결권의 2/3 이상으로 규정하고 있지만, 이를 80% 이상으로 높임으로써 기업인수를 힘들게 하는 것이다. 이와 같이 바꾸는 것을 초다수결 개정(supermajority amendment)이라고 한다.

또한 이사진의 임기를 분산시켜 인수기업이 기존의 이사진을 한꺼번에 교체할 수 없게 정관을 개정할 수도 있다. 이는 인수기업이 기업인수 후 온전히 경영권을 행사하는 데 상당한 시일이 걸리도록 하기 때문에 인수기업의 인수의지를 약화시킬 수 있다. 그러나 기존 이사진이 인수기업에 협력할 수도 있으므로 이사진의 임기 분산이 반드시 효과적이지는 않다는 주장도 제기된다.

(2) 독약처방

독약처방(poison pill)은[12] 공개매수에 의한 적대적 기업인수가 시도될 때에만 행사할 수 있는 신주인수권을 주주들에게 부여하는 방법이다. 기존 주주들은 신주인수권을 행사함으로써 신주인수권의 형태에 따라 자기회사 또는 합병회사의 신주를 매우 낮은 가격으로 매입할 수 있다. 이는 기존 주주들의 지분율을 크게 증가시키므로 인수기업의 경영권 장악에 막대한 비용이 들게 하여 인수기업의 인수의지를 꺾게 된다. 적대적 기업인수에 대한 매우 강력한 방어전략이지만 기업의 경영권을 지나치게 보호하는 결과를 초래한다는 시각도 존재한다. 미국, 프랑스, 일본 등에서 인정되며 우리나라에서는 허용되지 않고 있다.

(3) 황금낙하산

황금낙하산(golden parachutes)은 대상기업이 인수되어 경영진이 교체될 경우 경영진에게 지급하는 거액의 퇴직보상금을 말하며, 이는 인수기업의 인수비용을 늘림으로써 적대적 기업인수에 대한 방어수단이 될 수 있다. 그러나 일반적으

---

12) 독소조항이라고도 한다.

로 이러한 퇴직보상금은 기업 인수비용에 비하면 아주 작기 때문에 기업인수의 저지효과는 크지 않을 것이다. 황금낙하산이 오히려 경영진의 저항을 줄여 적대적 기업인수의 가능성을 증가시킨다는 주장도 있다.

2.4.2 적대적 기업인수가 실행된 후의 방어전략

(1) 정지협약과 그린메일

정지협약(standstill agreement)은 잠재적인 인수기업이 대상기업의 지분을 일정비율 이상 취득하지 않겠다고 대상기업과 맺는 협약이다. 잠재적인 인수기업의 보유지분이 대상기업의 경영권을 위협할 수 있다고 판단될 때 잠재적인 인수기업에게 수수료를 지급하고 체결된다. 일반적으로 정지협약이 체결되면서 적대적 기업인수는 끝이 난다. 그린메일(greenmail)은 잠재적인 인수기업의 보유지분을 프리미엄을 지급하고 사들이는 것을 말한다. 대부분 정지협약과 그린메일은 동시에 체결된다.

(2) 백기사와 백지주

대상기업이 적대적 기업인수에서 벗어나기 위해 우호적인 제3의 기업에게 기업인수를 제의할 수 있다. 이때 우호적인 제3의 기업을 백기사(white knight)라고 한다. 백기사는 더 높은 인수프리미엄을 지급할 수도 있고, 경영자를 해고하지 않거나 종업원을 줄이지 않는다는 약속을 할 수도 있다. 한편 백지주(white squire)라고 불리는, 경영권에는 관심이 없는 제3자에게 유리한 가격으로 신주를 발행하여 넘겨주고 우호지분을 확보할 수도 있다.

(3) 자본구조재구성과 자사주매입

대상기업은 대규모의 채권을 발행하여 조달한 자금으로 배당을 지급할 수 있다. 이에 따른 자본구조재구성(recapitalization)은 대상기업의 부채비율을 높여 차입능력을 감소시킴으로써 인수가치를 떨어뜨린다. 또한 대상기업은 보유하고 있는 현금을 사용하여 자사주매입(stock repurchase)을 할 수도 있다. 이는 현금을 줄임으로써 대상기업의 매력을 감소시킨다. 뿐만 아니라 자사주의 경우 의결권이 인정되지 않으므로 자사주매입은 발행주식수를 줄여 대주주의 의결권을 확대하는 효과가 있으며, 매입한 자사주를 우호적인 기업의 자사주와 서로 교환함으로써 우호적 지분을 확보할 수도 있다.

(4) 왕관의 보석

인수기업은 대상기업의 특정 사업부문 때문에 기업인수를 시도할 수 있다. 대상기업은 인수기업의 관심을 끄는, 왕관의 보석(crown jewel)에 비유될 만큼 핵심적인 사업부문을 매각하거나 분리함으로써 인수기업의 인수의지를 꺾을 수 있다. 이를 초토화전략(scorched earth strategy)이라고 한다.

2.5 M&A의 성과

M&A의 동기로서 시너지, 기업가치의 저평가, 대리인 문제 등을 들었다. 그렇다면 실제로 M&A는 가치를 창출하여 주주들의 부를 증가시키는가? 이는 실증적 증거로 확인할 수밖에 없는 문제이다. M&A가 인수기업과 대상기업의 주가에 미치는 영향을 살펴봄으로써 M&A의 성과를 평가하는 많은 실증적 연구가 이어져 왔다. 이러한 연구는 대부분 인수기업과 대상기업의 주가가 시장에 M&A를 공표한 시점 전후로 어떻게 변하였는지를 측정하는 방법을 사용하고 있다.[13)]

실증적 연구들은 M&A에 의해 결합된 기업 전체 주주들의 부가 대체로 증가한다는 결과를 나타낸다. 특히 대상기업 주주들의 부가 증가한다는 것에는 거의 일치된 결과를 보여준다. 그러나 인수기업 주주들의 부는 증가하거나 감소한다고 쉽게 결론 내릴 수 없게 한다. 대상기업과는 다르게 오히려 인수기업 주주들의 부가 증가하지 않는 이유는 무엇일까? 그 이유로는 다음을 생각할 수 있다.[14)]

첫째, M&A에 따른 이득이 기대에 미치지 못하면 주주들은 손실을 입게 된다. 이는 인수기업의 경영자가 M&A에 따른 이득을 과대평가하였을 때 발생하게 된다.

둘째, 일반적으로 인수기업은 대상기업보다 규모가 훨씬 크며, 따라서 인수기업의 이득이 대상기업의 이득과 크기가 비슷하여도 그 수익률은 낮을 수밖에 없다.

셋째, 주주들의 이익을 위한 M&A가 아닐 수 있기 때문이다. 인수기업의 경영자는 비록 주당가치가 떨어지더라도 기업규모를 증대시키기 위해 M&A를 실행할 수 있다.

넷째, M&A시장의 경쟁이 아주 치열하면 치솟은 인수가격이 인수가치를 완전

13) 사건연구(event study)라고 한다.

14) Ross, S., R. Westerfield, B. Jordon, J. Lim, and R. Tan, *Fundamentals of Corporate Finance*, 9th ed., McGraw-Hill, 2012, p. 911.

히 반영하기 때문에 M&A의 NPV는 0이 된다. 즉, 대상기업이 모든 이득을 차지한다.

다섯째, 기업은 M&A를 공시하기 전부터 M&A에 대한 의사를 시장에 흘리기도 한다. 이러한 경우 M&A 공시시점에서 인수기업의 주가는 M&A에 의해 기대되는 이익을 이미 반영하고 있을 수 있으며, 따라서 공시시점 이후 주가의 변화는 나타나지 않게 된다.

2.6 M&A의 현황

M&A는 기업의 경쟁력을 높일 수 있는 주요한 경영전략이지만, 독과점 심화로 이어져 소비자의 후생을 저해하는 부정적인 결과를 초래할 수 있다. 따라서 우리나라에서는 공정거래위원회가 일정한 거래분야에서 실질적으로 경쟁을 제한하는 M&A를 금지하고 있다.[15] M&A는 경제력 집중을 가져올 우려가 있을 뿐만 아니라 M&A의 대상이 될 수 있는 기업으로 하여금 경영권을 지키는 일에 치중하게 하여 장기적인 기업가치를 높이는 데 힘을 쏟지 못하게 할 수도 있다.

그러나 시너지와 새로운 경영자에 의한 효율적인 경영 등으로 기업가치를 증대시킬 수 있다는 점에서 M&A의 중요성은 새삼 말할 필요가 없을 것이다. 특히 적대적 M&A의 표적이 되는 것을 원하지 않는 대다수의 경영자들로 하여금 보다 높은 성과를 실현하도록 노력하게 함으로써 대리인 문제를 상당 부분 해결할 수 있다는 측면에서 M&A시장의 활성화는 특별한 의의를 갖는다.

과거 우리나라의 경우 정부의 규제, 그리고 경영권 이전에 대해 부정적인 기업문화의 영향으로 M&A가 활발하게 일어나기 어려운 실정이었다. 지난날에 추진되었던 우리나라 M&A의 특성을 요약하면 다음과 같다.[16] (1) 정부의 산업정책에 따라 이루어지거나 계열기업들 사이의 구조조정 과정에서 이루어졌다. (2) 대부분 정부와 금융기관 주도하에 타율적으로 추진되었다. (3) 부실기업을 정리하거나 재무구조를 개선하기 위한 M&A가 큰 비중을 차지하였다. (4) 인수경쟁이 심하지 않았으므로 M&A의 이득을 대상기업보다 인수기업이 얻는 구매자시장의

---

15) 독점규제 및 공정거래에 관한 법률 7조 1항의 규정이며, M&A 심사의 방법과 기준은 「기업결합 심사기준」에 제시되어 있다.

16) 다음 문헌 참고
선우석호, 「M&A : 기업합병 · 매수와 구조재편」, 율곡출판사, 2010, 67-68쪽. 장영광, 「경영분석」, 무역경영사, 2014, 596쪽.

형태를 갖고 있었다.

1970년대에 있어서 M&A는 찾아보기 어려우며, 1981년부터 외환위기가 발생한 1997년까지 16년간 공정거래위원회에 신고된 M&A 건수는 계열기업간 1,545건(41.1%)과 비계열기업간 2,215건(58.9%)으로 모두 3,760건이었다. 이 가운데 대규모 기업집단에 의한 M&A는 1,500건(39.9%)이다.[17] 1997년 외환위기 이후 진행된 시장개방 확대, 경제운용의 자율화 확대, 부실기업에 대한 구조조정, M&A 관련 법률의 개정에 따른 경영권 보호조치의 완화[18] 등 일련의 환경변화 속에서 M&A는 점차 늘어나고 있는 추세이다.

[표 12-3]과 [그림 12-3]은 2009년부터 2013년까지 우리나라의 M&A 현황이다. 공정거래위원회에 신고된 5년간의 연평균 M&A 건수는 계열기업간 158건(29.4%), 비계열기업간 380건(70.6%)으로 모두 538건이었다.[19] 이 가운데 대규모 기업집단에 의한 M&A는 172건(32.0%)이다. 그리고 이 기간 동안의 M&A 금액은 연평균 162.5조원이었다.

표 12-3
우리나라의 M&A 현황

연도	2009년	2010년	2011년	2012년	2013년
총계	413	499	543	651	585
계열기업	129	139	121	227	176
비계열기업	284	360	422	424	409
대규모 기업집단	146	202	169	197	144
금액	150.3조	215.4조	140.2조	150.5조	156.2조

자료 : 공정거래위원회, 「공정거래백서」, 2010-2014.

17) 공정거래위원회, 「공정거래백서」, 2002.
18) 1997년 상장주식 대량소유제한제도가 폐지되고 1998년 외국인의 국내주식 소유한도가 50% 이상으로 대폭 확대되었다.
19) 독점규제 및 공정거래에 관한 법률은 자산총액 또는 매출액의 규모가 2,000억원 이상인 기업이 자산총액 또는 매출액의 규모가 200억원 이상인 기업과 M&A를 할 경우 공정거래위원회에 신고하도록 하고 있다.

그림 12-3
우리나라의 M&A 현황

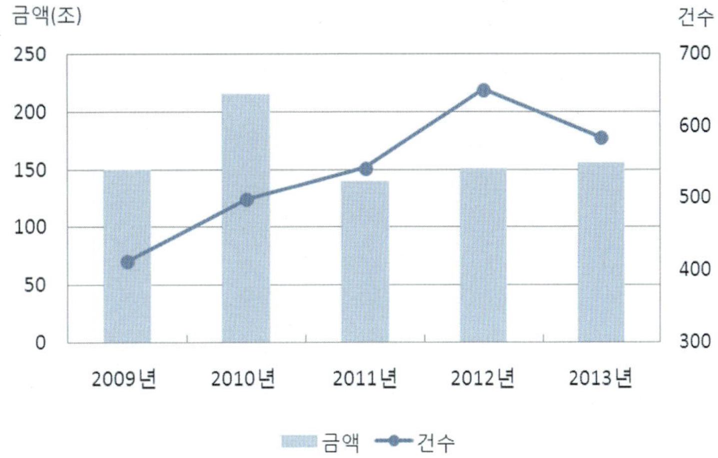

정리하는 문제

1. 구조조정의 유형으로는 어떤 것이 있는가?

2. 기업분할이란 무엇인가?

3. M&A의 의의를 설명하시오.

4. 기업인수의 유형을 설명하시오.

5. LBO와 MBO란 무엇인가?

6. M&A의 동기에 대해 설명하시오.

7. 시너지의 원천에 대해 설명하시오.

8. 기업가치가 저평가되는 이유는 무엇일까?

9. 활성화된 M&A시장이 대리인 문제를 해결하는 역할을 수행한다는 주장은 타당한가?

10. 경영자주의와 경영자 자만에 의한 M&A를 설명하시오.

11. 인수가격의 지급방법으로 현금지급과 주식교환 중 하나를 선택할 때 고려하여야 할 현실적 요인은 무엇인가?

12. 적대적 기업인수란 무엇이며 어떻게 이루어지는가?

13. M&A의 방어전략으로는 어떤 것이 있는가?

14. 과도한 인수가격의 지불로 승자의 저주가 발생한 사례를 국내외에서 조사해 보시오.

15. 인수기업 주주들의 부가 증가하지 않는다는 연구결과들이 보고되고 있다. 그 이유는 무엇일까?

16. 최근 M&A가 이루어진 사례를 찾아보고 그 동기가 무엇인지 생각해 보시오.

17. 가나(주)는 다라(주)의 인수를 검토하고 있다. 인수에 따른 시너지는 10억원으로 기대되며 인수가격으로 25억원을 지급하여야 한다. 현재 가나(주)의 주가는 5만원, 주식수는 10만주이고 다라(주)의 주가는 3만원, 주식수는 6만주이며, 두 기업은 모두 무부채기업이다. 다라(주)를 인수할 경우 가나(주)의 가치는 얼마가 되는가?

18. 마바(주)는 사아(주)를 주식교환에 의해 합병하려고 한다. 주주들의 의사결정은 주당순이익에 근거하여 이루어진다.

	마바(주)	사아(주)
순이익	40억원	10억원
주식수	10만주	5만주

시너지로 인해 합병 후 순이익이 합병 전 두 기업의 순이익의 합보다 8억원이 증가할 것으로 예상된다. 마바(주)의 주주 입장에서 주식의 최대교환비율은 얼마인가?

19. 자차(주)는 카타(주)를 합병할 계획을 세우고 있다. 합병으로 얻을 수 있는 시너지의 가치는 5억원으로 기대되며 두 기업은 모두 무부채기업이다.

	자차(주)	카타(주)
주가	40,000원	20,000원
주식수	10만주	6만주

(1) 카타(주)의 주식을 주당 25,000원에 매입한다면 합병의 NPV는 얼마인가?
(2) (1)의 경우 자차(주)의 주가는 얼마가 되는가?
(3) 주식교환비율이 0.5 : 1이라면 합병의 NPV는 얼마인가?
(4) (3)의 경우 자차(주)의 주가는 얼마가 되는가?

부 록

[부표 1] 미래가치계수표

$$FVF(r,\ n) = (1+r)^n$$

기간	이자율									
	1%	2%	3%	4%	5%	6%	7%	8%	9%	10%
1	1.0100	1.0200	1.0300	1.0400	1.0500	1.0600	1.0700	1.0800	1.0900	1.1000
2	1.0201	1.0404	1.0609	1.0816	1.1025	1.1236	1.1449	1.1664	1.1881	1.2100
3	1.0303	1.0612	1.0927	1.1249	1.1576	1.1910	1.2250	1.2597	1.2950	1.3310
4	1.0406	1.0824	1.1255	1.1699	1.2155	1.2625	1.3108	1.3605	1.4116	1.4641
5	1.0510	1.1041	1.1593	1.2167	1.2763	1.3382	1.4026	1.4693	1.5386	1.6105
6	1.0615	1.1262	1.1941	1.2653	1.3401	1.4185	1.5007	1.5869	1.6771	1.7716
7	1.0721	1.1487	1.2299	1.3159	1.4071	1.5036	1.6058	1.7138	1.8280	1.9487
8	1.0829	1.1717	1.2668	1.3686	1.4775	1.5938	1.7182	1.8509	1.9926	2.1436
9	1.0937	1.1951	1.3048	1.4233	1.5513	1.6895	1.8385	1.9990	2.1719	2.3579
10	1.1046	1.2190	1.3439	1.4802	1.6289	1.7908	1.9672	2.1589	2.3674	2.5937
11	1.1157	1.2434	1.3842	1.5395	1.7103	1.8983	2.1049	2.3316	2.5804	2.8531
12	1.1268	1.2682	1.4258	1.6010	1.7959	2.0122	2.2522	2.5182	2.8127	3.1384
13	1.1381	1.2936	1.4685	1.6651	1.8856	2.1329	2.4098	2.7196	3.0658	3.4523
14	1.1495	1.3195	1.5126	1.7317	1.9799	2.2609	2.5785	2.9372	3.3417	3.7975
15	1.1610	1.3459	1.5580	1.8009	2.0789	2.3966	2.7590	3.1722	3.6425	4.1772
16	1.1726	1.3728	1.6047	1.8730	2.1829	2.5404	2.9522	3.4259	3.9703	4.5950
17	1.1843	1.4002	1.6528	1.9479	2.2920	2.6928	3.1588	3.7000	4.3276	5.0545
18	1.1961	1.4282	1.7024	2.0258	2.4066	2.8543	3.3799	3.9960	4.7171	5.5599
19	1.2081	1.4568	1.7535	2.1068	2.5270	3.0256	3.6165	4.3157	5.1417	6.1159
20	1.2202	1.4859	1.8061	2.1911	2.6533	3.2071	3.8697	4.6610	5.6044	6.7275
21	1.2324	1.5157	1.8603	2.2788	2.7860	3.3996	4.1406	5.0338	6.1088	7.4002
22	1.2447	1.5460	1.9161	2.3699	2.9253	3.6035	4.4304	5.4365	6.6586	8.1403
23	1.2572	1.5769	1.9736	2.4647	3.0715	3.8197	4.7405	5.8715	7.2579	8.9543
24	1.2697	1.6084	2.0328	2.5633	3.2251	4.0489	5.0724	6.3412	7.9111	9.8497
25	1.2824	1.6406	2.0938	2.6658	3.3864	4.2919	5.4274	6.8485	8.6231	10.835
30	1.3478	1.8114	2.4273	3.2434	4.3219	5.7435	7.6123	10.063	13.268	17.449
40	1.4889	2.2080	3.2620	4.8010	7.0400	10.286	14.974	21.725	31.409	45.259
50	1.6446	2.6916	4.3839	7.1067	11.467	18.420	29.457	46.902	74.358	117.39
60	1.8167	3.2810	5.8916	10.520	18.679	32.988	57.946	101.26	176.03	304.48

기간	이자율									
	12%	14%	15%	16%	18%	20%	24%	28%	32%	36%
1	1.1200	1.1400	1.1500	1.1600	1.1800	1.2000	1.2400	1.2800	1.3200	1.3600
2	1.2544	1.2996	1.3225	1.3456	1.3924	1.4400	1.5376	1.6384	1.7424	1.8496
3	1.4049	1.4815	1.5209	1.5609	1.6430	1.7280	1.9066	2.0972	2.3000	2.5155
4	1.5735	1.6890	1.7490	1.8106	1.9388	2.0736	2.3642	2.6844	3.0360	3.4210
5	1.7623	1.9254	2.0114	2.1003	2.2878	2.4883	2.9316	3.4360	4.0075	4.6526
6	1.9738	2.1950	2.3131	2.4364	2.6996	2.9860	3.6352	4.3980	5.2899	6.3275
7	2.2107	2.5023	2.6600	2.8262	3.1855	3.5832	4.5077	5.6295	6.9826	8.6054
8	2.4760	2.8526	3.0590	3.2784	3.7589	4.2998	5.5895	7.2058	9.2170	11.703
9	2.7731	3.2519	3.5179	3.8030	4.4355	5.1598	6.9310	9.2234	12.166	15.917
10	3.1058	3.7072	4.0456	4.4114	5.2338	6.1917	8.5944	11.806	16.060	21.647
11	3.4785	4.2262	4.6524	5.1173	6.1759	7.4301	10.657	15.112	21.199	29.439
12	3.8960	4.8179	5.3503	5.9360	7.2876	8.9161	13.215	19.343	27.983	40.037
13	4.3635	5.4924	6.1528	6.8858	8.5994	10.699	16.386	24.759	36.937	54.451
14	4.8871	6.2613	7.0757	7.9875	10.147	12.839	20.319	31.691	48.757	74.053
15	5.4736	7.1379	8.1371	9.2655	11.974	15.407	25.196	40.565	64.359	100.71
16	6.1304	8.1372	9.3576	10.748	14.129	18.488	31.243	51.923	84.954	136.97
17	6.8660	9.2765	10.761	12.468	16.672	22.186	38.741	66.461	112.14	186.28
18	7.6900	10.575	12.375	14.463	19.673	26.623	48.039	85.071	148.02	253.34
19	8.6128	12.056	14.232	16.777	23.214	31.948	59.568	108.89	195.39	344.54
20	9.6463	13.743	16.367	19.461	27.393	38.338	73.864	139.38	257.92	468.57
21	10.804	15.668	18.822	22.574	32.324	46.005	91.592	178.41	340.45	637.26
22	12.100	17.861	21.645	26.186	38.142	55.206	113.57	228.36	449.39	866.67
23	13.552	20.362	24.891	30.376	45.008	66.247	140.83	292.30	593.20	1178.7
24	15.179	23.212	28.625	35.236	53.109	79.497	174.63	374.14	783.02	1603.0
25	17.000	26.462	32.919	40.874	62.669	95.396	216.54	478.90	1033.6	2180.1
30	29.960	50.950	66.212	85.850	143.37	237.38	634.82	1645.5	4142.1	10143.
40	93.051	188.88	267.86	378.72	750.38	1469.8	5455.9	19427.	66521.	*
50	289.00	700.23	1083.7	1670.7	3927.4	9100.4	46890.	*	*	*
60	897.60	2595.9	4384.0	7370.2	20555.	56348.	*	*	*	*

[부표 2] 현재가치계수표

$$PVF(r, n) = \frac{1}{(1+r)^n}$$

기간	이자율									
	1%	2%	3%	4%	5%	6%	7%	8%	9%	10%
1	0.9901	0.9804	0.9709	0.9615	0.9524	0.9434	0.9346	0.9259	0.9174	0.9091
2	0.9803	0.9612	0.9426	0.9246	0.9070	0.8900	0.8734	0.8573	0.8417	0.8264
3	0.9706	0.9423	0.9151	0.8890	0.8638	0.8396	0.8163	0.7938	0.7722	0.7513
4	0.9610	0.9238	0.8885	0.8548	0.8227	0.7921	0.7629	0.7350	0.7084	0.6830
5	0.9515	0.9057	0.8626	0.8219	0.7835	0.7473	0.7130	0.6806	0.6499	0.6209
6	0.9420	0.8880	0.8375	0.7903	0.7462	0.7050	0.6663	0.6302	0.5963	0.5645
7	0.9327	0.8706	0.8131	0.7599	0.7107	0.6651	0.6227	0.5835	0.5470	0.5132
8	0.9235	0.8535	0.7894	0.7307	0.6768	0.6274	0.5820	0.5403	0.5019	0.4665
9	0.9143	0.8368	0.7664	0.7026	0.6446	0.5919	0.5439	0.5002	0.4604	0.4241
10	0.9053	0.8203	0.7441	0.6756	0.6139	0.5584	0.5083	0.4632	0.4224	0.3855
11	0.8963	0.8043	0.7224	0.6496	0.5847	0.5268	0.4751	0.4289	0.3875	0.3505
12	0.8874	0.7885	0.7014	0.6246	0.5568	0.4970	0.4440	0.3971	0.3555	0.3186
13	0.8787	0.7730	0.6810	0.6006	0.5303	0.4688	0.4150	0.3677	0.3262	0.2897
14	0.8700	0.7579	0.6611	0.5775	0.5051	0.4423	0.3878	0.3405	0.2992	0.2633
15	0.8613	0.7430	0.6419	0.5553	0.4810	0.4173	0.3624	0.3152	0.2745	0.2394
16	0.8528	0.7284	0.6232	0.5339	0.4581	0.3936	0.3387	0.2919	0.2519	0.2176
17	0.8444	0.7142	0.6050	0.5134	0.4363	0.3714	0.3166	0.2703	0.2311	0.1978
18	0.8360	0.7002	0.5874	0.4936	0.4155	0.3503	0.2959	0.2502	0.2120	0.1799
19	0.8277	0.6864	0.5703	0.4746	0.3957	0.3305	0.2765	0.2317	0.1945	0.1635
20	0.8195	0.6730	0.5537	0.4564	0.3769	0.3118	0.2584	0.2145	0.1784	0.1486
21	0.8114	0.6598	0.5375	0.4388	0.3589	0.2942	0.2415	0.1987	0.1637	0.1351
22	0.8034	0.6468	0.5219	0.4220	0.3418	0.2775	0.2257	0.1839	0.1502	0.1228
23	0.7954	0.6342	0.5067	0.4057	0.3256	0.2618	0.2109	0.1703	0.1378	0.1117
24	0.7876	0.6217	0.4919	0.3901	0.3101	0.2470	0.1971	0.1577	0.1264	0.1015
25	0.7798	0.6095	0.4776	0.3751	0.2953	0.2330	0.1842	0.1460	0.1160	0.0923
30	0.7419	0.5521	0.4120	0.3083	0.2314	0.1741	0.1314	0.0994	0.0754	0.0573
40	0.6717	0.4529	0.3066	0.2083	0.1420	0.0972	0.0668	0.0460	0.0318	0.0221
50	0.6080	0.3715	0.2281	0.1407	0.0872	0.0543	0.0339	0.0213	0.0134	0.0085

기간	이자율									
	12%	14%	15%	16%	18%	20%	24%	28%	32%	36%
1	0.8929	0.8772	0.8696	0.8621	0.8475	0.8333	0.8065	0.7813	0.7576	0.7353
2	0.7972	0.7695	0.7561	0.7432	0.7182	0.6944	0.6504	0.6104	0.5739	0.5407
3	0.7118	0.6750	0.6575	0.6407	0.6086	0.5787	0.5245	0.4768	0.4348	0.3975
4	0.6355	0.5921	0.5718	0.5523	0.5158	0.4823	0.4230	0.3725	0.3294	0.2923
5	0.5674	0.5194	0.4972	0.4761	0.4371	0.4019	0.3411	0.2910	0.2495	0.2149
6	0.5066	0.4556	0.4323	0.4104	0.3704	0.3349	0.2751	0.2274	0.1890	0.1580
7	0.4523	0.3996	0.3759	0.3538	0.3139	0.2791	0.2218	0.1776	0.1432	0.1162
8	0.4039	0.3506	0.3269	0.3050	0.2660	0.2326	0.1789	0.1388	0.1085	0.0854
9	0.3606	0.3075	0.2843	0.2630	0.2255	0.1938	0.1443	0.1084	0.0822	0.0628
10	0.3220	0.2697	0.2472	0.2267	0.1911	0.1615	0.1164	0.0847	0.0623	0.0462
11	0.2875	0.2366	0.2149	0.1954	0.1619	0.1346	0.0938	0.0662	0.0472	0.0340
12	0.2567	0.2076	0.1869	0.1685	0.1372	0.1122	0.0757	0.0517	0.0357	0.0250
13	0.2292	0.1821	0.1625	0.1452	0.1163	0.0935	0.0610	0.0404	0.0271	0.0184
14	0.2046	0.1597	0.1413	0.1252	0.0985	0.0779	0.0492	0.0316	0.0205	0.0135
15	0.1827	0.1401	0.1229	0.1079	0.0835	0.0649	0.0397	0.0247	0.0155	0.0099
16	0.1631	0.1229	0.1069	0.0930	0.0708	0.0541	0.0320	0.0193	0.0118	0.0073
17	0.1456	0.1078	0.0929	0.0802	0.0600	0.0451	0.0258	0.0150	0.0089	0.0054
18	0.1300	0.0946	0.0808	0.0691	0.0508	0.0376	0.0208	0.0118	0.0068	0.0039
19	0.1161	0.0829	0.0703	0.0596	0.0431	0.0313	0.0168	0.0092	0.0051	0.0029
20	0.1037	0.0728	0.0611	0.0514	0.0365	0.0261	0.0135	0.0072	0.0039	0.0021
21	0.0926	0.0638	0.0531	0.0443	0.0309	0.0217	0.0109	0.0056	0.0029	0.0016
22	0.0826	0.0560	0.0462	0.0382	0.0262	0.0181	0.0088	0.0044	0.0022	0.0012
23	0.0738	0.0491	0.0402	0.0329	0.0222	0.0151	0.0071	0.0034	0.0017	0.0008
24	0.0659	0.0431	0.0349	0.0284	0.0188	0.0126	0.0057	0.0027	0.0013	0.0006
25	0.0588	0.0378	0.0304	0.0245	0.0160	0.0105	0.0046	0.0021	0.0010	0.0005
30	0.0334	0.0196	0.0151	0.0116	0.0070	0.0042	0.0016	0.0006	0.0002	0.0001
40	0.0107	0.0053	0.0037	0.0026	0.0013	0.0007	0.0002	0.0001	*	*
50	0.0035	0.0014	0.0009	0.0006	0.0003	0.0001	*	*	*	*

[부표 3] 연금현재가치계수표

$$PVFA(r,\ n) = \frac{(1+r)^n - 1}{r\ (1+r)^n}$$

기간	이자율									
	1%	2%	3%	4%	5%	6%	7%	8%	9%	10%
1	0.9901	0.9804	0.9709	0.9615	0.9524	0.9434	0.9346	0.9259	0.9174	0.9091
2	1.9704	1.9416	1.9135	1.8861	1.8594	1.8334	1.8080	1.7833	1.7591	1.7355
3	2.9410	2.8839	2.8286	2.7751	2.7232	2.6730	2.6243	2.5771	2.5313	2.4869
4	3.9020	3.8077	3.7171	3.6299	3.5460	3.4651	3.3872	3.3121	3.2397	3.1699
5	4.8534	4.7135	4.5797	4.4518	4.3295	4.2124	4.1002	3.9927	3.8897	3.7908
6	5.7955	5.6014	5.4172	5.2421	5.0757	4.9173	4.7665	4.6229	4.4859	4.3553
7	6.7282	6.4720	6.2303	6.0021	5.7864	5.5824	5.3893	5.2064	5.0330	4.8684
8	7.6517	7.3255	7.0197	6.7327	6.4632	6.2098	5.9713	5.7466	5.5348	5.3349
9	8.5660	8.1622	7.7861	7.4353	7.1078	6.8017	6.5152	6.2469	5.9952	5.7590
10	9.4713	8.9826	8.5302	8.1109	7.7217	7.3601	7.0236	6.7101	6.4177	6.1446
11	10.3676	9.7868	9.2526	8.7605	8.3064	7.8869	7.4987	7.1390	6.8052	6.4951
12	11.2551	10.5753	9.9540	9.3851	8.8633	8.3838	7.9427	7.5361	7.1607	6.8137
13	12.1337	11.3484	10.6350	9.9856	9.3936	8.8527	8.3577	7.9038	7.4869	7.1034
14	13.0037	12.1062	11.2961	10.5631	9.8986	9.2950	8.7455	8.2442	7.7862	7.3667
15	13.8651	12.8493	11.9379	11.1184	10.3797	9.7122	9.1079	8.5595	8.0607	7.6061
16	14.7179	13.5777	12.5611	11.6523	10.8378	10.1059	9.4466	8.8514	8.3126	7.8237
17	15.5623	14.2919	13.1661	12.1657	11.2741	10.4773	9.7632	9.1216	8.5436	8.0216
18	16.3983	14.9920	13.7535	12.6593	11.6896	10.8276	10.0591	9.3719	8.7556	8.2014
19	17.2260	15.6785	14.3238	13.1339	12.0853	11.1581	10.3356	9.6036	8.9501	8.3649
20	18.0456	16.3514	14.8775	13.5903	12.4622	11.4699	10.5940	9.8181	9.1285	8.5136
21	18.8570	17.0112	15.4150	14.0292	12.8212	11.7641	10.8355	10.0168	9.2922	8.6487
22	19.6604	17.6580	15.9369	14.4511	13.1630	12.0416	11.0612	10.2007	9.4424	8.7715
23	20.4558	18.2922	16.4436	14.8568	13.4886	12.3034	11.2722	10.3741	9.5802	8.8832
24	21.2434	18.9139	16.9355	15.2470	13.7986	12.5504	11.4693	10.5288	9.7066	8.9847
25	22.0232	19.5235	17.4131	15.6221	14.0939	12.7834	11.6536	10.6748	9.8226	9.0770
30	25.8077	22.3965	19.6004	17.2920	15.3725	13.7648	12.4090	11.2578	10.2737	9.4269
40	32.8347	27.3555	23.1148	19.7928	17.1591	15.0463	13.3317	11.9246	10.7574	9.7791
50	39.1961	31.4236	25.7298	21.4822	18.2559	15.7619	13.8007	12.2335	10.9617	9.9148

기간	이자율									
	12%	14%	15%	16%	18%	20%	24%	28%	32%	36%
1	0.8929	0.8772	0.8696	0.8621	0.8475	0.8333	0.8065	0.7813	0.7576	0.7353
2	1.6901	1.6467	1.6257	1.6052	1.5656	1.5278	1.4568	1.3916	1.3315	1.2760
3	2.4018	2.3216	2.2832	2.2459	2.1743	2.1065	1.9813	1.8684	1.7663	1.6735
4	3.0373	2.9137	2.8550	2.7982	2.6901	2.5887	2.4043	2.2410	2.0957	1.9658
5	3.6048	3.4331	3.3522	3.2743	3.1272	2.9906	2.7454	2.5320	2.3452	2.1807
6	4.1114	3.8887	3.7845	3.6847	3.4976	3.3255	3.0205	2.7594	2.5342	2.3388
7	4.5638	4.2883	4.1604	4.0386	3.8115	3.6046	3.2423	2.9370	2.6775	2.4550
8	4.9676	4.6389	4.4873	4.3436	4.0776	3.8372	3.4212	3.0758	2.7860	2.5404
9	5.3282	4.9464	4.7716	4.6065	4.3030	4.0310	3.5655	3.1842	2.8681	2.6033
10	5.6502	5.2161	5.0188	4.8332	4.4941	4.1925	3.6819	3.2689	2.9304	2.6495
11	5.9377	5.4527	5.2337	5.0286	4.6560	4.3271	3.7757	3.3351	2.9776	2.6834
12	6.1944	5.6603	5.4206	5.1971	4.7932	4.4392	3.8514	3.3868	3.0133	2.7084
13	6.4235	5.8424	5.5831	5.3423	4.9095	4.5327	3.9124	3.4272	3.0404	2.7268
14	6.6282	6.0021	5.7245	5.4675	5.0081	4.6106	3.9616	3.4587	3.0609	2.7403
15	6.8109	6.1422	5.8474	5.5755	5.0916	4.6755	4.0013	3.4834	3.0764	2.7502
16	6.9740	6.2651	5.9542	5.6685	5.1624	4.7296	4.0333	3.5026	3.0882	2.7575
17	7.1196	6.3729	6.0472	5.7487	5.2223	4.7746	4.0591	3.5177	3.0971	2.7629
18	7.2497	6.4674	6.1280	5.8178	5.2732	4.8122	4.0799	3.5294	3.1039	2.7668
19	7.3658	6.5504	6.1982	5.8775	5.3162	4.8435	4.0967	3.5386	3.1090	2.7697
20	7.4694	6.6231	6.2593	5.9288	5.3527	4.8696	4.1103	3.5458	3.1129	2.7718
21	7.5620	6.6870	6.3125	5.9731	5.3837	4.8913	4.1212	3.5514	3.1158	2.7734
22	7.6446	6.7429	6.3587	6.0113	5.4099	4.9094	4.1300	3.5558	3.1180	2.7746
23	7.7184	6.7921	6.3988	6.0442	5.4321	4.9245	4.1371	3.5592	3.1197	2.7754
24	7.7843	6.8351	6.4338	6.0726	5.4509	4.9371	4.1428	3.5619	3.1210	2.7760
25	7.8431	6.8729	6.4641	6.0971	5.4669	4.9476	4.1474	3.5640	3.1220	2.7765
30	8.0552	7.0027	6.5660	6.1772	5.5168	4.9789	4.1601	3.5693	3.1242	2.7775
40	8.2438	7.1050	6.6418	6.2335	5.5482	4.9966	4.1659	3.5712	3.1250	2.7778
50	8.3045	7.1327	6.6605	6.2463	5.5541	4.9995	4.1666	3.5714	3.1250	2.7778

정리하는 문제 풀이

제2장 화폐의 시간가치

4. $100(1+0.04)^5 = 121.67$(만원)

5. $\dfrac{2,000}{(1+\frac{0.04}{12})^{5\times 12}} = 1,638$(만원)

6. $\dfrac{5,000}{0.06} = 83,333$(만원)

7. 연금의 현재가치 $= \dfrac{1,200}{(1+0.06)^1} + \dfrac{1,200}{(1+0.06)^2} + \cdots + \dfrac{1,200}{(1+0.06)^{20}} = 13,763.88$(만원)

   ∴ 연금을 선택한다.

8. A 대리점 가격 $= 1,000 + \dfrac{200}{(1+\frac{0.12}{12})^1} + \dfrac{200}{(1+\frac{0.12}{12})^2} + \cdots + \dfrac{200}{(1+\frac{0.12}{12})^5}$

   $= 1,000 + 200 \times 4.8534$

   $= 1,970.68$(만원)

   ∴ B 대리점에서 구입하는 것이 유리하다.

9. $C + \dfrac{C}{(1+0.05)^1} + \dfrac{C}{(1+0.05)^2} + \cdots + \dfrac{C}{(1+0.05)^{19}} = \dfrac{3,000}{(1+0.05)^{20}}$

   $C + C \times 12.0853 = \dfrac{3,000}{(1+0.05)^{20}}$ $\quad \therefore C = 86.41$(만원)

10. $2,000 = C \times 21.2434$ $\quad \therefore C = 94.15$(만원)

11. $300(1+0.06)^3 = \dfrac{C}{(1+0.06)^1} + \dfrac{C}{(1+0.06)^2} + \cdots + \dfrac{C}{(1+0.06)^{10}}$ $\quad \therefore C = 48.55$(만원)

12. $C(1+0.06)^5 + C(1+0.06)^4 + \cdots + C(1+0.06)^1 = \dfrac{2,000}{(1+0.06)^1} + \dfrac{2,000}{(1+0.06)^2} + \cdots + \dfrac{2,000}{(1+0.06)^{20}}$

    $\therefore C = 3,839.09$(만원)

13. $r_e = (1+\frac{0.12}{12})^{12} - 1 = 0.1268$

14. (1) $10{,}000{,}000 = \frac{528{,}712}{(1+r_{월})^1} + \cdots + \frac{528{,}712}{(1+r_{월})^{24}}$

$= 528{,}712 \times$ 연금현가계수

연금현가계수는 18.9139가 되어야 하며, 연금현가계수표를 보면 (월)이자율은 2%

∴ 연이자율은 24%

(2) $r_e = (1+\frac{0.24}{12})^{12} - 1 = 0.2682$

제3장 위험

4. (1) $Var(\tilde{R}_{KOSPI}) = 0.0005,\ Var(\tilde{R}_{CJ}) = 0.0079$

(2) $\hat{R}_{CJ} = 0.033 + 1.3056\,R_m$

(4) 체계적 위험 $= 1.3056^2 \times 0.0005 = 0.0009$

비체계적 위험 $= 0.0079 - 0.0009 = 0.007$

7. (1) $E(\tilde{R}_j) = 0.04 + (0.12 - 0.04)\,\beta_j$

(2) $E(\tilde{R}_{가나}) = 0.04 + (0.12 - 0.04)(1.45) = 0.156$

(3) 균형상태의 기대수익률보다 높으므로 주가는 상승할 것이다.

(4) 자산 K의 현재가치 $= \frac{720}{1+0.04+(0.12-0.04)(1.45)(1.5)} = 593.08$(만원)

제4장 금융자산의 가치평가

6. (1) $P_B = \frac{7}{(1+0.09)^1} + \frac{7}{(1+0.09)^2} + \frac{107}{(1+0.09)^3} = 94.94$(만원)

(2) $87.45 = \frac{7}{(1+R)^1} + \frac{7}{(1+R)^2} + \frac{107}{(1+R)^3}$　　$R = 12.25\%$

7. (1) 만기 1년 채권수익률 8%, 만기 2년 채권수익률 8.5%, 만기 3년 채권수익률 9.2%

8. (1) $P_0 = \dfrac{2,000}{0.12} = 16,666.67$(만원)

(2) $P_0 = \dfrac{2,000(1+0.05)}{0.12-0.05} = 30,000$(만원)

(3) $P_0 = \dfrac{2,000(1+0.05)}{0.18-0.05} = 16,153.85$(만원)

9. 4년째부터 영구히 받는 배당의 3년째의 가치 $= \dfrac{1,000(1+0.1)^2(1+0.04)}{0.12-0.04} = 15,730$(원)

$$P_0 = \frac{1,000}{(1+0.12)^1} + \frac{1,000(1+0.1)^1}{(1+0.12)^2} + \frac{1,000(1+0.1)^2}{(1+0.12)^3} + \frac{15,730}{(1+0.12)^3} = 13,827(\text{원})$$

10. (1) $P_0 = \dfrac{2,500}{0.16} = 15,625$(원)

(2) 배당성장률 $= 0.7 \times 0.2 = 0.14$ $\quad \therefore P_0 = \dfrac{2,500(1-0.7)}{0.16-0.14} = 37,500$(원)

(3) $PVGO = 37,500 - 15,625 = 21,875$(원)

(4) 배당성장률 $= 0.7 \times 0.16 = 0.112$ $\quad \therefore P_0 = \dfrac{2,500(1-0.7)}{0.16-0.112} = 15,625$(원)

재투자수익률이 주주들의 요구수익률과 같으면 성장기회의 현재가치는 0이다.

제5장 자본예산의 기초

8.

(단위 : 억원)

연도	0	1	2	3
현금유입(CI)		50	70	90
현금유출(CO)		30	40	50
$(CI-CO)(1-t)$		16	24	32
감가상각비(D)		20	20	20
세금절감액($D \cdot t$)		4	4	4
최초투자액	−60			
순현금흐름	**−60**	**20**	**28**	**36**

9.

(단위 : 억원)

연도	0	1	2	3	4
현금유입(CI)		8	$8(1+0.03)^1$	$8(1+0.03)^2$	$8(1+0.03)^3$
현금유출(CO)		2	$2(1+0.05)^1$	$2(1+0.05)^2$	$2(1+0.05)^3$
$(CI-CO)(1-t)$		4.8	4.91	5.026	5.142
감가상각비(D)		5	5	5	5
세금절감액($D\cdot t$)		1	1	1	1
최초투자액	−20				3(1−0.2)
순운전자본	−3				3
순현금흐름	**−23**	**5.8**	**5.91**	**6.026**	**11.542**

10.

(단위 : 만원)

연도	0	1	2	3	4
현금유입(CI)		3,500	3,500	3,500	3,500
현금유출(CO)		−3,000[1)]	−3,000	−3,000	−3,000
$(CI-CO)(1-t)$		5,200	5,200	5,200	5,200
감가상각비(D)		4,500[2)]	4,500	4,500	4,500
세금절감액($D\cdot t$)		900	900	900	900
최초투자액	−16,400[3)]				
순현금흐름	**−16,400**	**6,100**	**6,100**	**6,100**	**6,100**

1) 생산비용이 감소하므로 현금유입과 같다.
2) 기계대체에 따른 감가상각비의 증분 = 5,000 − 500(만원)
3) −20,000 + 4,000 − 400 = −16,400(만원)

제6장 투자가치의 평가

1. (1) $ARR_A = \dfrac{520}{3,500} = 14.86\%$

(2) $2\dfrac{20}{42}$년

(3) $NPV_B = -7,000 + \dfrac{2,000}{(1+0.12)^1} + \dfrac{3,000}{(1+0.12)^2} + \dfrac{4,200}{(1+0.12)^3} = 166.77$(만원)

(4) $NPV_B = -7{,}000 + \frac{2{,}000}{(1+IRR_B)^1} + \frac{3{,}000}{(1+IRR_B)^2} + \frac{4{,}200}{(1+IRR_B)^3} = 0 \quad IRR_B = 13.22\%$

(5) $PI_B = [\frac{2{,}000}{(1+0.12)^1} + \frac{3{,}000}{(1+0.12)^2} + \frac{4{,}200}{(1+0.12)^3}]/7{,}000 = 1.0238$

4. (1)

(단위 : 만원)

연도	0	1	2	3
현금유입(CI)		4,000	6,000	8,000
현금유출(CO)		2,000	3,000	4,000
$(CI-CO)(1-t)$		1,600	2,400	3,200
감가상각비(D)		2,000	2,000	2,000
세금절감액($D \cdot t$)		400	400	400
최초투자액	−6,000			
순현금흐름	**−6,000**	**2,000**	**2,800**	**3,600**

$NPV_C = -6{,}000 + \frac{2{,}000}{(1+0.14)^1} + \frac{2{,}800}{(1+0.14)^2} + \frac{3{,}600}{(1+0.14)^3} = 338.79(\text{만원}) > 0$ ∴ 채택한다.

(2) $IRR_C = 17.02\% >$ 자본비용 ∴ 채택한다.

6. (1) 투자안 B는 제외하여야 하며 (A, C, D), (C, E), (D, E) 중에서 선택하여야 한다.

$WAPI_{A+C+D} = \frac{20}{50}(1.4) + \frac{15}{50}(1.3) + \frac{10}{50}(1.8) + \frac{5}{50}(1.0) = 1.41$

$WAPI_{C+E} = \frac{15}{50}(1.3) + \frac{35}{50}(1.2) = 1.23$

$WAPI_{D+E} = \frac{10}{50}(1.8) + \frac{35}{50}(1.2) + \frac{5}{50}(1.0) = 1.3$

따라서 A, C, D를 선택한다.

(2)

투자안	현금유출의 현가	PI	NPV
A	20억원	1.4	8억원
B	25억원	0.9	−2.5억원
C	15억원	1.3	4.5억원
D	10억원	1.8	8억원
E	35억원	1.2	7억원

A, C, D 조합의 NPV가 20.5억원으로 가장 크며, 따라서 최적 조합이다.

7. (1) $NPV_D = 22.34$(만원), $NPV_E = 26.56$(만원)

투자안 E를 선택한다.

(2) $NPV(3,12) = 22.34 + \frac{22.34}{(1+0.12)^3} + \frac{22.34}{(1+0.12)^6} + \frac{22.34}{(1+0.12)^9} = 57.62$(만원)

$NPV(4,12) = 26.56 + \frac{26.56}{(1+0.12)^4} + \frac{26.56}{(1+0.12)^8} = 54.17$(만원)

투자안 D를 선택한다.

(3) $NPV(3,\infty) = 22.34\ \frac{(1+0.12)^3}{(1+0.12)^3 - 1} = 77.52$(만원)

$NPV(4,\infty) = 26.56\ \frac{(1+0.12)^4}{(1+0.12)^4 - 1} = 72.87$(만원)

투자안 D를 선택한다.

8.

(단위 : 억원)

연도	0	1	2	3	4
현금유입(CI)		$2(1+0.07)^1$	$2(1+0.07)^2$	$2(1+0.07)^3$	$2(1+0.07)^4$
현금유출(CO)		$1(1+0.06)^1$	$1(1+0.06)^2$	$1(1+0.06)^3$	$1(1+0.06)^4$
$(CI-CO)(1-t)$		0.864	0.933	1.007	1.087
감가상각비(D)		0.5	0.5	0.5	0.5
세금절감액($D\cdot t$)		0.1	0.1	0.1	0.1
최초투자액	−2				
순현금흐름	**−2**	**0.964**	**1.033**	**1.107**	**1.187**

$(1+0.09)(1+0.05) = 1.1445$ ∴ 명목자본비용은 14.45%

$$NPV = -2 + \frac{0.964}{(1+0.1445)^1} + \frac{1.033}{(1+0.1445)^2} + \frac{1.107}{(1+0.1445)^3} + \frac{1.187}{(1+0.1445)^4}$$
$$= 1.061(\text{억원}) > 0$$

따라서 투자안을 채택한다.

9. (1) $0.04 + (0.12 - 0.04)(1.25) = 0.14$

(2) $NPV_G = -437.33$(만원) < 0 따라서 투자안 G를 기각한다.

(3) 투자안 H의 위험조정할인율은 $0.04 + (0.14 - 0.04)(1.6) = 0.2$

그러므로 투자안 H의 내부수익률은 20%보다 높다.

제7장 자본비용과 레버리지

10. (1) $k_e = 0.04 + (0.14 - 0.04)(1.42) = 0.182$

(2) 차입금의 경우 $k_d = 0.07(1-0.2) = 0.056$

회사채의 만기수익률은 9.03%이므로 $k_d = 0.0903(1-0.2) = 0.0722$

(3) 우선주가격 = 32억원/20만주 = 16,000이므로 $k_p = 2{,}200/16{,}000 = 0.1375$

(4) $WACC = \frac{120}{250}0.182 + \frac{50}{250}0.056 + \frac{48}{250}0.0722 + \frac{32}{250}0.1375 = 0.1300$

11. (1) $k_e = 0.03 + (0.12 - 0.03)(1.3) = 0.147$

(2) $1.3 = \beta_U[1 + (1-0.2)\frac{40}{80}]$　$\beta_U = 0.9286$

$\beta_L = 0.9286[1 + (1-0.2)\frac{100}{80}] = 1.8572$

$\therefore\ k_e = 0.03 + (0.12 - 0.03)(1.8572) = 0.1971$

(3) $WACC = (0.6)(0.1971) + (0.4)(0.09)(1-0.2) = 0.1471$

12. A와 D

13. (1) $EBIT = 3{,}000(4-2) - 2{,}000 = 4{,}000$(만원)

(2) $EPS = \frac{(4{,}000 - 0.1 \times 6{,}000)(1-0.2) - 0.14 \times 3{,}000}{20{,}000} = 0.1150$(만원)

(3) $DOL = \frac{3{,}000(4-2)}{3{,}000(4-2) - 3{,}000} = 1.5$

(4) $DFL = \frac{4{,}000}{4{,}000 - 0.1 \times 6{,}000 - \frac{0.14 \times 3{,}000}{1-0.2}} = 1.3913$

(5) $DCL = 1.5 \times 1.3913 = 2.0870$　$\therefore$ 12% × 2.0870 = 25.04%

14. (1) $EPS_A = \frac{(1{,}200 - 0.09 \times 5{,}000 - 0.08 \times 4{,}000)(1-0.2)}{4{,}000} = 0.0860$(만원)

(2) $EPS_B = \frac{(1{,}200 - 0.09 \times 5{,}000 - 0.08 \times 2{,}000)(1-0.2) - 0.12 \times 1{,}000}{4{,}500} = 0.0782$(만원)

(3) $\frac{(X - 0.09 \times 5{,}000 - 0.08 \times 4{,}000)(1-0.2)}{4{,}000}$

$= \frac{(X - 0.09 \times 5{,}000 - 0.08 \times 2{,}000)(1-0.2) - 0.12 \times 1{,}000}{4{,}500}$

$X = 850$(만원)

(4) $DFL_B = \dfrac{1{,}200}{1{,}200 - 610 - \dfrac{120}{1-0.2}} = 2.7273$

(5) $7\% \times 2.7273 = 19.09\%$

(6) $DCL = 22\% / 5\% = 4.4 \quad \therefore \; DOL = 4.4 / 2.7273 = 1.6133$

제8장 자본구조

4. (1) $V_{가나} = \dfrac{6(1-0.2)}{0.12} = 40(억원)$

(2) 12%

(3) $V_{다라} = 40 + 0.2 \times 30 = 46(억원)$

(4) 6억원

(5) $S_{다라} = 46 - 30 = 16(억원)$

(6) $k_{e다라} = 0.12 + (0.12 - 0.09)(1-0.2)\dfrac{30}{16} = 0.165$

(7) $WACC_{다라} = \dfrac{16}{46}(0.165) + \dfrac{30}{46}(0.09)(1-0.2) = 0.1043$

(8) 40억원

제9장 배당정책

14. (1) 목표부채비율(B/S) = 60%이므로 부채 300억원과 자기자본 500억원으로 조달

(2) 배당가능이익 = 650 − 500 = 150(억원) ∴ 주당배당 = 150억원/400만주 = 3,750원

(3) 배당성향 = 150억원/650억원 = 23.08%

15. (1) 주당배당 = 5천만원/4만주 = 1,250원

주가 = 20,000 − 1,250 = 18,750(원), 주주의 부 = 20,000원

(2) 자사주 매입수 = 5천만원/2만원 = 2,500(주)

$주가 = \dfrac{2만원 \times 4만주 - 5천만원}{40{,}000 - 2{,}500} = 20{,}000원$, 주주의 부 = 20,000원

제10장 운전자본관리

10. (1) $c^* = \sqrt{\dfrac{2 \times 20 \times 400{,}000}{0.09}} = 13{,}333(\text{만원})$

(2) $TC^* = \dfrac{400{,}000}{13{,}333} \times 20 + \dfrac{13{,}333}{2} \times 0.09 = 1{,}200(\text{만원})$

11. (1) $(1+r)^{365} = (1+0.12)$ 유가증권의 일간수익률 $r = 0.00031$

$Z = 4{,}000\text{만} + \left(\dfrac{3 \times 20\text{만} \times 9{,}000\text{만}}{4 \times 0.00031}\right)^{\frac{1}{3}} = 4{,}035\text{만}(\text{원})$

(2) $H = 3 \times 4{,}035\text{만} - 2 \times 4{,}000\text{만} = 4{,}105\text{만}(\text{원})$

12. (1) 매출채권 평균회수기간 $= 0.4 \times 10 + 0.6 \times 30 = 22(\text{일})$

(2) 일평균신용매출액 $= 70\text{억}/365 = 1{,}918\text{만}(\text{원})$ $\therefore 1{,}918 \times 22 = 42{,}196(\text{만원})$

제12장 구조조정과 M&A

17. $V_{\text{가나}} = 50\text{억원}$, $V_{\text{다라}} = 18\text{억원}$

인수 후 가나(주)의 가치$= 50\text{억} + (10\text{억} - 7\text{억}) = 53\text{억}(\text{원})$

18. 합병 후 순이익은 58억원

합병 후 $EPS = \dfrac{58\text{억}}{10\text{만} + 5\text{만} \times \text{주식교환비율}} \geq 40{,}000$

주식교환비율 ≤ 0.9 따라서 주식의 최대교환비율은 0.9이다.

19. (1) 합병의 NPV $= 5\text{억} - 5{,}000 \times 6\text{만} = 2\text{억}(\text{원})$

(2) 주가 $= 42\text{억원} / 10\text{만주} = 42{,}000\text{원}$

(3) 카타(주) 주주들의 합병 후 지분가치 $= 57\text{억} \times \dfrac{3\text{만주}}{13\text{만주}} = 13.1538\text{억}(\text{원})$

프리미엄 $= 13.1538\text{억} - 2\text{만} \times 6\text{만주} = 1.1538\text{억}(\text{원})$

합병의 NPV $= 5\text{억} - 1.1538\text{억} = 3.8462\text{억}(\text{원})$

(4) 주가 $= 57\text{억원}/13\text{만주} = 43{,}846\text{원}$

참고문헌

국내문헌

공정거래위원회, 「공정거래백서」, 2002와 2010-2014.

선우석호, 「M&A : 기업합병 · 매수와 구조재편」, 율곡출판사, 2010.

송진호, "상장기업 베타(β)의 측정과 분석," 한국증권거래소, 「주식」, 1993. 2.

장영광, 「경영분석」, 무역경영사, 2014.

조 담, 「현대재무관리」, 무역경영사, 2006.

지 청 · 장하성, 「재무학원론」, 학현사, 2001.

지 청 · 조 담, 「투자론」, 학현사, 2003.

한국은행, 「기업경영분석」, 2013과 2014.

한국은행, 「한국의 금융시장」, 2012.

한국은행, 「한국의 금융제도」, 2011.

국외문헌

Agrawal, A. and N. Nagarajan, "Corporate Capital Structure, Agency Costs, and Ownership Control : The Case of All-Equity Firms," *Journal of Finance*, September 1990.

Akerlof, G., "The Market for Lemons : Quality Uncertainty and the Market Mechanism," *Quarterly Journal of Economics*, August 1970.

Altman, E., "A Further Empirical Investigation of the Bankruptcy Cost Question," *Journal of Finance*, September 1984.

Andrade, G. and S. Kaplan, "How Costly is Financial (Not Economic) Distress? Evidence from Highly Leveraged Transactions That Became Distressed," *Journal of Finance*, October 1998.

Baumol, W., "The Transactions Demand for Cash : An Inventory Theoretic Approach," *Quarterly Journal of Economics*, November 1952.

Berk, J., P. DeMarzo, and J. Harford, *Fundamentals of Corporate Finance*, Pearson, 2009.

Bodie, Z. and R. Merton, *Finance*, Prentice-Hall, 2000.

Brav, A., J. Graham, C. Harvey, and R. Michaely, "Payout Policy in the 21st Century," *Journal of Financial Economics*, September 2005.

Brigham, E. and J. Houston, *Fundamentals of Financial Management*, 11th ed., Thomson South-Western, 2007.

Copeland, T., J. Weston, and K. Shastri, *Financial Theory and Corporate Policy*, 4th ed., Addison Wesley, 2005.

Fama, E., "Efficient Capital Markets : A Review of Theory and Empirical Works," *Journal of Finance*, May 1970.

Gordon, M., "Dividends, Earnings, and Stock Prices," *Review of Economics and Statistics*, May 1959.

Gordon, M., "Optimal Investment and Financing Policy," *Journal of Finance*, May 1963.

Graham, J. and C. Harvey, "The Theory and Practice of Corporate Finance : Evidence from the Field," *Journal of Financial Economics*, May 2001.

Graham, J., "How Big Are the Tax Benefits of Debt?," *Journal of Finance*, October 2000.

Hamada, R., "Portfolio Analysis, Market Equilibrium, and Corporation Finance," *Journal of Finance*, March 1969.

Ikenberry, D., J. Lakonishok, and T. Vermaelen, "Market Underreaction to Open Market Share Repurchases," *Journal of Financial Economics*, October 1995.

Jensen, M. and W. Meckling, "Theory of the Firm : Managerial Behavior, Agency Costs and Ownership Structure," *Journal of Financial Economics*, October 1976.

Lang, L., R. Stulz, and R. Walkling, "Management Performance, Tobin's Q, and the Gains from Successful Tender Offers," *Journal of Financial Economics*, September 1989.

Lev, B., *Financial Statement Analysis : A New Approach*, Prentice-Hall, 1974.

Lintner, J., "Dividends, Earnings, Leverage, Stock Prices, and the Supply of Capital to Corporations," *Review of Economics and Statistics*, August 1962.

Lintner, J., "The Valuation of Risk Assets and the Selection of Risky Investment in Stock Portfolios and Capital Budgets," *Review of Economics and Statistics*, February 1965.

Markowitz, H., "Portfolio Selection," *Journal of Finance*, March 1952.

Merton, M. and M. Scholes, "Dividends and Taxes," *Journal of Financial Economics*, December 1978.

Miller, M. and D. Orr, "A Model of the Demand for Money by Firms," *Quarterly Journal of Economics*, August 1966.

Miller, M. and F. Modigliani, "Dividend Policy, Growth and the Valuation of Shares," *Journal of Business*, October 1961.

Miller, M., "Debt and Taxes," *Journal of Finance*, May 1977.

Modigliani, F. and M. Miller, "The Cost of Capital, Corporation Finance and the Theory of Investment," *American Economic Review*, June 1958.

Modigliani, F. and M. Miller, "Corporate Income Taxes and the Cost of Capital : A Correction," *American Economic Review*, June 1963.

Mossin, J., "Equilibrium in a Capital Asset Market," *Econometrica*, October 1966.

Myers, S. and N. Majluf, "Corporate Financing and Investment Decisions When Firms Have Information That Investors Do Not Have," *Journal of Financial Economics*, June 1984.

Myers, S., "The Capital Structure Puzzle," *Journal of Finance*, July 1984.

Ross, S., "The Determination of Financial Structure : The Incentive-Signalling Approach," *Bell Journal of Economics*, Spring 1977.

Ross, S., R. Westerfield, and J. Jaffe, *Corporate Finance*, 9th ed., McGraw-Hill, 2010.

Ross, S., R. Westerfield, B. Jordon, J. Lim, and R. Tan, *Fundamentals of Corporate Finance*,

9th ed., McGraw-Hill, 2012.

Sharpe, W., "Capital Asset Prices : A Theory of Market Equilibrium," *Journal of Finance*, September 1964.

Warner, J., "Bankruptcy Costs : Some Evidence," *Journal of Finance*, May 1977.

Weiss, L., "Bankruptcy Resolution : Direct Costs and Violation of Priority of Claims," *Journal of Financial Economics*, October 1990.

White, M., "Bankruptcy Costs and the New Bankruptcy Code," *Journal of Finance*, May 1983.

찾아보기

ㄱ

ㄴ

ㄷ

ㄹ

ㅁ

ㅂ

ㅅ

ㅇ

ㅈ

ㅊ

ㅋ

ㅌ

ㅍ

ㅎ

저자소개

저자는 고려대학교 경영학과를 졸업하고 고려대학교 대학원에서 경영학석사와 경영학박사 학위를 취득하였다. University of Washington Visiting Scholar, 공인회계사 시험 출제위원, 한국경영학회 이사, 한국재무학회 이사, 계명대학교 경영대학장과 경영대학원장 등을 역임하였다. 자산가격결정과 시장효율성에 관한 논문을 「경영학연구」, 「재무연구」, 「재무관리연구」, 「증권학회지」 등에 게재하였다. 현재 계명대학교 경영대학 교수로 재직하며 재무학 분야의 교과목을 가르치고 있다.

재무관리

2016년 1월 15일 1판 1쇄 발행
2019년 8월 30일 1판 4쇄 발행

저 자 정 재 엽
발행인 김 광 식
조 판 아 람 기 획

07285
발행처 서울특별시 영등포구 선유로3길 10, 617호
도서출판 **탑 북 스**
등 록 2009.12.21 제 2016-000101 호
전 화 02)365-2223 팩스 02)365-2224

정가 24,000 원
ISBN 979-11-85647-79-1-93320